*Noël 2007.*

*Pour l'histoire et pour ce livre que tu n'as pas dans ta bibliotheque!*

*Mille bisous de Claude et moi.*   *Danielle*

# TERRIBLES TSARINES

# HENRI TROYAT
*de l'Académie française*

# TERRIBLES TSARINES

## BERNARD GRASSET
PARIS

IL A ÉTÉ TIRÉ DE CET OUVRAGE
VINGT EXEMPLAIRES
SUR VÉLIN CHIFFON DE LANA
DONT DIX EXEMPLAIRES DE VENTE
NUMÉROTÉS DE 1 À 10,
ET DIX HORS COMMERCE
NUMÉROTÉS H.C. I À H.C. X,
CONSTITUANT L'ÉDITION ORIGINALE.

# I

## CATHERINE OUVRE LA VOIE

Un silence lugubre s'est abattu sur le palais d'Hiver. Alors que, d'habitude, la stupeur qui marque le décès d'un souverain est suivie d'une explosion de joie à la proclamation du nom de son successeur, cette fois les minutes passent et l'abattement, l'incertitude des courtisans se prolongent de façon alarmante. On dirait que Pierre le Grand n'en finit pas de mourir. Certains ont même l'air de penser que, lui disparu, il n'y a plus d'avenir pour la Russie. En contemplant le cadavre allongé, les mains jointes, sur le lit d'apparat, les notables, accourus aux nouvelles, s'étonnent que ce monstre d'énergie et d'audace, qui a tiré le pays de sa léthargie séculaire, l'a doté d'une administration, d'une police, d'une armée dignes d'une puissance moderne, l'a débarrassé des lourdes traditions russes pour l'ouvrir à la culture occidentale et a bâti une capitale aux splendeurs impérissables sur un désert de boue et d'eau, n'ait pas pris la peine de désigner celui qui devra continuer son œuvre. Il est vrai que, quelques mois auparavant, rien ne permettait de présager une issue aussi rapide. Comme toujours, le tsar réformateur a été victime de son impétuosité. C'est en plongeant dans les eaux glacées de la Néva pour secourir les marins d'un navire en perdition qu'il a contracté la fluxion de poitrine qui allait l'emporter. Très vite, la fièvre a réveillé les séquelles de son affection vénérienne et s'est compliquée de rétention d'urine, de gravelle et de gangrène. Le 28 janvier 1725, après de douloureuses journées de délire, il a demandé un écritoire et, d'une main tremblante, a tracé ces mots sur le papier : «Rendez tout à … » Le nom du bénéficiaire est resté en blanc. Déjà les doigts de l'agonisant se crispent, sa voix se perd dans un râle. Il est ailleurs. Écroulée à son chevet, sa femme Catherine sanglote et interroge en vain un corps muet, sourd et inerte. Ce deuil la laisse à la fois désespérée et désemparée, avec sur les bras un chagrin et un empire aussi pesants l'un que l'autre. Autour d'elle, toutes les têtes pensantes du régime partagent la même angoisse. Au vrai, le despotisme est une drogue indispensable non seulement à celui qui l'exerce mais encore à ceux qui le subissent. A la mégalomanie du maître répond le masochisme des sujets. Accoutumé aux injustices d'une politique de contrainte, le peuple s'effraie d'en être brusquement privé. Il lui semble qu'en desserrant son étreinte le maître dont il se plaignait naguère lui retire en même temps sa protection et son amour.

Ceux qui hier critiquaient le tsar en sourdine ne savent plus aujourd'hui sur quel pied danser. Ils se demandent même si c'est le moment de «danser» et s'ils «danseront» de nouveau un jour, après cette longue attente dans l'ombre du tyrannique novateur.

Cependant, il faut vivre coûte que coûte. Tout en versant des torrents de larmes, Catherine ne perd pas de vue ses intérêts personnels. Une veuve peut être à la fois sincèrement affligée et raisonnablement ambitieuse. Elle n'ignore pas ses torts envers le défunt, mais elle lui est toujours restée dévouée, malgré ses nombreuses infidélités. Nul ne l'a connu et servi mieux qu'elle durant les vingt-trois années de leur liaison et de leur mariage. Dans la lutte pour le pouvoir, elle a pour elle sinon la légitimité dynastique, du moins celle de l'amour désintéressé. Parmi les dignitaires proches du trône, les paris sont déjà ouverts. A qui la couronne du Monomaque[1]? A deux pas du corps exposé sur son lit de parade, on chuchote, on complote, on mise sur tel ou tel nom, sans oser déclarer tout haut ses préférences. Il y a le clan des partisans du jeune Pierre, âgé de dix ans, le fils de l'infortuné tsarévitch Alexis. Pierre le Grand a fait périr Alexis sous la torture pour le punir d'avoir, dit-on, comploté contre lui. Le souvenir de cet assassinat légal plane encore sur la

---

1. Nom de Constantin IX, empereur d'Orient, et surnom de Vladimir II, grand-duc de Moscovie.

cour de Russie. La coterie liée au petit Pierre réunit les princes Dimitri Galitzine, Ivan Dolgorouki, Nikita Repnine, Boris Chérémétiev, tous mécontents d'avoir été brimés par le tsar et avides de prendre leur revanche sous le nouveau règne. A l'opposé, se dressent ceux que l'on désigne sous le sobriquet des «Aiglons de Pierre le Grand». Ces hommes de confiance de Sa Majesté sont prêts à tout pour conserver leurs prérogatives. Ils ont à leur tête Alexandre Menchikov, ancien garçon pâtissier, ami de jeunesse et favori du défunt (il l'a fait prince sérénissime), le lieutenant-colonel de la Garde Ivan Boutourline, le sénateur comte Pierre Tolstoï, le grand chancelier comte Gabriel Golovkine, le grand amiral Fédor Apraxine. Tous ces hauts personnages ont signé jadis, pour complaire à Pierre le Grand, le verdict de la Haute Cour condamnant au supplice, et par voie de conséquence à la mort, son fils rebelle Alexis. Ce sont, pour Catherine, des alliés d'une fidélité indéfectible. Pour ces «hommes de progrès», qui se déclarent hostiles aux idées rétrogrades de la vieille aristocratie, il n'y a pas à hésiter : seule la veuve de Pierre le Grand a le droit et la capacité de lui succéder. Le plus déterminé à défendre la cause de «la vraie dépositaire de la pensée impériale» est celui qui a le plus à gagner en cas de succès, le fringant Alexandre Menchikov. Étant redevable de toute sa carrière à l'amitié du tsar, il compte sur la gratitude de son épouse pour le maintenir dans ses privilèges. Sa conviction est si forte qu'il ne veut même pas entendre parler des prétentions à la couronne du petit-fils de Pierre le Grand, qui est, certes, le fils du tsarévitch Alexis, mais que rien, hormis cette filiation collatérale, ne désigne à un si glorieux destin. De même, il hausse les épaules quand on évoque devant lui les filles de Pierre le Grand et de Catherine qui pourraient, après tout, faire valoir leur candidature. L'aînée de ces filles, Anna Petrovna, a tout juste dix-sept ans ; la cadette, Élisabeth Petrovna, seize ans à peine. Ni l'une ni l'autre ne sont bien dangereuses. De toute façon, dans l'ordre successoral, elles ne figureraient qu'après leur mère, l'impératrice putative. Pour l'instant, il ne faut songer qu'à les marier au plus vite. Tranquille de ce côté-là, Catherine se fie entièrement à Menchikov et à ses amis pour l'appuyer dans ses intrigues. Avant même que le tsar ait rendu le dernier soupir, ils ont envoyé des émissaires dans les principales casernes pour préparer les officiers de la Garde à un coup d'État en faveur de leur future « petite mère Catherine ».

Alors que les médecins, puis les prêtres viennent de constater la mort de Pierre le Grand, une aube frileuse pointe au-dessus de la ville endormie. Il neige à gros flocons. Catherine se tord les mains et pleure si abondamment devant les plénipotentiaires assemblés autour de la couche funèbre que le capitaine Villebois, aide de camp de Pierre le Grand, notera dans ses souvenirs : « On ne pouvait concevoir qu'il pût se trouver tant d'eau dans le cerveau d'une femme. Quantité de gens accouraient au palais pour la voir pleurer et soupirer[1].»

Le décès du tsar est enfin annoncé par cent un coups de canon tirés de la forteresse Saint-Pierre-et-Saint-Paul. Les cloches de toutes les églises sonnent le glas. Il est temps de prendre une décision. La nation entière attend de savoir qui elle devra adorer ou craindre dans l'avenir. Consciente de sa responsabilité devant l'Histoire, Catherine se rend, à huit heures du matin, dans une grande salle du palais où sont réunis les sénateurs, les membres du Saint-Synode et les hauts dignitaires des quatre premières classes de la hiérarchie, sorte de Conseil des Sages qu'on nomme la «Généralité» de l'empire. D'emblée, la discussion prend un tour passionné. Pour commencer, le secrétaire particulier de Pierre le Grand, Makarov, jure sur les Évangiles que le tsar n'a pas rédigé de testament. Saisissant la balle au bond, Menchikov plaide avec éloquence pour la veuve de Sa Majesté. Premier argument invoqué : ayant épousé, en 1707, l'ancienne servante livonienne Catherine (née Marthe Ska-vronska), Pierre le Grand a voulu, un an avant sa mort, qu'elle fût sacrée impératrice en la cathédrale de l'Archange, à Moscou. Par cet acte solennel et sans précédent, il a tenu, selon Menchikov, à confirmer qu'il n'y avait pas lieu de recourir à un quelconque testament puisque, de son vivant, il a

---

1. Villebois : *Mémoires secrets pour servir à l'histoire de la cour de Russie.*

pris soin de faire bénir son épouse comme seule héritière du pouvoir. Mais l'explication paraît spécieuse aux adversaires de cette thèse : ils objectent que, dans aucune monarchie au monde, le couronnement de la femme d'un monarque ne lui confère *ipso facto* le droit à la succession. A l'appui de cette contestation, le prince Dimitri Galitzine avance la candidature du petit-fils du souverain, Pierre Alexeïevitch, le propre fils d'Alexis. Cet enfant, du même sang que le défunt, devrait passer avant tous les autres prétendants. Oui, mais, étant donné l'âge tendre du garçon, ce choix impliquerait la désignation d'une régence jusqu'à sa majorité. Or, toutes les régences, en Russie, ont été marquées par des complots et des désordres. La dernière en date, celle de la grande-duchesse Sophie, a failli compromettre le règne de son frère Pierre le Grand. Elle a ourdi contre lui de si noires intrigues qu'il a fallu la jeter dans un couvent pour l'empêcher de nuire. Est-ce ce genre d'expérience que les nobles veulent renouveler en portant au pouvoir leur protégé, flanqué d'une conseilleuse tutélaire ? Selon les adversaires de cette combinaison, les femmes ne sont pas aptes à diriger les affaires d'un aussi vaste empire que la Russie. Elles ont, disent-ils, les nerfs trop fragiles et s'entourent de favoris trop gourmands dont les extravagances coûtent très cher à la nation. A cela, les tenants du petit Pierre rétorquent que Catherine est une femme comme l'était Sophie et qu'à tout prendre une régente imparfaite vaut mieux qu'une impératrice inexpérimentée. Bondis-

sant sous l'affront, Menchikov et Tolstoï rappellent
aux critiques que Catherine a témoigné d'un courage quasi viril en suivant son mari sur tous les
champs de bataille et d'un esprit avisé en partici-
pant, dans l'ombre, à toutes ses décisions politiques. Au plus chaud du débat, des murmures
d'approbation s'élèvent vers le fond de la salle.
Quelques officiers de la Garde se sont faufilés dans
l'assemblée sans y avoir été invités et donnent leur
avis sur une question qui, en principe, ne regarde
que les membres de la Généralité. Indigné par cette
outrecuidance, le général Repnine veut chasser les
intrus, mais Ivan Boutourline s'est déjà approché
d'une fenêtre et agite mystérieusement la main.
A ce signal, des roulements de tambour reten-
tissent au loin, accompagnés par la musique mar-
tiale des fifres. Deux régiments de la Garde, convo-
qués en hâte, attendent dans une cour intérieure du
palais l'ordre d'intervenir. Tandis qu'ils pénètrent
bruyamment dans l'édifice, Repnine, cramoisi,
hurle : «Qui a osé... sans mes ordres...?» «J'ai pris
ceux de Sa Majesté l'impératrice», lui répond Ivan
Boutourline sans se démonter. Cette manifestation
de la force armée étouffe les dernières exclamations
des protestataires. Dans l'intervalle, Catherine s'est
éclipsée. Dès les premières répliques, elle était sûre
de sa victoire. En présence de la troupe, le grand
amiral Apraxine se fait confirmer par Makarov qu'il
n'existe aucun testament s'opposant à la décision
de l'assemblée et, ainsi rassuré, conclut avec bonhomie : «Allons offrir nos hommages à l'impéra-

trice régnante!» Les meilleurs arguments sont ceux du sabre et du pistolet. Convaincue en un clin d'œil, la Généralité, princes, sénateurs, généraux et ecclésiastiques, se dirige docilement vers les appartements de Sa toute nouvelle Majesté.

Afin de respecter les formes légales, Menchikov et Ivan Boutourline promulguent, le jour même, un manifeste certifiant que «le très sérénissime prince Pierre le Grand, empereur et souverain de toutes les Russies», a voulu régler la succession de l'empire en faisant couronner «sa chère épouse, notre très gracieuse impératrice et Dame Catherine Alexeïevna [...], à cause des grands et importants services qu'elle a rendus à l'avantage de l'Empire russien [...]». Au bas de la proclamation, on peut lire : «Donné à Saint-Pétersbourg, au Sénat, le 28 janvier 1725[1].»

La publication de ce document ne provoquant aucune récrimination sérieuse, ni parmi les notables, ni dans la population de la capitale, Catherine respire : l'affaire est dans le sac. C'est pour elle une seconde naissance. Quand elle songe à son passé de fille à soldats, elle est prise de vertige devant son élévation au rang d'épouse légitime, puis de souveraine. Ses parents, de simples fermiers livoniens, sont morts de la peste l'un et l'autre, alors qu'elle était toute jeunette. Après avoir erré, affamée et déguenillée, à travers le pays, elle a été recueillie par

---

1. Le calendrier utilisé en Russie était, au XVIIIe siècle, en retard de onze jours sur le calendrier julien en usage ailleurs.

15

le pasteur luthérien Glück, qui l'a employée comme servante. Mais l'orpheline aux formes appétissantes a vite trahi sa surveillance, courant les routes, couchant dans les bivouacs de l'armée russe en campagne pour la conquête de la Livonie polonaise et montant en grade d'un amant à l'autre, jusqu'à devenir la maîtresse de Menchikov, puis celle de Pierre lui-même. Si celui-ci l'a aimée, ce n'est certes pas pour sa culture, car elle est à peu près illettrée et baragouine le russe, mais il a eu maintes fois l'occasion d'apprécier sa vaillance, son entrain et ses appâts plantureux. Le tsar a toujours recherché les femmes bien en chair et d'esprit simple. Même si Catherine l'a souvent trompé, même s'il lui en a voulu de ses infidélités, il est revenu à elle après les pires querelles. A l'idée que, cette fois-ci, la « rupture » est définitive, elle se sent à la fois punie et soulagée. Le sort qu'il lui a réservé lui paraît extraordinaire, non point tant à cause de ses origines modestes qu'à cause de son sexe, historiquement voué aux seconds rôles. Aucune femme avant elle n'a été impératrice de Russie. De tout temps, le trône de cet immense pays a été occupé par des mâles, suivant la ligne héréditaire dans l'ordre descendant. Même après la mort d'Ivan le Terrible et la confusion qui a suivi, ni l'imposteur Boris Godounov, ni le chancelant Fédor II, ni la théorie des faux Dimitri qui ont traversé les « Temps troubles » n'ont rien changé à la tradition monarchique de la virilité. Il a fallu attendre l'extinction de la maison de Rurik, le fondateur de l'ancienne

Russie, pour qu'on se résigne à faire élire un tsar par une assemblée de boyards, de prélats et de dignitaires, le Sobor. Choisi par elle, le jeune Michel Fédorovitch a été le premier des Romanov. Après lui, la transmission du pouvoir impérial s'est déroulée sans trop de heurts pendant près d'un siècle. C'est en 1722 seulement que Pierre le Grand, rompant avec l'usage, a décrété que désormais le souverain pourrait désigner son héritier comme bon lui semblerait, sans se soucier de l'ordre dynastique. Ainsi, grâce à ce novateur qui a déjà bouleversé les mœurs de son pays de fond en comble, une femme, bien que sans naissance et sans qualification politique, aura les mêmes droits qu'un homme de monter sur le trône. Et la première bénéficiaire de ce privilège exorbitant, ce sera une ancienne domestique, une Livonienne d'origine, protestante de surcroît, qui est devenue russe et orthodoxe sur le tard et dont les seuls titres de gloire ont été acquis dans les alcôves. Est-il possible que ces mains qui jadis ont tant de fois lavé la vaisselle, retapé les lits, blanchi le linge sale et préparé la mangeaille de la soldatesque soient les mêmes que celles qui demain, parfumées et chargées de bagues, signeront les oukases dont dépendra l'avenir de millions de sujets perclus de respect et de crainte ?

Jour et nuit, l'idée de cette promotion formidable hante le cerveau de Catherine. Plus elle pleure et plus elle a envie de rire. Le deuil officiel doit durer quarante jours. Toutes les dames de qualité rivalisent dans les prières et les lamentations. Catherine tient superbement sa partie dans ce concours de soupirs et de sanglots. Mais subitement un chagrin supplémentaire la frappe en plein cœur. Quatre semaines après la disparition de son mari, et alors que toute la ville se prépare à de somptueuses funérailles, sa fille cadette, Nathalie, âgée de six ans et demi, succombe à la rougeole. Cette mort discrète, presque insignifiante, jointe à la mort démesurée de Pierre le Grand, achève de convaincre Catherine que son sort est exceptionnel dans la douleur comme dans la réussite. Immédiatement, elle décide d'enterrer le même jour le père auréolé d'une gloire historique et la fillette qui n'a pas eu le temps de goûter au bonheur et à la servitude de la vie de femme. Annoncées par des hérauts aux quatre coins de la capitale, les doubles obsèques auront lieu le 10 mars 1725, en la cathédrale Saint-Pierre-et-Saint-Paul.

Sur le parcours du cortège, les façades de toutes les maisons sont garnies de draperies noires. Douze colonels de haute stature portent l'imposant cercueil de Sa Majesté, qu'un dais de brocart doré et de velours vert abrite, tant bien que mal, des rafales de neige et de grêle. Le petit cercueil de Nathalie l'accompagne sous un dais de tissu doré agrémenté de plumets rouges et blancs. Derrière eux s'avancent les prêtres, précédant une armée de bannières saintes et d'icônes. Enfin apparaît Catherine I^re, en grand deuil et le front bas. L'inévitable prince sérénissime Menchikov et le grand amiral Apraxine la soutiennent dans sa démarche vacillante. Ses filles Anna et Élisabeth sont, elles, escortées par le grand chancelier Golovkine, le général Repnine et le comte Tolstoï. Les dignitaires de tout acabit, les nobles les plus huppés, les généraux les plus décorés, les princes étrangers en visite à la cour et les diplomates, rangés selon leur ancienneté, suivent le mouvement, tête nue, au son d'une musique funèbre ponctuée de roulements de tambour. Les canons tonnent, les cloches sonnent, le vent ébouriffe les perruques des notables qui les retiennent de la main. Après deux heures de marche dans le froid et la tempête, l'arrivée à l'église est pour tous une délivrance. L'immense cathédrale semble soudain trop petite pour contenir cette foule épuisée et éplorée. Et, dans la nef illuminée par mille cierges, un autre supplice commence. La liturgie est d'une lenteur écrasante. Catherine rassemble ses réserves d'énergie pour ne pas défaillir. Elle dit adieu avec la même ferveur à l'époux prestigieux qui lui a fait cadeau de la Russie et à son enfant innocente qu'elle ne verra plus sourire à son réveil. Mais, si la mort de Nathalie lui serre le cœur comme la vue d'un oiseau tombé du nid, celle de Pierre l'exalte comme une invitation aux étonnements d'un destin de légende. Née pour être la dernière, elle est devenue la première. Qui doit-elle remercier de sa chance, Dieu ou son mari ? Les deux peut-être, selon les circonstances ? Tandis qu'elle s'abîme dans cette interrogation solennelle, elle entend l'archevêque de Pskov, Théophane Prokopovitch, qui prononce l'oraison funèbre du défunt. «Que nous est-il arrivé, ô hommes de Russie? Que voyons-nous? Que faisons-nous? C'est Pierre le Grand que nous enterrons!» Et, pour finir, cette prophétie réconfortante : «La Russie subsistera telle qu'il l'a modelée!» A ces mots, Catherine relève la tête. Elle ne doute pas qu'en lançant cette phrase le prêtre lui a transmis un message d'outre-tombe. Tour à tour exaltée et effrayée à la perspective des lendemains qui l'attendent, elle a hâte de se retrouver à l'air libre. Mais, quand elle sort de l'église, le parvis lui paraît plus vaste, plus vide, plus inhospitalier qu'auparavant. Entre-temps, la bourrasque de neige s'est renforcée. Bien que flanquée de ses filles et de ses amis, Catherine ne voit et n'entend personne. Son entourage s'inquiète qu'elle semble perdue dans une contrée inconnue. On dirait que l'absence de Pierre la paralyse. Elle doit bander sa volonté pour affronter, seule et à découvert, la réalité d'une Russie sans horizon et sans maître.

## II

## LE RÈGNE ÉCLAIR DE CATHERINE I<sup>re</sup>

Catherine I<sup>re</sup> approche de la cinquantaine. Elle a beaucoup vécu, beaucoup aimé, beaucoup ri, beaucoup bu, mais n'est pas rassasiée. Ceux qui l'ont fréquentée dans sa période faste la décrivent comme une grosse femme mafflue, fardée, souriante, au triple menton, à l'œil égrillard, aux lèvres goulues, vêtue d'oripeaux voyants, surchargée de bijoux et d'une propreté douteuse. Pourtant, alors que tout le monde s'accorde pour dénoncer ses allures de cantinière déguisée en souveraine, les opinions sont plus nuancées quand il s'agit de commenter son intelligence et son esprit de décision. Si elle sait à peine lire et écrire, si elle parle le russe avec un accent polonais teinté de suédois, elle témoigne, dès les premiers jours de son règne, d'une louable application à incarner la pensée de son mari. Pour mieux se pénétrer des questions de politique étrangère, elle a même appris un peu de français et d'allemand. En toute occasion, elle préfère se fier au bon sens qu'elle a hérité d'une enfance difficile. Certains de ses interlocuteurs la trouvent plus humaine, plus compréhensive que le tsar défunt. Il n'en demeure pas moins que, consciente de son inexpérience, elle consulte Menchikov avant toute résolution importante. Ses ennemis affirment derrière son dos qu'elle lui est entièrement soumise et qu'elle redoute de le mécontenter par des initiatives personnelles. Couche-t-elle encore avec lui ? Si elle ne s'est pas privée de le faire dans le passé, il est peu probable qu'elle persévère à son âge et dans sa situation. Avide de chair fraîche, elle peut s'offrir des plaisirs plus savoureux que ceux d'un retour aux sources entre les bras d'un partenaire vieillissant. Totalement libre de ses choix, elle change d'amants selon sa fantaisie et ne regarde pas à la dépense lorsqu'il s'agit de les récompenser pour leurs prouesses nocturnes. L'ambassadeur de France Jacques de Campredon se plaît à énumérer dans ses Mémoires quelques-uns de ces élus éphémères : « Menchikov n'est plus que pour le conseil, écrit-il. Le comte Loewenwolde paraît plus accrédité. Le sieur Devier est encore du nombre des favoris d'éclat. Le comte Sapieha a occupé aussi son poste. C'est un beau garçon bien fait. On lui envoie souvent des bouquets et des bijoux […]. Il y a d'autres favoris de seconde classe, mais ils ne sont connus que de Johanna, ancienne femme de chambre de la tsarine et dépositaire de ses plaisirs. » Au cours des nombreux soupers dont elle régale ses compagnons de joutes amoureuses, Catherine boit comme un trou. Sur son ordre, la vodka ordinaire (*prostaïa*) alterne, sur la table, avec des liqueurs fortes, françaises et allemandes. Il lui arrive souvent de s'évanouir à la fin d'un de ces repas arrosés. «La tsarine a été assez mal d'une de ces débauches qui se fit le jour de la Saint-André, note le même Campredon dans un rapport à son ministre en date du 25 décembre 1725. Une saignée l'a tirée d'affaire; mais, comme elle est extrêmement replète et qu'elle vit fort irrégulièrement, on croit qu'il lui arrivera quelque accident qui abrégera ses jours[1].»

Ces soûleries et ces coucheries n'empêchent pas Catherine, dès qu'elle a recouvré ses esprits, de se conduire en véritable autocrate. Elle houspille et gifle ses servantes pour une peccadille, parle haut devant ses conseillers ordinaires, assiste sans broncher aux fastidieuses parades de la Garde, monte à cheval pendant des heures pour se détendre les nerfs et prouver à tout un chacun sa résistance physique. Comme elle a le sens de la famille, elle fait venir de leurs lointaines provinces des frères et des sœurs dont Pierre le Grand a toujours voulu ignorer l'existence. A son invitation, d'anciens paysans livoniens ou lithuaniens, mal dégrossis et engoncés dans des vêtements d'apparat, débarquent dans les salons de Saint-Pétersbourg. Des titres de comte et de prince s'abattent sur leur tête, au grand scandale des aristocrates authentiques. Quelques-uns de ces

---

1. Cité par Waliszewski : *L'Héritage de Pierre le Grand.*

nouveaux courtisans aux mains calleuses rejoignent les habituels commensaux de Sa Majesté dans les conclaves de la bonne humeur et du dévergondage.

Cependant, si avide soit-elle d'amusements débridés, Catherine garde toujours quelques heures dans son emploi du temps pour s'occuper des affaires publiques. Certes, Menchikov continue à lui dicter les décisions quand il s'agit de l'intérêt de l'État, mais, d'une semaine à l'autre, Catherine s'enhardit jusqu'à contester parfois les opinions de son mentor. Tout en reconnaissant qu'elle ne saura jamais se passer des avis de cet homme compétent, dévoué et retors, elle le convainc d'instituer autour d'elle un Haut Conseil secret, comprenant, outre son inspirateur Menchikov, d'autres personnages dont la fidélité à Sa Majesté est notoire : Tolstoï, Apraxine, le vice-chancelier Golovkine, Ostermann... Ce cabinet suprême rejette dans l'ombre le traditionnel Sénat, qui ne débat plus que des questions secondaires. C'est à l'instigation du Haut Conseil que Catherine décide d'adoucir le sort des Vieux Croyants poursuivis pour leurs conceptions hérétiques, de créer une Académie des sciences selon le vœu de Pierre le Grand, d'accélérer l'embellissement de la capitale, de veiller au creusement du canal de Ladoga et d'équiper l'expédition du navigateur danois Vitus Behring à destination du Kamtchatka.

Ces sages résolutions font bon ménage, dans la tête bouillonnante de la tsarine, avec le goût de l'alcool et de l'amour. Elle est tour à tour vorace

24

et avisée, bassement sensuelle et froidement lucide. A peine a-t-elle goûté aux joies complémentaires du pouvoir et de la volupté qu'elle revient à son souci primordial : celui de la famille. Toute mère, fût-elle tsarine, a pour mission de veiller à l'établissement de ses filles dès qu'elles atteignent l'âge de la puberté. Catherine a donné le jour à deux filles agréables à regarder et d'un esprit assez vif pour plaire autant par leur conversation que par leur visage. L'aînée, Anna Petrovna, a été promise récemment au duc de Holstein-Gottorp, Charles-Frédéric. Personnage chétif, nerveux et disgracieux, il n'a guère que son titre pour séduire la jeune fille. Mais la raison peut tenir lieu de sentiments lorsque, derrière l'union des âmes, se profilent des alliances politiques et des annexions territoriales. Le mariage ayant été retardé par la mort de Pierre le Grand, Catherine projette de le célébrer dès le 21 mai 1725. Par soumission à la volonté maternelle, Anna se résigne à ce qui n'est pour elle qu'un triste pis-aller. Elle a dix-sept ans. Charles-Frédéric en a vingt-cinq. L'archevêque Théophane Prokopovitch, qui quelques semaines auparavant a célébré en slavon, langue de l'Église, l'office funèbre de Pierre le Grand, bénit l'union de la fille du disparu avec le fils du duc Frédéric de Holstein et de Hedwige de Suède, elle-même fille du roi Charles XI. Comme le fiancé ne parle ni le slavon ni le russe, un interprète lui traduit les passages essentiels en latin. Le festin est égayé par les contorsions et les grimaces d'un couple de nains jaillis, au moment du dessert, des flancs d'un énorme pâté en croûte. L'assistance s'étrangle de rire et éclate en applaudissements. La jeune mariée elle-même s'en amuse. Elle ne se doute pas de l'amère déception qui l'attend. Trois jours après la cérémonie nuptiale, le résident saxon mande à son roi que Charles-Frédéric a déjà découché à trois reprises, laissant Anna se morfondre seule dans son lit. « La mère est au désespoir du sacrifice de sa fille », écrit-il dans son rapport. Peu après, il ajoutera que l'épouse dédaignée se console « en passant la nuit chez les uns et chez les autres [1] ».

Tout en regrettant que sa fille aînée soit tombée sur un « mauvais numéro », Catherine refuse de s'avouer vaincue et cherche à intéresser son gendre aux affaires publiques puisqu'il paraît peu tenté par les affaires amoureuses. Elle a deviné juste : Charles-Frédéric est un mordu de la politique. Invité à participer aux réunions du Haut Conseil secret, il se lance dans les débats avec tant d'ardeur que Catherine, alarmée, estime parfois qu'il se mêle de ce qui ne le regarde pas. Insatisfaite de ce premier gendre, elle songe à corriger son erreur de parcours en combinant pour sa seconde fille, Élisabeth, la préférée de Pierre le Grand, un mariage que toute l'Europe lui enviera. Cette Europe, elle l'a surtout connue à travers les propos de son mari

---

1. Hermann : *Geschichte des Russichen Staats*, repris par Waliszewski, *op. cit.*

et, depuis peu, en écoutant les rapports de ses diplomates. Mais, si Pierre le Grand était séduit par la rigueur, la discipline et l'efficacité germaniques, elle est, pour sa part, de plus en plus sensible au charme et à l'esprit de la France, dont ceux qui ont visité ce pays lui rebattent les oreilles. On affirme autour d'elle que les fastes et les divertissements de la cour de Versailles sont d'un raffinement inégalable. Certains vont même jusqu'à soutenir que l'élégance et l'intelligence dont s'enorgueillit le peuple français servent à enrubanner de mille grâces l'autorité éclairée de son gouvernement et la puissance de son armée. L'ambassadeur de France, Jacques de Campredon, entretient souvent Catherine de l'intérêt que présenterait un rapprochement entre deux pays qui ont tout pour s'entendre. Un tel accord délivrerait, selon lui, l'impératrice des sournoises interventions de l'Angleterre, qui ne manque pas une occasion de s'immiscer dans les différends de la Russie avec la Turquie, le Danemark, la Suède ou la Pologne. Depuis quatre ans que ce diplomate distingué a pris ses fonctions à Saint-Pétersbourg, il n'a cessé de prôner, en catimini, une alliance franco-russe. Dès ses premiers pas à la cour, il avait avisé son ministre, le cardinal Dubois, que la fille cadette du tsar, la jeune Élisabeth Petrovna, «très aimable et très bien faite», serait une excellente épouse pour un prince de la maison de France. Mais, à l'époque, le Régent était favorable aux Anglais et craignait de les irriter en manifestant quelque intérêt pour une grande-duchesse russe. Tenace, Jacques de Campredon revient maintenant à son idée initiale. Les négociations rompues avec le tsar ne peuvent-elles se renouer, après la mort de celui-ci, avec la tsarine ? Campredon veut en persuader son gouvernement et, pour préparer le terrain, redouble d'amabilité envers Catherine. L'impératrice est flattée, dans son orgueil maternel, de l'admiration que le diplomate témoigne à sa fille. N'est-ce pas, se dit-elle, comme un signe précurseur de l'attachement que tous les Français éprouveront un jour pour la Russie ? Elle se rappelle avec émotion la tendresse que Pierre le Grand nourrissait autrefois envers la petite Élisabeth, si jeune alors, si blonde, si gracile, si joueuse. La gamine n'avait que sept ans lorsqu'il avait demandé au peintre français Caravaque, familier du palais à Saint-Pétersbourg, de la peindre nue pour pouvoir la contempler à toute heure, selon son caprice. Il aurait été assurément très fier que son enfant, si belle et si vertueuse, fût choisie comme épouse par un grand prince de France. Quelques mois après les funérailles de son mari, Catherine se montre de nouveau attentive aux suggestions de Campredon. Les pourparlers matrimoniaux reprennent entre eux au point où ils les avaient laissés à la disparition du tsar.

Au mois d'avril 1725, le bruit se répand que l'infante Marie-Anne, âgée de sept ans et fille du roi Philippe V d'Espagne, que l'on disait fiancée à Louis XV, âgé, lui, de quinze ans, est sur le point d'être renvoyée dans son pays, le duc de Bourbon [1] la jugeant trop jeune pour le rôle auquel on la destine. Du coup, Catherine se renflamme et convoque Campredon. Celui-ci ne peut que lui confirmer la nouvelle. Alors elle s'attendrit sur le sort de la malheureuse infante, mais déclare que la décision du Régent ne la surprend pas, car on ne saurait jouer impunément avec les candeurs sacrées de l'enfance. Puis, comme elle se méfie du grand maître de la cour, Narychkine, lequel assiste à l'entrevue, elle continue la conversation en suédois. Vantant les qualités physiques et morales d'Élisabeth, elle souligne l'importance que la grande-duchesse aurait sur l'échiquier international dans le cas d'un accord familial avec la France. Elle n'ose dire carrément le fond de sa pensée et se contente de proclamer, une lueur prophétique dans les yeux : « L'amitié et l'alliance avec le roi de France nous seraient préférables à celles de tous les autres princes du monde. » Son rêve : que sa chère petite Élisabeth, « ce morceau de roi », devienne reine de France. Que de problèmes réglés en douceur, d'un bout à l'autre de l'Europe, si Louis XV consent à devenir son gendre ! Au besoin, promet-elle, la fiancée adoptera la religion catholique. Devant cette offre, qui ressemble fort à une déclaration d'amour, Campredon se confond en remerciements et demande un délai pour transmettre les

---

1. Le duc de Bourbon avait succédé, comme Régent, au duc Philippe d'Orléans, mort en 1723.

détails de la proposition en haut lieu. De son côté, Menchikov fait le siège de l'ambassadeur et lui jure que l'intelligence et la grâce d'Élisabeth sont «dignes du génie français», qu'elle est «née pour la France» et qu'elle éblouirait Versailles dès sa première apparition à la cour. Persuadé que le Régent n'aura pas le front de résister à ces arguments dictés par une amitié sincère, il va même plus loin et suggère de compléter le mariage de Louis XV avec Élisabeth par celui du duc de Bourbon avec Marie Leszczynska, la fille du roi Stanislas de Pologne, actuellement exilé à Wissembourg. En effet, un jour ou l'autre, ce souverain déchu pourrait remonter sur le trône si la Russie n'y voyait pas trop d'inconvénients.

Les échanges de rapports secrets entre les chancelleries durent trois mois. A la grande surprise de Catherine, aucune solution ne se dessine encore du côté français. Aurait-on mal engagé la partie? Faudrait-il envisager d'autres concessions, d'autres promesses pour décrocher le gros lot? Catherine se perd en conjectures lorsque, en septembre 1725, la nouvelle éclate tel un coup de tonnerre dans le ciel brumeux de Saint-Pétersbourg : déjouant toutes les prévisions, Louis XV va épouser cette Marie Leszczynska, une Polonaise de rien du tout, qui a vingt-deux ans et que l'impératrice de Russie songeait à offrir en cadeau au duc de Bourbon. Cette annonce est un superbe camouflet pour la tsarine. Furieuse, elle charge Menchikov de rechercher les raisons d'une telle mésalliance. Celui-ci va trouver

Campredon comme il se présenterait à un rendez-vous entre témoins avant une rencontre à l'épée. Pressé de questions, le diplomate tente de ménager la chèvre et le chou, se confond en explications décousues, parle d'une inclination réciproque entre les fiancés, ce qui semble peu vraisemblable, et finit par laisser entendre que la maison de France ne manque pas de prétendants dont la jolie Élisabeth pourrait se satisfaire à défaut d'un roi. Certains princes, insinue-t-il, sont de meilleurs partis que le souverain en personne. Agrippant la planche de salut qu'on lui offre, Catherine, déçue par Louis XV, décide de se rabattre sur le duc de Charolais. Cette fois-ci, pense-t-elle, on ne pourra pas l'accuser de viser trop haut. Avertie de ce marchandage, Élisabeth souffre dans son orgueil et supplie sa mère de renoncer à ses ambitions inconsidérées, qui les déshonorent toutes deux. Or, Catherine prétend savoir mieux que quiconque ce qui convient à sa fille. Alors qu'elle croit avoir enfin misé sur le bon cheval, elle se heurte soudain au plus humiliant des refus. «Monseigneur a pris d'autres engagements», lui déclare Campredon avec une courtoisie affligée. L'ambassadeur est réellement excédé par la série d'affronts qu'on le charge d'infliger à l'impératrice. La cour de Russie lui est devenue insupportable. Il voudrait renoncer à son poste. Mais son ministre, le comte de Morville, lui enjoint de rester sur place en évitant, d'une part, tout débat autour d'un quelconque mariage d'Élisabeth et, d'autre part, toute tentative de rapprochement de Saint-Pétersbourg avec Vienne. Cette double responsabilité inquiète le prudent Campredon. Il ne comprend plus la politique zigzagante de son pays. En apprenant que Catherine a invité le Haut Conseil secret à briser les relations avec la France, qui décidément ne veut pas d'elle, et à préparer une alliance offensive et défensive avec l'Autriche, laquelle est disposée à aider la Russie quoi qu'il arrive, le diplomate, déçu, floué, écœuré, demande ses passeports et, le 31 mars 1726, quitte les bords de la Néva pour n'y plus jamais revenir.

Après son départ, Catherine se sent comme trompée dans une passion de jeunesse. La France qu'elle aimait tant la repousse et la trahit pour une autre. Ce n'est pas sa fille qui a été mise à la porte, c'est elle, avec son sceptre, sa couronne, son armée, l'histoire glorieuse de sa patrie et ses espoirs démesurés. Blessée à vif, elle envoie à Vienne un représentant chargé de négocier l'alliance qu'elle a si souvent repoussée. Désormais, l'Europe se divise en deux camps : d'un côté la Russie, l'Autriche et l'Espagne ; de l'autre la France, l'Angleterre, la Hollande et la Prusse... Certes, les dosages peuvent encore changer et des transferts d'influence s'opérer par-dessus les frontières, mais, dans l'ensemble, aux yeux de Catherine, la carte est déjà dessinée pour les années à venir.

Dans ce micmac diplomatique, ses conseillers se démènent, proposent, marchandent, se fâchent et se réconcilient. Depuis qu'il fait partie du Haut

Conseil secret, le duc Charles-Frédéric de Holstein se distingue par la hardiesse de ses exigences. Son besoin de reprendre possession des territoires qui ont jadis appartenu à sa famille tourne à l'idée fixe. Il voit toute l'histoire du globe à travers celle du minuscule duché qui est, prétend-il, son apanage. Agacée par ses continuelles revendications, Catherine finit par demander officiellement au roi du Danemark de rendre le Sleswig à son gendre, le grand-duc de Holstein-Gottorp. S'étant heurtée à un refus catégorique de la part du souverain danois, Frédéric IV, elle en appelle à l'amitié de l'Autriche et obtient que celle-ci soutienne, éventuellement, les revendications du remuant Charles-Frédéric sur le lopin qui faisait partie, hier encore, de son héritage et dont il a été frustré par les honteux traités de Stockholm et de Frederiksborg. L'entrée de l'Angleterre dans cet imbroglio ne fait que brouiller les cartes.

La tsarine est exaspérée par l'enchevêtrement des affaires publiques. Selon son habitude, elle cherche un remède à ses ennuis de toute sorte dans la boisson. Mais, loin de la guérir de son tourment, les excès de table achèvent de miner sa santé. Il lui arrive de festoyer jusqu'à neuf heures du matin et de s'écrouler, ivre morte, sur son lit, entre les bras d'un partenaire qu'elle reconnaît à peine. Les échos de cette existence déréglée consternent son entourage. Parmi les courtisans, des murmures s'élèvent pour prédire le naufrage de la monarchie. Comme si les sempiternels ragots ne suffisaient pas à empoisonner l'atmosphère du palais, voici qu'on reparle avec insistance de ce diablotin de petit-fils de Pierre le Grand, qui aurait été injustement écarté du pouvoir. L'enfant du malheureux Alexis, lequel a payé jadis de sa vie l'audace de s'être opposé à la politique du « Réformateur », émerge tout abasourdi de l'embrouillamini des discussions successorales. Les adversaires de l'innocent estiment qu'il doit partager la déchéance paternelle et qu'il est à jamais exclu des prérogatives de la dynastie. Mais d'autres prétendent que ses droits à la couronne sont inaliénables et qu'il est tout désigné pour monter sur le trône sous la tutelle de ses proches. Ses partisans se recrutent surtout parmi les nobles de vieille souche et les membres du clergé provincial. Çà et là, on signale dans le pays des soulèvements spontanés. Rien de grave encore : de timides rassemblements devant les églises, des conciliabules à la sortie de la messe, le nom du petit Pierre acclamé par la foule le jour de sa fête patronymique. Pour essayer de désamorcer la menace d'un coup d'État, le chancelier Ostermann propose de marier le tsarévitch, qui n'a pas douze ans, à sa tante Élisabeth, qui en a dix-sept. Nul ne se préoccupe de savoir si cet arrangement conviendra aux intéressés. Même Catherine, d'habitude tellement sensible aux élans du cœur, ne se pose aucune question sur l'avenir du couple que formeront, à son initiative, un garçon à peine pubère et une jeune fille montée en graine. Cependant, si la différence d'âge ne paraît guère rédhibitoire aux marieurs impénitents, ils reconnaissent que l'Église risque de s'opposer à cette union consanguine. Après de longues discussions, l'idée est écartée. D'ailleurs, Menchikov a mieux à proposer. Payant d'audace, il suggère à présent de marier le tsarévitch Pierre non plus à sa tante Élisabeth, mais à sa propre fille, Marie Alexandrovna. Elle joint, dit-il, la beauté de l'âme à celle du corps. En l'épousant, Pierre serait le plus heureux des hommes. Certes, elle a été promise depuis 1721 à Pierre Sapieha, palatin de Smolensk, et on la dit follement éprise de son fiancé. Mais ce détail n'arrête pas Catherine. Si l'on devait tenir compte des sentiments de chacun avant de solliciter la bénédiction d'un prêtre, on ne marierait jamais personne ! Brusquement, la tsarine décide de rompre les fiançailles de ces tourtereaux qui se mettent en travers de ses désirs et de marier le tsarévitch Pierre Alexeïevitch et la demoiselle Marie Alexandrovna Menchikov, tandis que Pierre Sapieha se verrait offrir, à titre de compensation, une petite-nièce de Sa Majesté, Sophie Skavronska. Entre-temps, d'ailleurs, Pierre Sapieha a été admis, à plusieurs reprises, dans le lit très accueillant de Catherine, et elle a pu ainsi contrôler les qualités viriles de celui qu'elle destine à sa jeune parente. Sapieha, qui sait vivre, ne proteste pas contre l'échange des fiancées ; Catherine et Menchikov se félicitent d'avoir réglé l'affaire en un tournemain ; seule l'infortunée Marie Alexandrovna pleure sur son amour évanoui et maudit sa rivale, Sophie Skavronska.

A l'autre extrémité du quadrille, Anna et son mari, le duc Charles-Frédéric de Holstein, sont également consternés par l'éventualité d'un mariage qui, sous prétexte de servir les intérêts de Pierre Alexeïevitch, contribuerait en réalité à renforcer l'hégémonie de son futur beau-père, Menchikov, et éloignerait encore un peu plus sûrement du trône les deux filles de Pierre le Grand. S'estimant sacrifiées, mais pour des raisons différentes, Anna et Élisabeth se jettent aux pieds de leur mère et la supplient de renoncer à l'idée de ces scandaleuses fiançailles qui, en somme, ne satisfont que leur instigateur, le tortueux Menchikov. Elles sont soutenues dans leurs récriminations par l'ennemi juré de ce dernier, le comte Tolstoï, qui enrage de voir son concurrent direct asseoir son autorité en mariant sa fille avec l'héritier de la couronne de Russie. Catherine paraît troublée par ce concert de lamentations, promet de réfléchir à la chose et congédie tout le monde sans avoir pris la moindre décision ni avancé la moindre promesse.

Le temps passe et l'abattement d'Anna et d'Élisabeth s'accentue de jour en jour, tandis que le duc Charles-Frédéric de Holstein supporte de moins en moins la morgue qu'affiche Menchikov, assuré de sa prochaine victoire. Déjà on commente ouvertement, en ville, le mariage imminent du tsarévitch avec la noble et belle demoiselle Marie Menchikov. On parle aussi, en sourdine, des sommes fabuleuses que le père de la fiancée aurait touchées de différentes personnes soucieuses de s'assurer sa protection dans les années à venir. Certains se rappellent pourtant que, quelques mois auparavant, à la suite d'une indisposition, la tsarine, saisie d'inquiétude, avait laissé entendre qu'après sa mort ce serait sa fille cadette, Élisabeth, qui devrait hériter de la couronne. Ce souhait semble totalement oublié à présent. Élisabeth s'en désole comme d'un désaveu de sa mère, mais, étant d'un caractère réservé, elle se garde de revenir à la charge. Son beau-frère, le duc Charles-Frédéric, est moins accommodant. Bien que la cause paraisse désespérée, il entend se battre, pour Anna et pour lui-même, jusqu'à la limite de ses forces. Il veut coûte que coûte arracher à sa belle-mère un testament en faveur de son épouse.

Or, Catherine est trop faible maintenant pour soutenir une discussion aussi contraignante. Retirée dans ses appartements du palais d'Hiver, elle a de la difficulté à parler et même à réunir deux idées. On chuchote, derrière les portes de sa chambre, que la sénilité précoce de Sa Majesté est la rançon de ses excès de nourriture, de boisson et d'amour. Dès le 8 mars 1727, Johann Lefort, résident de Saxe à Saint-Pétersbourg, écrivait à son gouvernement, dans un français imagé et approximatif : «La tsarine doit être sévèrement attaquée d'une enflure aux jambes qui monte à la cuisse et qui ne signifie rien de bon ; on tient cela pour une cause bacchique[1].» Malgré les mises en garde du méde-

---

1. Rapporté par Hermann, *op. cit.*, et repris par Waliszewski dans *L'Héritage de Pierre le Grand*.

cin, le gendre de Catherine s'acharne à la questionner sur ses intentions. Mais elle est incapable de lui répondre, ni même de le comprendre. Le 27 avril 1729, elle se plaint d'une oppression douloureuse dans la poitrine. Les yeux hagards, elle délire. L'ayant examinée froidement, Charles-Frédéric dit à Tolstoï :

« Si elle trépasse sans avoir dicté ses volontés, nous sommes perdus ! Ne pouvons-nous la persuader sur-le-champ de désigner sa fille ?

— Si nous ne l'avons fait plus tôt, il est trop tard [1] ! » répond l'autre.

Durant quarante-huit heures, les proches de l'impératrice guettent l'instant du dernier soupir. Ses filles et Pierre Sapieha sont au chevet de la malade. A peine a-t-elle repris un peu de conscience que les syncopes reviennent, chaque fois plus longues, plus profondes. Tenu au courant, heure par heure, de l'état de la tsarine, Menchikov réunit le Haut Conseil secret et entreprend la rédaction d'un manifeste testamentaire que l'impératrice n'aura qu'à signer, fût-ce d'un gribouillage, avant de mourir. Sous l'autorité du prince sérénissime, les membres de l'assemblée restreinte se mettent d'accord sur un texte stipulant que, selon la volonté expresse de Sa Majesté, le tsarévitch Pierre Alexeïevitch, encore mineur et promis comme époux à la demoiselle Marie Menchikov, succédera, le mo-

---

1. Propos cités par Daria Olivier : *Élisabeth Iʳᵉ, impératrice de Russie.*

ment venu, à l'impératrice Catherine I^{re} et sera assisté, jusqu'à sa majorité, du Haut Conseil secret institué par elle. Si jamais il meurt sans postérité, précise le document, la couronne devra revenir à sa tante Anna Petrovna et aux héritiers de celle-ci ; puis à son autre tante, Élisabeth Petrovna, et aux héritiers qu'elle pourrait avoir. Les deux tantes seront appelées à faire partie dudit Haut Conseil secret jusqu'au jour où leur impérial neveu aura atteint l'âge de dix-sept ans. La combinaison imaginée par Menchikov lui permettra d'avoir la haute main, à travers sa fille, future tsarine, sur les destinées du pays. Cette confiscation déguisée de tous les pouvoirs indigne Tolstoï et ses collaborateurs habituels, tels Boutourline et l'aventurier portugais Devier. Ils tentent de réagir, mais Menchikov devance leur manœuvre et riposte en les accusant du crime de lèse-majesté. Les rapports des espions payés par lui sont formels : la plupart des proches de Tolstoï auraient trempé dans le complot. Soumis à la torture, le Portugais Devier avoue tout ce que le bourreau, maniant le knout avec dextérité, le somme de reconnaître. Lui et ses complices auraient raillé publiquement le chagrin des filles de Sa Majesté et participé à des réunions clandestines tendant à renverser l'ordre monarchique. Au nom de l'impératrice agonisante, Menchikov fait arrêter Tolstoï, qui sera relégué dans le couvent de Solovetsk, sur une île de la mer Blanche ; Devier est expédié en Sibérie ; pour les autres inculpés, on se contentera de les renvoyer dans leurs terres avec défense d'en bouger. La condamnation du duc Charles-Frédéric de Holstein n'est pas officiellement prononcée, mais, par prudence et par fierté, il se retirera avec son épouse Anna, injustement spoliée, dans leur propriété suburbaine d'Ékaterinhof.

A peine le jeune couple a-t-il quitté la capitale qu'il y est rappelé : la tsarine est au plus mal. La décence et la tradition exigent qu'elle ait ses filles autour d'elle. Toutes deux accourent pour assister à ses derniers moments. Après une longue agonie, elle s'éteint le 6 mai 1727, entre neuf et dix heures du soir. Immédiatement, sur l'ordre de Menchikov, deux régiments de la Garde encerclent le palais d'Hiver pour prévenir toute manifestation hostile. Mais personne ne songe à protester. Ni à pleurer, du reste. Le règne de Catherine, qui n'a duré que deux ans et deux mois, laisse la plupart de ses sujets indifférents ou perplexes. Doit-on la regretter ou se féliciter de sa disparition ?

Le 8 mai 1727, le grand-duc Pierre Alexeïevitch est proclamé empereur. Le secrétaire du cabinet de Sa Majesté, Makarov, annonce l'événement aux courtisans et aux dignitaires assemblés au palais. Par une habileté diabolique, les termes du manifeste concocté sous la direction de Menchikov unissent la notion d'élection du souverain, instituée par Pierre le Grand, à celle d'hérédité, conforme à la tradition moscovite. « D'après le testament de Sa Majesté, l'impératrice défunte, lit Makarov d'une voix solennelle, l'*élection* a été faite d'un nouvel

empereur en la personne d'un *héritier*[1] du trône :
Son Altesse le grand-duc Pierre Alexeïevitch.» En
écoutant cette proclamation, Menchikov exulte
intérieurement. Sa réussite tient du miracle. Non
seulement sa fille est virtuellement impératrice de
Russie, mais encore le Haut Conseil secret, qui doit
exercer la régence jusqu'à la majorité de Pierre II,
lequel n'a encore que douze ans, est entièrement
entre ses mains à lui, le prince sérénissime. Cela lui
laisse cinq bonnes années pour mettre le pays à ses
pieds. Il n'a plus d'adversaires. Rien que des sujets.
Comme quoi il n'est pas nécessaire d'être un
Romanov pour régner sur l'empire. Prêt à tous les
accommodements avec le pouvoir, le duc Charles-
Frédéric de Holstein promet de se tenir tranquille
à condition que, au moment où Pierre II atteindra
les dix-sept ans fatidiques de la majorité, Anna et
Élisabeth reçoivent deux millions de roubles à se
partager, en guise de dédommagement. En outre,
Menchikov, étant dans un bon jour, assure qu'il
s'efforcera d'appuyer les prétentions de Charles-
Frédéric, qui songe toujours à rentrer en possession
de ses terres héréditaires et souhaiterait même —
pourquoi pas? — faire valoir ses droits à la couronne de Suède. Il est clair aujourd'hui pour le duc
de Holstein que sa présence à Saint-Pétersbourg
n'est qu'une étape vers la conquête de Stockholm.
A croire qu'à ses yeux le trône de feu le roi

---

1. Souligné par l'auteur.

Charles XII est plus prestigieux que celui de son vainqueur, feu l'empereur Pierre le Grand.

Menchikov n'est pas étonné de cette ambition galopante chez son interlocuteur. N'est-ce pas grâce à un acharnement analogue qu'il est parvenu lui-même à une situation dont il n'eût pas osé rêver lorsqu'il n'était qu'un compagnon de combat, de bombances et de joutes amoureuses du tsar? Où s'arrêtera-t-il dans son ascension vers les honneurs et la fortune? Au moment où son futur gendre est proclamé souverain autocrate de toutes les Russies sous le nom de Pierre II, il se dit que son propre règne ne fait peut-être que commencer.

# III

## PIÉTINEMENTS AUTOUR D'UN TRÔNE

De tous ceux, de toutes celles qui peuvent prétendre au trône de Russie, le moins bien préparé à ce redoutable honneur est celui qui vient d'en être investi. Aucun des candidats à la succession de Catherine I$^{re}$ n'a eu une enfance aussi dépourvue d'affection et de conseils que le nouveau tsar Pierre II. Il n'a pas connu sa mère, Charlotte de Brunswick-Wolfenbüttel, qui est morte en le mettant au monde, et il n'avait que trois ans lorsque son père, le tsarévitch Alexis, succombait sous la torture. Doublement orphelin, élevé par des gouvernantes qui n'étaient que de vulgaires servantes du palais et par des précepteurs allemands et hongrois de peu de science et de peu de cœur, il s'est renfermé sur lui-même et a manifesté, dès l'âge de raison, un caractère orgueilleux, agressif et cynique. Toujours enclin au dénigrement et à la révolte, il n'éprouve de tendresse que pour sa sœur Nathalie, son aînée de quatorze mois, dont il apprécie le tempérament enjoué. Lui qui, par atavisme sans doute, et malgré son jeune âge, aime à s'étourdir dans l'alcool et à se divertir aux farces les plus basses, s'étonne que la jeune fille soit attirée par la lecture, les conversations sérieuses et l'étude des langues étrangères. Elle parle l'allemand et le français aussi couramment que le russe. Qu'a-t-elle à faire de tout ce fatras ? Le rôle d'une femme, eût-elle quinze ou seize ans, n'est-il pas de s'amuser, d'amuser les autres et de séduire en passant les hommes qui en valent la peine ? Pierre la plaisante sur son application excessive et elle tente de le discipliner en le grondant avec une douceur à laquelle il n'est pas accoutumé. Dommage qu'elle ne soit pas plus jolie ! Mais peut-être cela vaut-il mieux ainsi ? A quel entraînement ne céderait-il pas si, outre son esprit pétillant, elle avait un physique désirable ? Telle quelle, elle l'aide à supporter sa situation de faux souverain que tout le monde honore et à qui personne n'obéit. Depuis son avènement, il se voit relégué par Menchikov au rang de figurant impérial. Certes, pour marquer sa suprématie, il a voulu qu'aux dîners d'apparat Menchikov soit assis à sa gauche, alors que Nathalie se trouve à sa droite ; certes, c'est lui qui, installé sur un trône entre ses deux tantes, Anna et Élisabeth, préside les réunions du Haut Conseil secret ; certes, il doit épouser bientôt la fille de Menchikov, et celui-ci, une fois devenu son beau-père, lui remettra assurément les rênes du pouvoir. Mais, à l'heure actuelle, le jeune Pierre a conscience de n'être que l'ombre d'un empereur, la caricature de Pierre le Grand, une Majesté de carnaval, soumise aux volontés de l'organisateur du chatoyant spectacle russe. Quoi qu'il fasse, il doit se plier aux volontés de Menchikov, lequel a tout prévu et tout réglé à sa guise.

Le palais de ce personnage omnipotent est situé au cœur de Saint-Pétersbourg, au milieu d'un superbe parc, sur l'île Vassili. Pour traverser la Néva, en attendant la construction d'un pont réservé à son usage personnel, Menchikov dispose d'une galère à rames, dont l'intérieur est tapissé de velours vert. En débarquant sur la rive opposée, il monte dans une voiture à la caisse dorée, armoriée et au fronton orné d'une couronne princière. Six chevaux aux harnais de velours couleur amarante, brodés d'or et d'argent, sont attelés à ce chef-d'œuvre d'orfèvrerie et de confort sur roues. De nombreux heiduques le précèdent lors de ses moindres courses en ville. Deux pages montés le suivent, deux gentilshommes de la cour caracolent à hauteur des portières et six dragons ferment la marche et écartent sans ménagement les curieux[1]. Personne, dans la capitale, n'entoure ses déplacements d'une telle magnificence. Pierre souffre en silence de cette ostentation qui relègue chaque jour un peu plus dans l'ombre la figure du vrai tsar, auquel même le peuple, semble-t-il, ne songe plus. Mettant le comble à sa ruse, Menchi-

---

1. Cf. Brian-Chaninov : *Histoire de Russie*.

kov a attendu que l'empereur ait prêté serment devant la Garde pour annoncer que désormais, par mesure de sécurité, Sa Majesté logera non plus au palais d'Hiver, mais dans son palais à lui, sur l'île Vassili. Tout le monde s'étonne de cette « mise sous cloche » du souverain, mais aucune voix ne s'élève pour protester. Les principaux opposants, Tolstoï, Devier, Golovkine, ont été exilés à temps par le nouveau maître de la Russie. Ayant installé Pierre, superbement il est vrai, dans sa propre demeure, Menchikov surveille de près ses fréquentations. Le barrage qu'il dresse aux portes des appartements impériaux est infranchissable. Seules les tantes du tsar, Anna et Élisabeth, sa sœur Nathalie et de rares hommes de confiance sont admis à lui rendre visite. Parmi ces derniers, il y a le vice-chancelier André Ivanovitch Ostermann, l'ingénieur et général Burchard-Christophe von Münnich, maître d'œuvre des grands travaux, le comte Reinhold Loewenwolde, ancien amant de Catherine I$^{re}$ et agent à la solde de la duchesse de Courlande, le général écossais Lascy, au service de la Russie et qui a su éviter les troubles au moment du décès de l'impératrice, enfin l'inévitable et incorrigible duc Charles-Frédéric de Holstein, toujours hanté par l'idée d'un retour du Sleswig dans l'escarcelle familiale. Menchikov les a tous chapitrés, endoctrinés, soudoyés afin qu'ils préparent son futur gendre à n'être empereur que de nom et à lui abandonner définitivement la conduite des affaires. En leur

46

confiant l'éducation de cet adolescent déraison-
nable et impulsif, tout ce qu'il leur demande, c'est
de lui donner le goût de paraître en lui ôtant le
goût d'agir. Le gendre idéal serait, pour lui, un
parangon de nullité et de bonnes manières. Peu
importe qu'il soit ignare, qu'il n'ait aucune notion
de politique, pourvu qu'il sache se tenir dans
un salon. Ordre est donné à l'entourage de Sa
Majesté de l'instruire en surface, mais surtout pas
en profondeur. Or, si la plupart des mentors choisis par Menchikov se plient à cette consigne, le
plus cauteleux et le plus avisé du groupe commence déjà à ruer dans les brancards.

Tandis que Menchikov croit avoir gagné la partie, le Westphalien Ostermann rassemble autour de
lui ceux que la vanité et l'arrogance du nouveau
dictateur agacent. Ils ont depuis longtemps remarqué la sourde hostilité de Pierre envers son beau-
père virtuel et ils épaulent en cachette la cause de
leur souverain. Ils sont bientôt rejoints dans leur
conspiration par la sœur de Pierre, Nathalie, et
par ses deux tantes, Anna et Élisabeth. Pressenti
par les instigateurs de ce petit complot tribal
pour s'associer à leur projet, le duc Charles-Frédéric de Holstein avoue qu'il militerait volontiers, lui
aussi, pour l'émancipation de Pierre II, surtout si
elle pouvait s'accompagner d'une reconnaissance
de ses propres droits sur le Sleswig et — bien
entendu — sur la Suède. Justement, Élisabeth
vient de se fiancer avec un autre descendant des
Holstein, Charles-Auguste, cousin germain de

Charles-Frédéric, candidat au trône de Courlande et évêque de Lübeck. Cette circonstance ne peut que renforcer la détermination du clan hollsteinois à secouer le joug de Menchikov et à libérer Pierre II d'une tutelle humiliante.

Hélas ! le 1er juin 1727, le jeune évêque Charles-Auguste est emporté par la variole. Du jour au lendemain, Élisabeth n'a plus de soupirant, plus d'espoir conjugal. Après la dérobade de Louis XV, elle vient de perdre un autre prétendant, moins prestigieux, certes, que le roi de France, mais qui lui aurait assuré un établissement très honorable pour une grande-duchesse de Russie. Devant un tel acharnement du sort contre ses rêves d'épousailles, elle se décourage, prend la cour de Saint-Pétersbourg en aversion et se retire, avec son beau-frère putatif Charles-Frédéric et sa sœur Anna, dans le château d'Ékaterinhof, à la lisière de Saint-Pétersbourg, sous les ombrages d'un parc immense entouré de canaux. Dans ce cadre idyllique, elle compte beaucoup sur l'affection de ses proches pour l'aider à oublier sa déconvenue.

Le jour même de leur départ, Menchikov offre dans son palais un festin faramineux en l'honneur des accordailles de sa fille aînée, Marie, avec le jeune tsar Pierre II. La promise, parée et endia-mantée comme une châsse, reçoit à cette occasion le titre d'Altesse Sérénissime et la garantie d'une rente annuelle de trente-quatre mille roubles pris sur le Trésor de l'État. Plus parcimonieux lorsqu'il s'agit de dédommager la *tsarevna*[1] Élisabeth, Menchikov ne lui alloue que douze mille roubles pour adoucir la rigueur de son deuil[2]. Mais Élisabeth veut passer aux yeux de tous pour une fiancée inconsolable. Elle estime que le fait de n'être pas encore mariée à dix-huit ans et de n'intéresser que des ambitieux aux considérations strictement politiques est un sort trop cruel pour qu'elle s'en contente plus longtemps. Heureusement, ses amis se dévouent pour trouver, en Russie ou à l'étranger, un remplaçant de qualité à Charles-Auguste. A peine a-t-on expédié le cercueil du défunt à Lübeck qu'on évoque devant Élisabeth la possible candidature de Charles-Adolphe de Holstein, le propre frère du disparu, mais aussi celle du comte Maurice de Saxe et celles de tel ou tel gentilhomme aux mérites facilement vérifiables.

Tandis qu'à Ékaterinhof Élisabeth rêve à ces différents partis dont elle connaît à peine le visage, à Saint-Pétersbourg Menchikov, en homme pratique, étudie les avantages des fiancés disponibles sur le marché. A ses yeux, la tsarine à demi veuve représente une excellente monnaie d'échange dans les tractations diplomatiques en cours. Mais ces préoccupations matrimoniales ne lui font pas perdre de vue l'éducation de son pupille impérial. Observant que Pierre paraît, depuis peu, moins extravagant que par le passé, il recommande à

---

1. Terme désignant traditionnellement la fille du tsar.
2. Cf. Daria Olivier, *op. cit.*

Ostermann d'accentuer sa lutte contre la paresse naturelle de son élève en l'habituant à des horaires fixes, qu'il s'agisse d'études ou de délassements. Le Westphalien est secondé dans cette tâche par le prince Alexis Grigorievitch Dolgorouki, «gouverneur adjoint». Celui-ci se présente souvent au palais avec son jeune fils, le prince Ivan, un beau gaillard de vingt ans, élégant et efféminé, qui amuse Sa Majesté par son intarissable bavardage.

A son retour d'Ékaterinhof, où elle a passé quelques semaines de retraite sentimentale, Élisabeth s'installe au palais d'Été, mais il ne se passe pas de jour sans qu'elle rende visite, avec sa sœur Anna, à son cher neveu dans sa cage dorée. Elles écoutent ses confidences d'enfant gâté, partagent son engouement pour Ivan Dolgorouki, l'éphèbe irrésistible, et les accompagnent tous deux dans leurs sorties nocturnes et leurs joyeuses bombances. Malgré les remontrances de leurs chaperons masculins, un vent de folie souffle sur ce quatuor de dévergondés. Dès le mois de décembre 1727, Johann Lefort met au courant son ministre à la cour de Saxe des frasques du jeune Pierre II : «Le maître [Pierre II] n'a d'autres occupations que de courir les rues jour et nuit avec la princesse Élisabeth et sa sœur, de visiter le chambellan Ivan [Ivan Dolgorouki], les pages, les cuisiniers et Dieu sait qui encore.» Donnant à entendre que le souverain sous tutelle a des goûts contre nature et que le délicieux Ivan l'entraîne dans des jeux interdits au lieu de combattre ses penchants, Lefort poursuit : « On pourrait croire que ces malavisés [les Dolgorouki] prêtent la main aux diverses débauches en insinuant [au tsar] les sentiments du dernier Russe. Je sais un appartement attenant au billard où le sous-gouverneur [le prince Alexis Grigorievitch Dolgorouki] lui ménage des parties fines [...]. On ne se couche qu'à 7 heures du matin[1]. »

Ces divertissements d'une jeunesse assoiffée de plaisirs n'inquiètent guère Menchikov. Tant que Pierre et ses tantes s'étourdiront dans des intrigues amoureuses et des coucheries secondaires, leur influence politique sera nulle. En revanche, le « Sérénissime » craint que le duc Charles-Frédéric de Holstein, dont les ambitions l'exaspèrent, ne passe outre aux mises en garde de son épouse Anna et ne cherche à ruiner, par des exigences hors de propos, le modus vivendi que le Haut Conseil secret a su imposer au petit tsar et à ses proches. Afin de couper court aux rêves insensés de Charles-Frédéric, Menchikov lui retire, par un oukase qui a échappé à la vigilance de Pierre II, un soir de soûlerie, la possession de l'île d'Œsel, dans le golfe de Riga, que le couple avait reçue comme cadeau de mariage, et rogne sur la liste civile du duc. Ces manifestations d'un esprit mesquin s'accompagnent de tant de basses vexations distillées par Menchikov que le duc et sa femme se fâchent pour de bon et préfèrent quitter une capitale où on

---

1. Cf. Waliszewski, *op. cit.*

les traite en parents pauvres et en intrus. En embrassant sa sœur avant de s'embarquer, le cœur gros, avec son mari pour Kiel, Anna est saisie d'un pressentiment funeste. Elle confie à ses proches qu'elle appréhende, aussi bien pour Élisabeth que pour Pierre, les agissements de Menchikov. Selon elle, il est un implacable ennemi de leur famille. A cause de sa taille de géant et de ses larges épaules, elle l'a surnommé «le très orgueilleux Goliath» et elle prie le ciel pour que Pierre II, nouveau David, abatte le monstre d'orgueil et de méchanceté qui a fait main basse sur l'empire.

Après le départ de sa sœur pour le Holstein, Élisabeth tente d'abord d'oublier ses chagrins et ses alarmes dans le tourbillon de la galanterie. Pierre l'aide dans cette entreprise de diversion en inventant chaque jour de nouvelles occasions de se lutiner et de s'enivrer. Il n'a que quatorze ans et ses désirs sont ceux d'un homme. Pour s'assurer une plus grande liberté de mouvement, Élisabeth et lui émigrent dans l'ancien palais impérial de Péterhof. Un moment, ils peuvent croire que leurs vœux secrets sont sur le point d'être exaucés, car Menchikov, qui jouit pourtant d'une santé de fer, est soudain pris de malaise, crache le sang et doit s'aliter. Selon les échos qui parviennent à Péterhof, les médecins jugent que l'indisposition peut être durable, sinon fatale.

Durant cette vacance du pouvoir, les conseillers habituels se réunissent pour commenter les affaires courantes. En plus de la maladie du Sérénissime, un autre événement d'importance, survenu entre-temps, les embarrasse : la première femme de Pierre le Grand, la tsarine Eudoxie, qu'il a incarcérée au couvent de Souzdal, puis transférée dans la forteresse de Schlüsselburg, refait tout à coup surface. L'empereur l'avait répudiée jadis pour épouser Catherine. Vieille, affaiblie, mais encore vaillante après trente ans de réclusion, Eudoxie est la mère du tsarévitch Alexis, mort sous la torture, et la grand-mère du tsar Pierre II, lequel, du reste, ne l'a jamais rencontrée et n'en éprouve pas le besoin. A présent qu'elle est sortie de sa prison et que Menchikov, son ennemi juré, est cloué sur son lit, les autres membres du Haut Conseil secret estiment que le petit-fils de cette martyre, si digne dans son effacement, se doit de lui rendre une visite d'hommage. La démarche leur paraîtrait d'autant plus opportune qu'Eudoxie passe, dans le peuple, pour une sainte sacrifiée à la raison d'État. Un seul hic, mais il est de taille : Menchikov ne se formalisera-t-il pas d'une initiative prise sans le consulter ? On en discute ferme entre spécialistes de la chose publique. Certains suggèrent de profiter du prochain couronnement du jeune tsar, qui doit avoir lieu à Moscou au début de 1728, pour ménager une rencontre historique entre l'aïeule incarnant le passé et le nouveau tsar incarnant l'avenir. Déjà Ostermann, les Dolgorouki et d'autres personnages de moindre envergure adressent des messages de dévotion à la vieille tsarine et sollicitent son appui en vue des tractations futures. Mais Eudoxie, confite dans les prières, les jeûnes et les souvenirs, se désintéresse de l'agitation des courtisans. Elle a trop souffert autrefois de l'atmosphère frelatée des palais pour souhaiter une autre récompense que la paix dans la lumière du Seigneur.

Alors que la grand-mère aspire au repos éternel, le petit-fils, la tête embrasée, ne tient plus en place. Mais ce ne sont pas des mirages de grandeur qui le hantent. Loin de cette *habouchka* de légende, Élisabeth l'entraîne de fête en fête. Les parties de chasse alternent avec les pique-niques improvisés, les coucheries dans quelque pavillon rustique avec les rêveries au clair de lune. Un léger parfum d'inceste pimente le plaisir que Pierre éprouve à caresser sa jeune tante. Rien de tel que le sentiment de la culpabilité pour sauver le commerce amoureux des tristesses de l'habitude. Si l'on s'en tient à la morale, les rapports entre un homme et une femme deviennent vite aussi ennuyeux que l'accomplissement d'un devoir. Sans doute est-ce cette conviction qui incite Pierre à se livrer à des expériences parallèles avec Ivan Dolgorouki. Pour le remercier des satisfactions intimes qu'il lui procure, avec l'assentiment d'Élisabeth, il le nomme chambellan et le décore de l'ordre de Sainte-Catherine, réservé, en principe, à des dames. On en fait des gorges chaudes à la cour et les diplomates étrangers s'empressent de commenter, dans leurs dépêches, les frasques à double sens de Sa Majesté. Évoquant l'inconduite de Pierre II en l'absence de Menchikov malade, certains citent le dicton français :

« Quand le chat n'est pas là, les souris dansent. »
Déjà, ils enterrent le Sérénissime. C'est mal
connaître la résistance physique de celui-ci. Soudain, il ressurgit au milieu de cette chiennerie où
les manœuvres de l'ambition le disputent aux exigences du sexe. S'imagine-t-il qu'il lui suffira d'élever la voix pour que les trublions rentrent sous
terre ? Dans l'intervalle, Pierre II a pris du poil de
la bête. Il ne tolère plus que qui que ce soit, y compris son futur beau-père, se permette de contre-
carrer ses désirs. Devant Menchikov abasourdi et
proche de l'apoplexie, il hurle : « Je t'apprendrai qui
est le maître ici[1] ! »

Cet accès de colère rappelle à Menchikov les
terribles éclats de son ancien maître, Pierre le
Grand. Pressentant qu'il serait imprudent de défier
un agneau devenu enragé, il feint de ne voir
dans cette fureur qu'un enfantillage tardif et quitte
Péterhof, où Pierre l'a si mal accueilli, pour aller se
reposer dans sa propriété d'Oranienbaum. Avant
de plier bagage, il a pris soin de convier toute la
compagnie à la fête qu'il compte donner dans sa
résidence de campagne en l'honneur du tsar et
pour célébrer sa propre guérison. Mais Pierre II
s'entête et, sous prétexte que le Sérénissime n'a pas
invité nommément Élisabeth, refuse de se rendre à
la réception. Afin de souligner son mécontentement, il part même ostensiblement avec sa tante
pour chasser le gros gibier dans les environs. Tout

---

1. Cf. Daria Olivier, *op. cit.*

55

au long de cette escapade mi-cynégétique, mi-amoureuse, il se demande comment se déroulent les réjouissances imaginées par Menchikov. N'est-il pas étrange qu'aucun de ses amis n'ait suivi son exemple ? La peur de déplaire à Menchikov est-elle si forte qu'ils n'hésitent pas à déplaire au tsar ? En tout cas, il se soucie peu de savoir quels sont les sentiments de Marie Menchikov, qui a failli être sa fiancée et qui se trouve reléguée au magasin des accessoires. Au contraire, dès que les invités de Menchikov sont de retour d'Oranienbaum, il les interroge avidement sur l'attitude du Sérénissime pendant les festivités. Pressés de libérer leur conscience, ils racontent tout en détail. Ils insistent notamment sur le fait que Menchikov a poussé l'insolence jusqu'à s'asseoir, en leur présence, sur le trône préparé pour Pierre II. A les entendre, leur hôte, perdu d'orgueil, n'a cessé de se comporter comme s'il était le maître de l'empire. Ostermann se déclare aussi offusqué que si c'était à lui que le Sérénissime avait manqué d'égards. Le lendemain, profitant d'une absence de Pierre II, qui est retourné à la chasse avec Élisabeth, Ostermann reçoit Menchikov à Péterhof et lui reproche d'un ton sec, au nom de tous les amis sincères de la famille impériale, l'incongruité dont il s'est rendu coupable envers Sa Majesté. Piqué par ces remontrances d'un subalterne, Menchikov le prend de haut et regagne Saint-Pétersbourg en méditant une vengeance qui ôtera à jamais à cette bande d'intrigants l'envie de comploter contre lui.

En arrivant dans son palais de l'île Vassili, il constate avec stupeur que tout le mobilier de Pierre II a été retiré par une équipe de déménageurs et transporté au palais d'Été où le tsar, lui dit-on, compte s'installer désormais. Outré, le Sérénissime se précipite pour demander des explications aux officiers de la Garde chargés de surveiller le domaine. Toutes les sentinelles ont déjà été relevées et le chef de poste annonce, d'un air contrit, qu'il n'a fait qu'obéir aux ordres impériaux. L'affaire a donc été préparée de longue main. Ce qui aurait pu passer pour une lubie de prince est, à coup sûr, le signal d'une rupture définitive. Pour Menchikov, c'est l'écroulement d'un édifice qu'il a bâti depuis des années et qu'il croyait solide comme le granit des quais de la Néva. Qui est à l'origine de la catastrophe ? se demande-t-il avec angoisse. La réponse ne fait aucun doute. C'est Alexis Dolgorouki et son fils, le ravissant et sournois Ivan, qui ont tout manigancé. Comment faire pour sauver ce qui peut l'être encore ? Implorer la mansuétude de ceux qui l'ont abattu ou se tourner vers Pierre et tenter de plaider sa cause devant lui ? Alors qu'il hésite sur la meilleure tactique à adopter, il apprend qu'après avoir rejoint sa tante Élisabeth au palais d'Été le tsar a réuni les membres du Haut Conseil secret et qu'il discute avec eux des sanctions supplémentaires qui s'imposent. Le verdict tombe sans même que l'accusé ait été appelé à présenter sa défense. Très probablement excité par Élisabeth, Nathalie et le clan des Dolgorouki, Pierre a ordonné l'arrestation du Sérénissime. Devant le major général Simon Saltykov, venu lui signifier sa condamnation, Menchikov ne peut que rédiger une lettre de protestation et de justification, dont il doute qu'elle sera transmise au destinataire.

Dès le lendemain, les châtiments se multiplient, de plus en plus iniques, de plus en plus infamants. Dépouillé de ses titres et de ses privilèges, Menchikov est exilé à vie dans ses terres. La lente caravane emmenant le proscrit, avec les quelques biens qu'il a pu réunir en hâte, quitte Saint-Pétersbourg sans que personne se soucie de son départ. Celui qui était tout hier n'est plus rien aujourd'hui. Ses plus fervents obligés sont devenus ses pires ennemis. La haine du tsar le poursuit d'étape en étape. A chaque relais, un courrier du palais lui annonce une disgrâce nouvelle. A Vichni-Volotchok, ordre de désarmer les serviteurs du favori déchu; à Tver, ordre de renvoyer à Saint-Pétersbourg les domestiques, les équipages et les voitures en surnombre; à Kline, ordre de confisquer à Mlle Marie Menchikov, ex-fiancée du tsar, la bague de ses accordailles annulées; aux abords de Moscou, enfin, ordre de contourner l'antique cité du couronnement et de continuer la route sans retard jusqu'à Orenbourg, dans la lointaine province de Riazan[1].

Le 3 novembre, en atteignant cette ville aux

---

1. Précisions données par Essipov : «L'Exil du prince Menchikov», *Annales de la Patrie, 1861*, et reprises par Waliszewski, *op. cit.*

confins de la Russie d'Europe et de la Sibérie occidentale, Menchikov découvre, avec un serrement de cœur, le lieu de relégation qui lui a été affecté. La maison, enfermée entre les murs crénelés de la forteresse, a tout d'une prison. Des sentinelles montent la garde devant les issues. Un officier est chargé de surveiller les allées et venues de la famille. Les lettres de Menchikov sont contrôlées avant leur expédition. C'est en vain qu'il tente de se racheter en envoyant des messages de repentir à ceux qui l'ont condamné. Alors qu'il refuse encore de s'avouer vaincu, le Haut Conseil secret reçoit un rapport du comte Nicolas Golovine, ambassadeur de Russie à Stockholm. Ce document confidentiel dénonce de récents agissements du Sérénissime qui, avant sa destitution, aurait touché cinq mille ducats d'argent des Anglais pour avertir la Suède des dangers que lui faisait courir la Russie en soutenant les prétentions territoriales du duc de Holstein. Cette trahison d'un haut dignitaire russe au profit d'une puissance étrangère ouvre la voie à une nouvelle série de délations et de coups bas. Des centaines de lettres, les unes anonymes, les autres signées, s'amoncellent sur la table du Haut Conseil secret. Dans une émulation qui ressemble à une curée, chacun reproche à Menchikov ses enrichissements suspects et les millions de pièces d'or découvertes dans ses différentes maisons. Johann Lefort croit même utile de signaler à son gouvernement que la vaisselle d'argent saisie le 20 décembre dans une cachette du principal palais de Menchikov pesait soixante-dix pouds [1] et qu'on espérait trouver d'autres trésors au cours de prochaines perquisitions. Cette accumulation d'abus de pouvoir, de malversations, de vols et de trahisons mérite que le Haut Conseil secret la sanctionne sans pitié. Le châtiment initial étant jugé trop doux, on institue une commission judiciaire qui commence par arrêter les trois secrétaires du despote démasqué. Puis on lui adresse un questionnaire en vingt points, auquel il est sommé de répondre «dans les meilleurs délais».

Cependant, alors qu'ils s'étaient mis d'accord sur la nécessité d'éliminer Menchikov, les membres du Haut Conseil secret se chamaillent déjà sur le partage du pouvoir après sa chute. Dès l'abord, Ostermann a pris la direction des affaires courantes; mais les Dolgorouki, forts de l'ancienneté de leur nom, se montrent de plus en plus pressés de supplanter «le Westphalien». Leurs rivaux directs sont les Galitzine, dont l'arbre généalogique est, disent-ils, au moins aussi glorieux. Chacun de ces champions veut tirer la couverture à soi sans trop se préoccuper ni de Pierre II ni de la Russie. Puisque le tsar ne songe qu'à s'amuser, il n'y a aucune raison pour que les grands serviteurs de l'État s'obstinent à défendre le bonheur et la prospérité du pays au lieu de penser à leurs propres intérêts. Les Dolgorouki comptent sur le jeune Ivan, si séduisant et si habile, pour détourner le tsar

---

1. Mille cent vingt kilos.

de sa tante Élisabeth et de sa sœur Nathalie, dont les ambitions leur paraissent louches. De son côté, Dimitri Galitzine charge son gendre, l'élégant et peu scrupuleux Alexandre Boutourline, d'entraîner Sa Majesté dans des plaisirs assez variés pour l'éloigner de la politique. Mais Élisabeth et Nathalie ont subodoré la manœuvre des Dolgorouki et des Galitzine. Elles s'unissent pour ouvrir les yeux du jeune tsar sur les dangers qui le guettent entre les deux mignons aux dents longues. Or, Pierre a hérité de ses ancêtres le refus des contraintes. Toute remontrance lui paraît une insulte à sa dignité. Il rabroue sa sœur et sa tante. Nathalie n'insiste pas davantage. Quant à Élisabeth, la voici qui passe à l'ennemi. A force de fréquenter les amis de son neveu, elle est tombée amoureuse de ce même Alexandre Boutourline qu'elle aurait voulu combattre. Gagnée par la licence effrénée de son neveu, elle est prête à le rejoindre dans toutes les manifestations de sa frivolité. La chasse et l'amour deviennent, pour elle comme pour lui, les deux pôles de leur activité. Et qui mieux qu'Alexandre Boutourline pourrait satisfaire leur goût commun de l'imprévu et de la provocation ? Bien entendu, le Haut Conseil secret et, à travers lui, toute la cour, toutes les ambassades sont avertis des extravagances du tsar. Il est temps, pense-t-on, de le couronner pour l'assagir. C'est dans cette atmosphère de libertinage et de rivalités intestines que les dirigeants politiques de la Russie préparent les cérémonies du sacre, à Moscou.

Le 9 janvier 1728, Pierre se met en route, à la

tête d'un cortège si important qu'on pourrait croire
à l'exode du Tout-Saint-Pétersbourg. A travers le
froid et la neige, la haute noblesse et la haute administration de la nouvelle capitale s'acheminent len-
tement vers les fastes du vieux Kremlin. Mais, à
Tver, une indisposition oblige le tsar à s'aliter. On
redoute une rougeole et les médecins lui conseillent
le repos pendant deux semaines au moins. C'est
seulement le 4 février que le jeune souverain, enfin
rétabli, fait son entrée solennelle dans un Moscou
pavoisé, débordant de vivats et secoué par les
coups de canon et les sonneries de cloches. Sa première visite, voulue par le protocole, est pour sa
grand-mère, l'impératrice Eudoxie. Devant cette
vieille femme, fatiguée et radoteuse, il n'éprouve
aucune émotion et s'irrite même quand, lui repro-
chant sa vie dissolue, elle l'invite à épouser au plus
tôt une jeune fille sage et bien née. Écourtant l'entretien, il la renvoie sèchement à ses prières et à ses
bonnes œuvres. Cette réaction ne surprend pas
l'épouse jadis répudiée de Pierre le Grand. Il est
clair pour elle que l'adolescent a hérité de l'indépendance d'esprit, du cynisme et de la cruauté de
son aïeul. Mais a-t-il son génie ? Il est à craindre
que non !

Ce sont les Dolgorouki qui ont pris en main
l'organisation des cérémonies. La date du 24 février
1728 a été retenue pour le couronnement du
tsar, au cœur du Kremlin, en la cathédrale de
l'Assomption. Tapie dans une loge grillagée au
fond de l'église, la tsarine Eudoxie voit son petit-

fils ceindre la tiare et prendre d'une main le sceptre et de l'autre le globe, symboles complémentaires du pouvoir. Béni par un prêtre à la chasuble surbro- dée et surdorée, qui semble tout droit descendu de l'iconostase, porté aux nues par le chant du chœur, nimbé par les vapeurs de l'encens, le tsar attend la fin de la liturgie pour se rendre, comme on le lui a prescrit, auprès de sa grand-mère et lui baiser la main. Il lui promet qu'il veillera à ce qu'elle soit entourée de la cohorte de chambellans, de pages et de dames d'honneur qu'exige son haut rang, même si, comme il est souhaitable, elle s'installe hors de la capitale pour échapper à l'agitation de la cour. Eudoxie comprend la leçon et s'éloigne. Tout le monde, dans la suite de Pierre, pousse un soupir de soulagement : aucun incident notable n'a per- turbé le déroulement des festivités.

Or, quelques jours après le sacre, des policiers fureteurs découvrent aux abords du Kremlin, devant la porte du Sauveur, des lettres anonymes dénonçant la turpitude des Dolgorouki et invitant les gens de cœur à exiger le retour en grâce de Men- chikov. La rumeur publique attribue la rédaction de ces libelles aux Galitzine, dont l'animosité envers les Dolgorouki est bien connue. Mais, aucune preuve n'ayant pu être fournie à la com- mission d'enquête, le Haut Conseil secret, inspiré par les Dolgorouki, décide que Menchikov seul est à l'origine de cet appel à la rébellion et ordonne de l'exiler, avec sa famille, à Bérézov, au fin fond de la Sibérie. Alors que l'ancien favori croyait en avoir

63

fini avec la justice du tsar, deux officiers se présentent dans sa maison d'Orenbourg, au milieu de la forteresse, lui lisent la sentence qui le frappe et, sans lui laisser le temps de souffler, le poussent dans un chariot. Sa femme et ses enfants, terrorisés, montent à ses côtés. On les a tous préalablement détroussés, ne leur laissant que quelques hardes et quelques meubles, par charité. Le convoi se traîne sur les chemins, escorté d'un détachement de soldats en armes, comme s'il s'agissait du transfert d'un dangereux criminel.

Situé à plus de mille verstes de Tobolsk, Bérézov est un trou perdu au milieu d'un désert de toundras, de forêts et de marécages. L'hiver y est si rigoureux que le froid, dit-on, tue les oiseaux en plein vol et fait éclater les vitres des maisons. Tant de misère après tant de richesse et d'honneurs ne suffit pas à abattre le courage de Menchikov. Sa femme, Daria, est morte d'épuisement en cours de route. Ses filles pleurent leurs rêves d'amour et de grandeur à jamais envolés, lui-même regrette d'avoir survécu à une telle infortune. Cependant, un instinct de conservation irrépressible le pousse à tenir tête à l'adversité. Bien qu'habitué à se prélasser dans des palais, il travaille de ses mains, en simple ouvrier, à aménager une isba pour lui et sa famille. Avertis de ses «crimes» envers l'empereur, ses voisins lui battent froid et menacent même de le prendre à partie. Un jour, comme une foule hostile profère des injures et jette des pierres contre lui et ses filles dans la rue, il leur crie : «Ne frappez

64

que moi seul! Épargnez ces femmes[1]!» Néanmoins, après quelques mois de ces affronts quotidiens, il dépérit et renonce à la lutte. Une attaque
d'apoplexie emportera le colosse en novembre
1729. Un mois plus tard, sa fille aînée, Marie, la
petite fiancée du tsar, le suivra dans la tombe[2].

Indifférent au sort de celui dont il a précipité la
perte, Pierre II continue de mener une existence
agréable et désordonnée. Dispensés de lui rendre
compte de leurs décisions, les Dolgorouki, les
Galitzine et l'ingénieux Ostermann en profitent
pour imposer leur volonté en toute occasion. Pourtant, ils se méfient encore de l'influence qu'Élisabeth exerce sur son neveu. Elle seule, croient-ils,
est capable de neutraliser l'ascendant sur Sa
Majesté du cher Ivan Dolgorouki, si nécessaire à
leur cause. Le meilleur moyen de la désarmer serait
évidemment de la marier sur-le-champ. Mais avec
qui? On songe de nouveau au comte Maurice de
Saxe. Mais Élisabeth se soucie de lui comme d'une
guigne. Il n'y a que galipettes et flonflons dans
sa charmante caboche. Sûre de son pouvoir sur
les hommes, elle se jette à la tête des uns et
des autres pour des idylles sans conséquence et
des liaisons sans lendemain. Après avoir séduit
Alexandre Boutourline, elle s'attaque à Ivan Dolgorouki, le «mignon» attitré du tsar. Est-ce

---

1. Waliszewski, *op. cit.*
2. Les deux autres enfants de Menchikov, son fils Alexandre et
sa fille Alexandra, ne seront tirés de l'exil que sous le règne suivant.

l'idée d'attirer dans ses bras un partenaire dont elle connaît les préférences homosexuelles qui l'excite ? En apprenant que sa sœur, Anna Petrovna, retirée en Holstein, vient de mettre au monde un fils [1], alors qu'elle-même, à dix-neuf ans, n'est pas encore mariée, elle attache moins d'importance à l'événement qu'aux développements de son intrigue sulfureuse avec le bel Ivan. Elle est stimulée par l'aventure comme s'il s'agissait de prouver la supériorité de son sexe dans toutes les formes de perversité amoureuse. Il est assurément moins banal, et donc plus divertissant, pense-t-elle, de détourner un homme d'un autre homme plutôt que de le ravir à une femme.

Lors des fêtes données à Kiel par Anna Petrovna et le grand-duc Charles-Frédéric pour célébrer la naissance de leur enfant, le tsar ouvre le bal avec sa tante Élisabeth. Après l'avoir fait danser galamment, sous les regards charmés de l'assistance, il se retire dans la pièce voisine pour boire, selon son habitude de soiffard, au milieu d'un groupe d'amis. Ayant vidé quelques verres, il constate qu'Ivan Dolgorouki, son habituel compagnon de plaisirs, n'est pas à ses côtés. Surpris, il revient sur ses pas et le voit qui danse à perdre haleine, au milieu du salon, avec Élisabeth. Elle paraît si émoustillée, face à son cavalier qui la dévore des yeux, que Pierre éclate de fureur et retourne se soûler. Mais de qui

---

1. Le futur Pierre III, qui épousera Catherine la Grande.

66

est-il jaloux au juste ? D'Ivan Dolgorouki ou d'Élisabeth ?

La réconciliation entre la tante et le neveu n'interviendra qu'après Pâques. Délaissant pour une fois Ivan Dolgorouki, Pierre emmène Élisabeth dans une longue partie de chasse. Il est prévu que le déplacement durera plusieurs mois. Cinq cents équipages accompagnent le couple. On tue aussi bien le gibier à plume que le gros gibier. Quand il s'agit de traquer un loup, un renard ou un ours, ce sont des valets en livrée verte soutachée d'argent qui s'en chargent. Ils attaquent la bête avec des fusils et des épieux, sous le regard intéressé des maîtres. L'inspection du tableau de chasse est suivie d'un banquet en plein air et d'une visite au campement des marchands, accourus de loin avec leur provision d'étoffes, de broderies, d'onguents miraculeux et de bijoux de pacotille. Une nouvelle alarmante surprend Pierre et Élisabeth au milieu des réjouissances : Nathalie, la sœur de Pierre, est malade ; elle crache le sang. Va-t-elle mourir ? Mais non, elle se rétablit, et c'est la sœur d'Élisabeth, Anna Petrovna, duchesse de Holstein, qui, à Kiel, donne de graves soucis à ses proches. Elle a pris froid en assistant au feu d'artifice organisé à l'occasion de ses relevailles. Une fluxion de poitrine se déclare. Elle est emportée en quelques jours. La pauvrette n'avait que vingt ans. Elle laisse un fils orphelin, Charles-Ulrich, âgé de deux semaines. Tout le monde, autour de Pierre, est consterné. Lui seul ne manifeste aucun regret de cette disparition.

Certains se demandent s'il est encore capable d'un sentiment humain. Sans doute est-ce l'abus des plaisirs défendus qui a desséché son cœur ?

Quand le corps de sa tante, qu'il a pourtant beaucoup aimée, est ramené à Saint-Pétersbourg, il ne juge pas utile de se rendre à son enterrement. Et il ne décommande même pas le bal donné comme de coutume, au palais, à l'occasion de sa fête. Quelques mois plus tard, en novembre 1728, la phtisie de sa sœur Nathalie, qu'on croyait enrayée, s'aggrave brusquement. Bien que Pierre soit, comme par hasard, occupé à courir les routes et à forcer le gibier, il se résigne à regagner Saint-Pétersbourg pour assister aux derniers instants de la malade. C'est avec impatience qu'il écoute les lamentations d'Ostermann et des proches de Nathalie, célébrant les vertus de la princesse « qui était un ange ». A la mort de celle-ci, le 3 décembre 1728, il se dépêche de repartir pour le domaine de Gorenki, où les Dolgorouki l'attendent pour de formidables parties de chasse. Cette fois, il ne demande pas à Élisabeth de l'accompagner. Sans être las à proprement parler des gentillesses et des coquetteries de la jeune femme, il éprouve le besoin d'un changement parmi le personnel de ses plaisirs. Pour justifier les vagabondages de sa curiosité, il se dit que, chez un homme normalement constitué, le jeu des révélations successives offre toujours plus d'attrait que la morne fidélité.

Au château de Gorenki, une heureuse surprise l'attend. Alexis, le chef du clan des Dolgorouki, habile à organiser des parties de chasse pour son hôte, le met en présence d'un nouveau gibier auquel Pierre ne s'attendait pas : les trois filles du prince sont là, toutes fraîches, libres et appétissantes sous leurs airs de provocante virginité. L'aînée, Catherine, Katia pour les intimes, est même d'une beauté à vous couper le souffle, avec sa chevelure d'ébène, ses yeux de flamme noire et sa peau mate, qui rosit à la moindre émotion. D'un tempérament hardi, elle participe aussi bien à la traque d'un cerf qu'aux libations d'une fin de banquet, à de sages jeux de société qu'aux danses improvisées après des heures de chevauchées à travers la campagne. Tous les observateurs s'accordent pour prédire que, dans le cœur du tsar volage, Ivan Dolgorouki sera bientôt supplanté par sa sœur, la gracieuse Katia. De toute façon, la famille Dolgorouki sera gagnante.

Cependant, à Saint-Pétersbourg, les rivaux de la coalition des Dolgorouki craignent que cette amourette, dont les échos parviennent jusqu'à eux, ne soit le prélude d'un mariage. Cette union entraînerait la totale soumission du tsar à sa belle-famille et la mise au pas des autres membres du Haut Conseil secret. Pierre semble si bien «ferré» par sa Katia qu'à peine revenu à Saint-Pétersbourg il songe à en repartir. S'il a pris la peine de faire un bref séjour dans la capitale, c'est uniquement pour compléter son équipage de chasse. Ayant acheté deux cents chiens courants et quatre cents lévriers, il retourne à Gorenki. Mais, une fois rendu sur les lieux de ses exploits cynégétiques, il n'est plus très sûr de la qualité de son plaisir. C'est avec ennui qu'il récapitule les lièvres, les renards et les loups qu'il a tués dans la journée. Un soir, comme il cite trois ours répertoriés dans son tableau de chasse, quelqu'un le complimente pour cette dernière prouesse. Avec un sourire sarcastique, il répond : «J'ai fait mieux que prendre trois ours ; je mène avec moi quatre bêtes à deux pieds.» Son interlocuteur devine qu'il y a là une allusion désobligeante au prince Alexis Dolgorouki et à ses trois filles. Une telle moquerie, lancée en public, fait supposer aux personnes présentes que, après s'être embrasé, le tsar ne brûle plus des mêmes feux pour Katia et qu'il est peut-être sur le point de l'abandonner.

Tout en suivant de loin, à travers les papotages de la petite cour, les hauts et les bas de ce couple aux réactions imprévisibles, Ostermann, en stratège avisé, s'emploie à monter dès maintenant une contre-offensive. Ayant cuvé le chagrin que lui a causé la mort de sa sœur Anna, Élisabeth est redevenue disponible. Certes, elle pense encore souvent à ce bébé, son neveu, privé de tendresse et qui grandira au loin, comme un étranger. Elle se demande si elle ne devrait pas le prendre, de temps à autre, auprès d'elle. Et puis le courant des jours l'emporte et elle oublie ses velléités tutélaires. On dit même qu'après le passage d'une crise mystique le goût de vivre l'a si bien ressaisie qu'elle se trouve à présent sous le charme du descendant d'une grande famille, le très séduisant comte Simon

70

Narychkine. Ce gentilhomme fastueux et raffiné a le même âge qu'elle et son assiduité à la suivre par monts et par vaux, tel un quelconque barbet, témoigne de l'intérêt qu'ils trouvent tous deux à leurs tête-à-tête. Quand elle se retire dans sa propriété d'Ismaïlovo, elle ne manque pas de l'y inviter. Là, ils se grisent des joies saines et simples de la campagne. Quoi de plus agréable que de jouer aux paysans quand on a derrière soi quelques palais et des nuées de domestiques? Chaque jour, on s'amuse à cueillir des noix, des fleurs, des champignons, on parle avec une douceur paternelle aux serfs du domaine, on s'intéresse à la santé des bêtes qui paissent dans les prés ou ruminent dans les étables. Tandis qu'Ostermann se renseigne, par les espions qu'il a envoyés à Ismaïlovo, sur les progrès des amours bucoliques de Simon Narychkine et d'Élisabeth, les Dolgorouki, à Gorenki, s'obstinent à caresser, malgré quelques alertes, l'idée d'un mariage entre Katia et le tsar. Mais, pour plus de précautions, ils estiment qu'il faudrait unir non seulement Catherine Dolgorouki au tsar Pierre II, mais aussi la tante du tsar, Élisabeth Petrovna, à Ivan Dolgorouki. Or, voici qu'aux dernières nouvelles cette folle d'Élisabeth s'est entichée de Simon Narychkine. Une toquade aussi inattendue risque de compromettre toute l'affaire. Il est urgent d'y mettre le holà! Jouant le tout pour le tout, les Dolgorouki menacent Élisabeth de la faire enfermer dans un couvent pour inconduite si elle s'entête à préférer Simon Narychkine à Ivan

Dolgorouki. Mais la jeune femme a du sang de Pierre le Grand dans les veines. Dans un sursaut d'orgueil, elle refuse d'obéir. Alors, les Dolgorouki se déchaînent. Comme ils ont à leur botte les principaux services de l'État, Simon Narychkine reçoit du Haut Conseil secret l'ordre de partir immédiatement en mission pour l'étranger. On l'y laissera aussi longtemps qu'il faudra pour qu'Élisabeth l'oublie. Contrariée, une fois de plus, dans ses amours, elle pleure, enrage et médite d'impitoyables vengeances. Cependant, elle mesure vite son impuissance à lutter contre les machinations du Haut Conseil. Et elle ne peut même plus compter sur Pierre pour défendre ses intérêts : il est trop absorbé par ses propres déboires sentimentaux pour s'occuper de ceux de sa tante. Selon des ragots qui parviennent à Élisabeth, il a failli répudier Katia en apprenant que celle-ci avait eu des rendez-vous clandestins avec un autre soupirant, un certain comte Millesimo, attaché à l'ambassade d'Allemagne en Russie. Effrayés par les conséquences d'une telle rupture entre les amoureux, et pressés d'empêcher le tsar de se dérober devant l'obstacle, les Dolgorouki se sont arrangés pour réserver un tête-à-tête de réconciliation à Katia et à Pierre, dans un pavillon de chasse. Le soir même, survenant au moment des premières caresses, le père de la jeune fille s'est déclaré outragé dans son honneur et a réclamé une réparation officielle. Le plus étrange, c'est que ce grossier subterfuge a porté ses fruits. Dans cette capitulation de l'amoureux surpris en flagrant délit par un *pater familias* indigné, il est impossible de savoir si le «coupable» a finalement cédé à son inclination pour Katia, à la crainte d'un scandale ou simplement à la lassitude.

Toujours est-il que, le 22 octobre 1729, jour anniversaire de la naissance de Catherine, les Dolgorouki révèlent à leurs invités que la jeune fille vient d'être promise au tsar. Le 19 novembre suivant, c'est le Haut Conseil secret qui reçoit l'annonce officielle des fiançailles et, le 30 du même mois, une cérémonie religieuse se déroule à Moscou, au palais Lefort, où Pierre a l'habitude de résider lors de ses brefs passages dans la ville. La vieille tsarine Eudoxie a consenti à sortir de sa retraite pour bénir le jeune couple. Tous les dignitaires de l'empire, tous les ambassadeurs étrangers sont présents dans la salle en attendant l'arrivée de l'élue. Son frère, Ivan Dolgorouki, l'ancien favori de Pierre, va la chercher au palais Golovine où elle est descendue avec sa mère. Le cortège traverse la ville, acclamé par une foule de braves gens qui, devant tant de jeunesse et tant de magnificence, croient assister à l'heureuse conclusion d'un conte de fées. A l'entrée du palais Lefort, la couronne surmontant le carrosse de la fiancée accroche au passage le montant supérieur du portail et s'effondre par terre avec fracas. Les badauds superstitieux voient dans cet incident un mauvais présage. Mais Katia ne bronche pas. En franchissant le seuil du salon d'apparat, elle est très droite. L'évêque Théophane Prokopovitch l'invite à s'avancer avec Pierre. Le

couple se place sous un dais d'or et d'argent tenu
par deux généraux. Après l'échange des anneaux,
des salves d'artillerie et des sonneries de cloches
préludent au défilé des congratulations. Selon le
protocole, la *tsarevna* Élisabeth Petrovna fait un pas
et, tâchant d'oublier qu'elle est la fille de Pierre le
Grand, baise la main d'une «sujette» nommée
Catherine Dolgorouki. Un peu plus tard, c'est à
Pierre II de surmonter son dépit, car le comte de
Millesimo, s'étant approché de Catherine, s'incline
devant elle. Déjà elle s'apprête à lui tendre la main.
Pierre voudrait empêcher ce geste de courtoisie,
qu'il juge incongru. Mais elle devance son mouvement et présente spontanément ses doigts à l'attaché d'ambassade qui les effleure du bout des lèvres
avant de se redresser, sous le regard meurtrier du
fiancé. Voyant l'air courroucé du tsar, les amis de
Millesimo l'entraînent et disparaissent avec lui dans
la foule. C'est alors que le prince Vassili Dolgorouki, un des membres les plus éminents de cette
nombreuse famille, croit le moment venu d'adresser un petit discours moralisateur à sa nièce. «Hier,
j'étais ton oncle, dit-il face à un cercle d'auditeurs
attentifs. Maintenant, tu es ma souveraine et je suis
ton fidèle serviteur. Je fais appel cependant à mes
anciens droits pour te donner ce conseil : ne
regarde pas celui que tu vas épouser comme ton
mari seulement mais aussi comme ton maître et ne
t'occupe que de lui plaire. [...] Si quelque membre
de ta famille te demande des faveurs, oublie-le pour
ne tenir compte que du mérite. Ce sera le meilleur

74

moyen d'assurer tout le bonheur que je te souhaite[1]. »

Ces doctes paroles ont le don d'assombrir l'humeur de Pierre. Jusqu'à la fin de la réception, il
garde une mine renfrognée. Même devant le feu
d'artifice qui clôt les réjouissances, il n'accorde pas
un regard à celle avec qui il vient d'échanger des
promesses d'amour et de confiance éternels. Plus il
scrute les visages épanouis qui l'entourent et plus il
a l'impression d'être tombé dans un piège.

Pendant qu'il se laisse ballotter ainsi entre les
intrigues politiques, les femmes, la boisson et les
plaisirs de la chasse, le Haut Conseil secret dirige,
tant bien que mal, les affaires de l'État. A l'initiative des Sages et avec l'aval du tsar, des mesures
sont prises pour renforcer le contrôle sur la magis-
trature, réglementer l'usage des billets de change,
interdire au clergé le port des vêtements laïques et
réserver au Sénat la connaissance des problèmes de
la Petite-Russie. Bref, malgré la défection de l'empereur, l'empire continue.

Entre-temps, Pierre a appris que son cher Ivan
Dolgorouki envisage d'épouser la petite Nathalie
Chérémétiev. Au vrai, il ne voit guère d'inconvénient à céder son «mignon» d'autrefois à une rivale.
On convient que, pour affirmer l'amitié foncière
qui lie les quatre jeunes gens, leurs deux mariages
seront célébrés le même jour. Cependant, cet

---

1. Cité par Soloviov : *Histoire de la Russie*, repris par K. Waliszewski, *op. cit.*

arrangement raisonnable ne laisse pas de tourmenter Pierre. Choses et gens, tout le déçoit et l'agace. Il n'est nulle part à son aise et ne sait plus à qui se confier. Peu avant la fin de l'année, il se présente, sans avoir été annoncé, chez Élisabeth, qu'il a négligée ces derniers mois. Il la trouve mal logée, mal servie, manquant de l'essentiel, alors qu'elle devrait être la première dame de l'empire. Il est venu pour se plaindre à elle de son désarroi, et c'est elle qui se plaint à lui de son dénuement. Elle accuse les Dolgorouki de l'avoir humiliée, ruinée et de préparer leur domination sur lui à travers l'épouse qu'ils lui ont jetée dans les bras. Ébranlé par les doléances de sa tante, qu'il aime toujours en secret, il répond : «Ce n'est pas ma faute! On ne m'obéit pas, mais je trouverai bientôt le moyen de rompre mes chaînes[1]!»

Ces propos sont rapportés aux Dolgorouki, qui se consultent pour élaborer une riposte à la fois respectueuse et efficace. D'ailleurs, il y a un autre problème familial à régler d'urgence : Ivan s'est disputé avec sa sœur Katia, laquelle a perdu toute mesure depuis ses fiançailles et réclame les diamants de feu la grande-duchesse Nathalie, en affirmant que le tsar les lui avait promis. Cette querelle sordide autour d'un coffret de bijoux risque d'irriter Pierre au moment où il est plus que jamais nécessaire d'endormir sa méfiance. Mais comment faire entendre raison à des femmes moins sensibles

---

1. *Ibid.*

à la logique masculine qu'au scintillement de quelques cailloux précieux ?

Le 6 janvier 1730, lors de la bénédiction traditionnelle des eaux de la Néva, Pierre arrive en retard à la cérémonie et se campe derrière le traîneau découvert où se tient Catherine. Dans l'air glacé, les paroles du prêtre et le chant du chœur ont une résonance irréelle. La vapeur sort de la bouche des chanteurs en même temps que leur voix. Pierre grelotte au cours de l'office interminable. En rentrant chez lui, il est pris de frissons et se met au lit. On croit à un rhume. D'ailleurs, le 12 janvier, il va mieux. Mais, cinq jours plus tard, les médecins décèlent chez lui les symptômes de la petite vérole. A l'annonce de cette maladie, souvent mortelle à l'époque, tous les Dolgorouki se retrouvent, terrorisés, au palais Golovine. La panique allonge les visages. Déjà on prévoit le pire et on cherche des échappatoires à la catastrophe. Dans l'affolement général, Alexis Dolgorouki affirme qu'une seule solution existe pour le cas où le tsar viendrait à disparaître : couronner sans tarder celle qu'il a choisie comme épouse, Catherine, la petite Katia. Mais cette prétention paraît exorbitante au prince Vassili Vladimirovitch et il proteste, au nom de toute la famille.

« — Ni moi, ni aucun des miens nous ne voudrons être ses sujets ! Elle n'est pas mariée !

— Elle est fiancée ! rétorque Alexis.

— Ce n'est pas la même chose ! »

La discussion s'enflamme. Le prince Serge

Dolgorouki parle de soulever la Garde pour soutenir la cause de la fiancée du tsar. Tourné vers le général Vassili Vladimirovitch Dolgorouki, il s'écrie :

«Toi et Ivan vous commandez le régiment Préobrajenski. A vous deux, vous pouvez faire faire ce que vous voudrez à vos hommes !...

— Nous serions massacrés !» réplique le général, et il quitte la réunion.

Après son départ, un autre Dolgorouki, le prince Vassili Loukitch, membre du Haut Conseil secret, s'assied près de la cheminée où brûle un énorme feu de bois et, de sa propre autorité, rédige un testament à soumettre au tsar pendant qu'il a encore la force de lire et de signer un papier officiel. Les autres membres de la famille se groupent derrière lui et suggèrent qui une phrase, qui un mot pour corser le texte. Quand il a fini, une voix s'élève dans l'assistance pour émettre la crainte que des esprits mal intentionnés ne contestent l'authenticité du document. Aussitôt, un troisième Dolgorouki, Ivan, le mignon de Pierre, le fiancé de Nathalie Chérémétiev, vient à la rescousse. On a besoin de la signature du tsar ? La belle affaire ! Tirant un papier de sa poche, il le fourre sous les yeux de sa parentaille.

«Voici l'écriture du tsar, dit-il joyeusement. Et voici la mienne. Vous-mêmes ne sauriez les distinguer. Et je sais aussi signer son nom. Je l'ai fait souvent par plaisanterie !»

Les témoins sont éberlués. Personne ne s'indigne. Trempant la plume dans l'encrier, Ivan signe le nom de Pierre au bas de la page. Tous se penchent sur son épaule et s'émerveillent :

« C'est la main même du tsar[1] ! » s'exclament-ils.

Puis les truqueurs échangent des regards à demi rassurés et prient Dieu pour que l'obligation d'user de ce faux en écriture leur soit épargnée.

De temps à autre, ils envoient des émissaires au palais pour prendre des nouvelles du tsar. Elles sont toujours plus alarmantes. Pierre s'éteint à une heure du matin, dans la nuit du dimanche 18 au lundi 19 janvier 1730, à l'âge de quatorze ans et trois mois. Son règne aura duré un peu plus de deux ans et demi. Le 19 janvier 1730, jour de sa mort, est la date qu'il avait fixée, quelques semaines auparavant, pour son mariage avec Catherine Dolgorouki.

---

1. Détails pris dans le dossier de l'affaire Dolgorouki aux Archives d'État, à Moscou, et cités par Kostomarov dans sa *Monographie* et par K. Waliszewski dans *L'Héritage de Pierre le Grand*.

## IV

### L'AVÈNEMENT-SURPRISE
### D'ANNA IVANOVNA

La même incertitude qui a embarrassé les membres du Haut Conseil secret à la mort de Pierre Iᵉʳ le Grand s'empare d'eux dans les heures qui suivent la mort de Pierre II, «le Petit». En l'absence d'un héritier mâle et d'un testament authentique, par qui remplacer le défunt sans provoquer une révolution dans l'aristocratie? Réunis au palais Lefort, à Moscou, il y a là les notables habituels de la Généralité entourant les Galitzine, les Golovkine et les Dolgorouki. Mais personne ne s'avise encore de formuler son opinion. Comme si tous les «décideurs» attitrés se sentaient coupables du tragique déclin de la monarchie. Profitant de la confusion générale, Vassili Dolgorouki juge le moment venu d'imposer la solution qui a sa préférence et, dégainant son épée, pousse un cri de ralliement : «Vive Sa Majesté Catherine!» Pour justifier cette exclamation de victoire, il invoque le testament fabriqué la veille et sur lequel son jeune parent, Ivan Dolgorouki, a imité la signature du tsar. Grâce à ce micmac, il se pourrait qu'une Dolgorouki accédât au sommet de l'empire. L'enjeu vaut bien quelques petites tricheries. Mais le clan des adversaires de ce choix se rebiffe aussitôt. Foudroyant Vassili Dolgorouki du regard, Dimitri Galitzine dit d'une voix tranchante : « Le testament est totalement faux ! »

Et il se fait fort de le démontrer sur l'heure. Craignant que le document, s'il était soumis à un examen sérieux, ne donnât lieu à de graves accusations de contrefaçon, les Dolgorouki comprennent qu'il serait maladroit d'insister. Déjà personne ne parle plus d'un trône pour Catherine. Sur le point de s'y installer, elle se retrouve assise dans le vide. Poursuivant son avantage, Dimitri Galitzine déclare que, à défaut d'un successeur mâle dans la lignée de Pierre le Grand, le Haut Conseil secret devrait se pencher sur les rejetons de la branche aînée et offrir la couronne à l'un des enfants d'Ivan V, dit « le Simple », frère de Pierre I$^{er}$, qui, bien que maladif et indolent, fut « cotsar » avec lui durant les cinq ans de la régence de leur sœur Sophie. Mais, par malchance, Ivan V n'a engendré que des filles. Ce sera donc encore à une femme qu'il faudra recourir pour gouverner la Russie. N'est-ce pas un danger ? De nouveau, on discute ferme des avantages et des inconvénients de la « gynécocratie ». Certes, Catherine I$^{re}$ a prouvé récemment qu'une femme peut être courageuse, déterminée et lucide quand les circonstances le commandent. Cependant, comme chacun sait, «le sexe» est esclave de ses sens. Une souveraine aura donc intérêt à sacrifier la grandeur de la patrie aux plaisirs que lui dispense son amant. Pour étayer cette thèse, ceux qui la soutiennent citent Menchikov qui, disent-ils, a mené Catherine par le bout du nez. Mais un tsar n'aurait-il pas été aussi faible, devant une favorite habile aux caresses et aux intrigues, que la tsarine l'a été entre les mains du Sérénissime? Pierre II lui-même n'a-t-il pas donné l'exemple d'une complète démission de l'autorité devant les pièges de la séduction féminine? Ce qui est important, quand il s'agit d'installer quelqu'un à la tête de l'État, ce n'est pas tant la spécificité sexuelle que le caractère du personnage à qui le pays déléguera sa confiance. Dans ces conditions, affirme Dimitri Galitzine, le matriarcat est tout à fait acceptable, à condition que la bénéficiaire d'un tel honneur soit digne de l'assumer. Cette évidence étant reconnue par tous, il passe à l'examen des dernières candidatures qu'il est permis d'envisager. Dès l'abord, il écarte l'idée saugrenue de recourir à Élisabeth Petrovna, la tante de Pierre II, qui, d'après lui, aurait implicitement renoncé à la succession en quittant la capitale pour vivre en recluse à la campagne, narguant ses proches et se plaignant de tout. En comparaison de cette fille de Pierre le Grand, les trois filles de son frère, Ivan V, lui paraissent autrement intéressantes. Toutefois, l'aînée, Catherine Ivanovna, est connue pour son tempérament fantasque et atrabilaire. En outre, son mari, le prince Charles-Léopold de Mecklembourg, est un homme nerveux et instable, un éternel révolté, toujours prêt à batailler, que ce soit contre ses voisins ou contre ses sujets. Le fait que Catherine Ivanovna soit séparée de lui depuis une dizaine d'années n'est pas une garantie suffisante, car, si elle est proclamée impératrice, il reviendra vers elle au galop et n'aura de cesse que d'avoir entraîné le pays dans des guerres coûteuses et inutiles. La benjamine, Prascovie Ivanovna, rachitique et scrofuleuse, n'a ni la santé, ni la clarté d'esprit, ni l'équilibre moral qu'exige la direction des affaires publiques. Reste la deuxième, Anna Ivanovna. Elle avoue trente-sept ans et passe pour avoir de l'énergie à revendre. Veuve depuis 1711 de Frédéric-Guillaume, duc de Courlande, elle continue de vivre à Annenhof, près de Mitau, dans la dignité et le dénuement. Elle a failli épouser Maurice de Saxe, mais s'est entichée depuis peu d'un hobereau courlandais, Johann-Ernest Bühren. Au cours de son exposé, Dimitri Galitzine glisse sur ce détail et promet que, de toute façon, si le Haut Conseil l'exige, elle abandonnera sans regret son amant pour accourir en Russie. Ayant lu, sur le visage des hauts conseillers, que son plaidoyer les a convaincus, il dit encore :

«Donc, nous sommes d'accord pour Anna Ivanovna. Mais il faut alléger tout cela!»

Surpris par cette formule ambiguë, Gabriel Golovkine demande :

«Comment l'entendez-vous?

— J'entends que nous devons nous assurer un peu plus de liberté!»

Comprenant que, dans la pensée de Dimitri Galitzine, il s'agit de rogner, d'une façon déguisée, sur les pouvoirs confiés à la tsarine afin d'élargir ceux du Haut Conseil secret, tout le monde acquiesce. Les représentants des plus anciennes familles de Russie, réunis en conclave, voient dans cette initiative une occasion inespérée de renforcer l'influence politique de la noblesse de vieille souche, face à la monarchie héréditaire et à ses serviteurs occasionnels. Par ce tour de passe-passe, on volerait à Sa Majesté un pan de la «dalmatique impériale» tout en feignant de l'aider à la revêtir. Après une suite de discussions byzantines, il est entendu entre les auteurs du projet qu'Anna Ivanovna sera reconnue tsarine, mais qu'on limitera ses prérogatives par une série de conditions auxquelles elle devra souscrire préalablement.

Là-dessus, les membres du Haut Conseil secret se rendent dans la grande salle du palais où une multitude de dignitaires civils, militaires et ecclésiastiques attendent le résultat de leurs délibérations. En apprenant la décision prise par les conseillers supérieurs, l'évêque Théophane Prokopovitch rappelle timidement le testament de Catherine I$^{re}$ selon lequel, après la mort de Pierre II, la couronne devrait revenir à sa tante Élisabeth, en tant que fille de Pierre I$^{er}$ et de la défunte impératrice. Peu importe que cette enfant soit née avant le mariage de ses parents : sa mère lui a transmis le sang des

Romanov, dit-il, et rien d'autre ne compte quand l'avenir de la sainte Russie est en jeu ! A ces mots, Dimitri Galitzine, indigné, vocifère : «Nous ne voulons pas de bâtards[1] !»

Souffleté par cette apostrophe, Théophane Prokopovitch ravale ses objections et on passe à l'étude des «conditions pratiques». L'énumération des entraves au pouvoir impérial se termine par le serment imposé à la candidate : «Si je n'observe pas ce que j'ai promis, je consens à perdre ma couronne.» D'après la charte imaginée par les conseillers supérieurs, la nouvelle impératrice s'engage à travailler à l'extension de la foi orthodoxe, à ne pas se marier, à ne pas désigner d'héritier et à maintenir auprès d'elle le Haut Conseil secret, dont le consentement lui sera toujours nécessaire pour déclarer la guerre, conclure la paix, lever des impôts, intervenir dans les affaires de la noblesse, nommer des responsables aux postes clefs de l'empire, distribuer des villages, des terres, des paysans et régler ses dépenses personnelles sur les deniers de l'État. Cette cascade d'interdits stupéfie l'assistance. Le Haut Conseil secret n'est-il pas allé trop loin dans ses exigences ? N'est-on pas en train de commettre un crime de lèse-majesté ? Ceux qui craignent que les pouvoirs de la future impératrice ne soient réduits sans égard pour la tradition se heurtent à ceux qui se réjouissent d'un renforcement du rôle des vrais boyards

---

1. *Mémoires du prince Dolgorouki*, cités par K. Waliszewski, *L'Héritage de Pierre le Grand.*

dans la conduite de la politique en Russie. Mais très vite les seconds l'emportent sur les premiers. De tous côtés, on clame : «C'est encore la meilleure façon d'en sortir!» Même l'évêque Théophane Prokopovitch, submergé par l'enthousiasme de la majorité, se tait et rumine dans un coin son inquiétude. Sûr de l'adhésion de tout le pays, le Haut Conseil secret charge le prince Vassili Loukitch Dolgorouki, le prince Dimitri Galitzine et le général Léontiev d'aller porter à Anna Ivanovna, dans sa retraite de Mitau, le message précisant les conditions de son accession au trône.

Or, entre-temps, Élisabeth Petrovna a été tenue au courant des discussions et des dispositions du Haut Conseil secret. Son médecin et confident, Armand Lestocq, l'a prévenue de la machination qui se prépare à Moscou et l'a suppliée «d'agir». Mais elle refuse de tenter la moindre démarche pour faire valoir ses droits à la succession de Pierre II. Elle n'a pas d'enfant et ne désire pas en avoir. A ses yeux, c'est son neveu, Charles-Pierre-Ulrich, le fils de sa sœur Anna et du duc Charles-Frédéric de Holstein, qui est l'héritier légitime. Mais la mère du petit Charles-Pierre-Ulrich est morte et le bébé n'a encore que quelques mois. Engourdie de tristesse, Élisabeth hésite à regarder au-delà de ce deuil. Après nombre d'aventures décevantes, de fiançailles rompues, d'espoirs envolés, elle a pris en dégoût la cour de Russie et préfère l'isolement et même l'ennui de la campagne au tapage et au clinquant des palais.

Tandis qu'elle médite, avec une mélancolie mêlée d'amertume, sur cet avenir impérial qui ne la concerne plus, les émissaires du Haut Conseil secret se hâtent vers sa cousine Anna Ivanovna, à Mitau. Elle les reçoit avec une bienveillance narquoise. En vérité, les espions bénévoles qu'elle entretient à la cour l'ont déjà renseignée sur le contenu des lettres que lui apporte la députation du Haut Conseil. Néanmoins, elle ne laisse rien paraître de ses intentions, lit sans sourciller la liste des renoncements que lui dictent les gardiens du régime et déclare consentir à tout. Elle ne semble même pas contrariée par l'obligation qui lui est faite de rompre avec son amant, Johann Bühren. Abusés par son air tout ensemble digne et docile, les plénipotentiaires ne se doutent pas qu'elle s'est déjà entendue, à leur insu, avec son indispensable favori pour qu'il la rejoigne, à Moscou ou à Saint-Pétersbourg, dès qu'elle lui fera signe que la voie est libre. Cette éventualité est d'autant plus probable que, d'après les échos qu'elle reçoit de ses partisans en Russie, nombreux sont ceux qui, parmi la petite noblesse, sont prêts à s'insurger contre les aristocrates de haute volée, les *verkhovniki*, selon l'expression populaire, accusés de vouloir empiéter sur les pouvoirs de Sa Majesté pour accroître les leurs. On chuchote même que la Garde, qui a toujours défendu les droits sacrés de la monarchie, serait disposée à intervenir aux côtés de la descendante de Pierre le Grand et de Catherine Ire en cas de conflit.

Ayant mûri son plan en cachette, assuré la délégation de sa totale soumission et fait le simulacre d'un adieu définitif à Bühren, Anna se met en route, traînant derrière elle une suite digne d'une princesse de son rang. Le 10 février 1730, elle s'arrête dans le village de Vsiesviatskoïé, aux portes de Moscou. Les funérailles de Pierre II doivent avoir lieu le lendemain. Elle n'aura pas le temps de s'y rendre, et cet empêchement l'arrange. Du reste, comme elle l'apprendra peu après, un scandale a marqué cette journée de deuil : la fiancée du défunt, Catherine Dolgorouki, a exigé, au dernier moment, de prendre place dans le cortège parmi les membres de la famille impériale. Les vrais titulaires de ce privilège ont refusé de l'accueillir dans leurs rangs. Au terme d'un échange d'invectives, Catherine est rentrée chez elle, furieuse.

Ces incidents sont rapportés en détail à Anna Ivanovna, qui s'en amuse. Ils lui font paraître plus agréables encore le calme et le silence du village de Vsiesviatskoïé, enseveli sous la neige. Mais il lui faut penser à sa prochaine entrée dans la vieille capitale des tsars. Soucieuse de sa popularité, elle offre une tournée de vodka aux détachements du régiment Préobrajenski et du régiment des gardes à cheval venus la saluer et, séance tenante, se proclame colonel de leurs unités, son principal collaborateur, le comte Simon Andreïevitch Saltykov, étant lieutenant-colonel. En revanche, lors d'une visite de déférence que lui font les membres du Haut Conseil secret, elle les accueille avec une courtoisie glaciale et feint l'étonnement quand le chancelier Gabriel Golovkine veut lui remettre les insignes de l'ordre de Saint-André, auxquels elle a droit en tant que souveraine. « C'est vrai, observe-t-elle avec ironie en arrêtant son geste, j'avais oublié de les prendre ! » Et, appelant un des hommes de sa suite, elle l'invite à lui passer le grand cordon, au nez et à la barbe du chancelier, médusé par un tel mépris des usages. En se retirant, les membres du Haut Conseil secret se disent, chacun à part soi, que la tsarine ne sera pas aussi facile à manier qu'on l'avait cru.

Le 15 février 1730, Anna Ivanovna fait enfin son entrée solennelle à Moscou et, le 19 du même mois, a lieu la prestation du serment à Sa Majesté dans la cathédrale de l'Assomption et dans les principales églises de la ville. Averti des mauvaises dispositions de l'impératrice à son égard, le Haut Conseil secret a décidé de lâcher du lest et de modifier quelque peu la rédaction traditionnelle de l'« engagement sur l'honneur ». On jurera fidélité « à Sa Majesté et à l'Empire », ce qui devrait calmer toutes les appréhensions. Puis, à l'issue de nombreux conciliabules, et compte tenu des mouvements incontrôlés parmi les officiers de la Garde, on se résigne à adoucir encore, dans la formule, les « interdits » prévus initialement. Toujours énigmatique et souriante, Anna Ivanovna enregistre ces menues rectifications sans les approuver ni les critiquer. C'est avec une tendresse apparente qu'elle reçoit sa cousine Élisabeth Petrovna, accepte son baisemain et affirme qu'elle éprouve beaucoup de sollicitude pour leur famille commune. Avant de la congédier, elle lui promet même de veiller personnellement, en tant que souveraine, à ce qu'elle ne manque jamais de rien dans sa retraite.

Or, malgré cette soumission et cette bienveillance affichées, elle ne perd pas de vue le but qu'elle s'est fixé en quittant Mitau pour rentrer en Russie. Dans la Garde et dans la petite et la moyenne noblesse, ses partisans se préparent à une action d'éclat. Le 25 février 1730, alors qu'elle siège sur son trône, entourée des membres du Haut Conseil, la foule des courtisans qui se pressent dans la grande salle du palais Lefort est bousculée par l'intrusion de quelques centaines d'officiers de la Garde, avec à leur tête le prince Alexis Tcherkasski, champion déclaré de la nouvelle impératrice. Prenant la parole, il tente d'expliquer, dans un discours décousu, que le document signé par Sa Majesté à l'instigation du Haut Conseil secret est en contradiction avec les principes de la monarchie de droit divin. Au nom des millions de sujets dévoués à la cause de la Sainte Russie, il supplie la tsarine de dénoncer cet acte monstrueux, de réunir au plus tôt le Sénat, la noblesse, les officiers supérieurs, les ecclésiastiques et de leur dicter sa propre conception du pouvoir.

«Nous voulons une tsarine autocrate, nous ne voulons pas du Haut Conseil secret!» rugit un des officiers en s'agenouillant devant elle. Comédienne consommée, Anna Ivanovna joue l'étonnement.

Elle semble découvrir soudain que sa bonne foi a été surprise. Croyant agir pour le bien de tous en renonçant à une partie de ses droits, elle n'aurait fait que rendre service à des ambitieux et à des méchants! «Comment! s'écrie-t-elle. Lorsque j'ai signé la charte à Mitau, je ne répondais pas au vœu de toute la nation?» Du coup, les officiers font un pas en avant comme à la parade et s'exclament d'une seule voix: «Nous ne permettrons pas qu'on dicte des lois à notre souveraine! Nous sommes vos esclaves, mais nous ne pouvons souffrir que des rebelles se donnent l'air de vous commander. Dites un mot et nous jetterons leurs têtes à vos pieds!»

Anna Ivanovna se domine pour ne pas éclater de joie. En un clin d'œil, son triomphe la paie de toutes les avanies passées. On a cru la rouler et c'est elle qui roule ses ennemis, les *verkhovniki*, dans la poussière. Foudroyant du regard ces dignitaires déloyaux, elle déclare: «Je ne me sens plus en sécurité ici!» Et, tournée vers les officiers, elle ajoute: «N'obéissez qu'à Simon Andreïevitch Saltykov!»

C'est l'homme qu'elle a nommé, quelques jours auparavant, lieutenant-colonel. Les officiers hurlent des vivats qui font trembler les vitres. D'une seule phrase, cette femme de tête a balayé le Haut Conseil secret. Elle est donc digne de guider la Russie vers la gloire, la justice et la prospérité!

Pour clore cette «séance de vérité», l'impératrice se fait lire à haute voix le texte de la charte. Après chaque article, elle pose la même question: «Cela convient-il à la nation?» Et, chaque fois, les officiers répondent en braillant : « Vive la souveraine autocrate ! Mort aux traîtres ! Nous taillerons en pièces quiconque lui refusera ce titre ! »

Plébiscitée avant même d'avoir été couronnée, Anna Ivanovna conclut d'un ton suave, qui contraste avec son imposante stature de matrone : « Ce papier est donc inutile ! » Et, saluée par les hourras de la foule, elle déchire le document et en éparpille les morceaux à ses pieds[1].

A l'issue de ces assises houleuses, qu'elle considère comme son véritable sacre, l'impératrice, suivie de la cohorte, toujours grossie, des officiers de la Garde, se rend auprès des membres du Haut Conseil qui ont préféré se retirer pour ne pas assister au triomphe de celle dont ils ont voulu rogner les ongles et qui vient de les griffer jusqu'au sang. Alors que la plupart des conseillers demeurent muets d'accablement, Dimitri Galitzine et Vassili Dolgorouki se tournent vers la masse des opposants et reconnaissent publiquement leur défaite. « Qu'il en soit fait selon le vœu de la Providence ! » dit Dolgorouki, philosophe.

De nouveau, les vivats éclatent. La « journée des dupes » est terminée. Quand il n'y a plus aucun risque à prendre parti, Ostermann, qui avait prétendu être gravement malade et condamné à la chambre par les médecins, surgit soudain, frais

---

1. Détails et propos rapportés dans *L'Avènement d'Anna I<sup>re</sup>*, par Korsakov ; citations reprises par K. Waliszewski, *L'Héritage de Pierre le Grand*.

comme l'œil, gai comme un pinson, congratule Anna Ivanovna, lui jure un dévouement indéfectible et lui annonce, en catimini, qu'il s'apprête à intenter, au nom de Sa Majesté, un procès contre les Dolgorouki et les Galitzine. Anna Ivanovna sourit avec une joie méprisante. Qui donc a osé prétendre qu'elle n'était pas de la race de Pierre le Grand ? Elle vient de prouver le contraire. Et cette seule idée la comble de fierté.

Le plus dur étant fait, c'est sans émotion particulière qu'elle se prépare au couronnement. Il faut battre le fer pendant qu'il est chaud. Sur son ordre, la cérémonie du sacre a lieu deux semaines plus tard, le 15 mars 1730, avec l'éclat habituel, en la cathédrale de l'Assomption, au Kremlin. Catherine Ire, Pierre II, Anna Ivanovna, les souverains de Russie se succèdent à un rythme si rapide que la valse des «Majestés» donne le vertige. Avec cette nouvelle impératrice, c'est la troisième fois en six ans que les Moscovites sont appelés à acclamer le cortège qui défile dans leurs rues à l'occasion d'un avènement. Habitués à ces fastes à répétition, ils n'en crient pas moins leur enthousiasme et leur vénération à leur «petite mère».

Entre-temps, Anna Ivanovna n'a pas chômé : elle a commencé par nommer général en chef et grand maître de la cour Simon Andreïevitch Saltykov, qui a si bien servi sa cause, et par reléguer dans ses terres le trop remuant Dimitri Mikhaïlovitch Galitzine afin qu'il y fasse pénitence. Mais surtout, elle s'est dépêchée d'envoyer un émissaire à Mitau, où Bühren attend avec impatience le signal libérateur. Immédiatement, il se met en route pour la Russie.

Dans la vieille capitale, cependant, les réjouissances du couronnement se poursuivent par de gigantesques illuminations. Or, la lumière scintillante des feux d'artifice est bientôt combattue par une aurore boréale d'une rare puissance. Subitement, l'horizon s'embrase. Le ciel rayonne, comme injecté de sang. Dans le peuple, certains osent parler d'un mauvais présage.

V

## LES EXTRAVAGANCES D'ANNA

Mariée à dix-sept ans au duc Frédéric-Guillaume, qui a laissé à la cour le souvenir d'un prince querelleur et ivrogne, retirée avec son époux à Annenhof, en Courlande, Anna Ivanovna s'est retrouvée veuve quelques mois après avoir quitté la Russie. S'étant transportée ensuite à Mitau, elle a vécu là dans la déréliction et la gêne. Durant ces années où le monde entier semblait avoir oublié son existence, elle a eu constamment dans son ombre un nobliau d'origine westphalienne, Johann-Ernest Bühren. Celui-ci a remplacé auprès d'elle son premier amant, Pierre Bestoujev, qui était l'obligé de Pierre le Grand. Succédant à Pierre Bestoujev, Johann-Ernest Bühren, de piètre instruction mais d'ambition illimitée, s'est montré très efficace dans les travaux de jour, au bureau, comme dans ceux de nuit, dans le lit d'Anna. Elle est aussi disposée à écouter ses conseils qu'à recevoir ses caresses. Il la décharge de tous les ennuis qu'elle appréhende et lui procure tous les plaisirs qu'elle souhaite. Bien que son vrai nom soit Bühren et que ses proches aient russifié cette appellation en celle de Biren, il préfère qu'on la « francise » en Biron. Petit-fils d'un palefrenier de Jacques de Courlande, il n'en prétend pas moins avoir une ascendance très honorable et se dit volontiers apparenté aux nobles familles françaises de Biron. Anna Ivanovna le croit sur parole. D'ailleurs, elle lui est si attachée qu'elle découvre cent ressemblances entre leur façon, à tous deux, d'aborder la vie. Cette communion de goûts se révèle jusque dans les détails de leur comportement intime. Comme son impériale maîtresse, Bühren adore le luxe, mais n'est guère scrupuleux en matière de propreté morale ou corporelle. Femme de bon sens et de bonne santé, Anna ne s'offusque de rien et apprécie même que Bühren sente la sueur et l'étable et que son langage soit d'une rudesse teutonne. Sa préférence va, à table comme au lit, aux satisfactions substantielles et aux odeurs fortes. Elle aime manger, elle aime boire, elle aime rire. Très grande, le ventre rebondi, la poitrine opulente, elle dresse au-dessus d'un corps alourdi par la graisse un visage soufflé, bouffi, couronné par une abondante chevelure brune et éclairé par des yeux d'un bleu vif, dont la hardiesse désarme l'interlocuteur avant qu'elle ait prononcé un mot. Sa passion des robes aux couleurs éclatantes, surchargées de dorures et de broderies, s'accommode de son dédain pour les eaux de toilette aromatisées en usage à la cour. On affirme dans son

entourage qu'elle s'obstine à se nettoyer la peau
avec du beurre fondu. Autre contradiction de son
caractère : tout en raffolant des animaux, elle goûte
un plaisir sadique à les tuer et même à les torturer.
Dès le lendemain de son couronnement et de son
installation à Saint-Pétersbourg, elle a fait disposer
des fusils chargés dans toutes les pièces du palais
d'Hiver. Parfois, saisie d'une envie irrésistible, elle
s'approche d'une fenêtre, l'ouvre, épaule son arme
et abat un oiseau au vol. Tandis que ses appartements s'emplissent du bruit des détonations et de
la fumée de la poudre, elle appelle ses demoiselles
d'honneur effarouchées et les oblige à l'imiter, sous
peine d'être renvoyées. Toujours avide de perfor-
mances, elle s'enorgueillit de posséder autant de
chevaux qu'il y a de jours dans l'année. Chaque
matin, elle inspecte ses écuries et son chenil avec
une satisfaction d'avare inventoriant son trésor.
Mais elle s'amuse également avec des toupies ron-
flantes hollandaises et achète, par l'intermédiaire de
son représentant à Amsterdam, des ballots d'une
ficelle spéciale pour la confection des fouets avec
lesquels on les fait tourner. Elle manifeste d'ailleurs
le même engouement pour les soieries et les colifichets qu'elle commande en France. Tout ce qui
flatte l'esprit, tout ce qui chatouille les nerfs n'a
pas de prix à ses yeux. En revanche, elle n'éprouve
nul besoin de se cultiver en lisant des livres ou en
écoutant discourir de prétendus savants. Gour-
mande et paresseuse, elle se laisse porter par ses
instincts et profite du moindre moment de loisir

pour s'octroyer une sieste. Ayant somnolé une petite heure, elle convoque Bühren, signe négligemment les papiers qu'il lui présente et, ayant ainsi rempli ses obligations impériales, ouvre la porte de sa chambre, hèle les demoiselles d'honneur qui font de la broderie dans la pièce voisine et s'écrie gaiement :

— *Nou, dievki, poïti*[1] *!*

Dociles, ses suivantes entonnent en chœur quelque rengaine populaire et elle les écoute avec un sourire béat, en hochant la tête. Cet intermède se prolonge aussi longtemps que les chanteuses gardent un semblant de voix. Si l'une d'elles, saisie de fatigue, baisse le ton ou émet une fausse note, Anna Ivanovna la corrige d'un soufflet retentissant. Souvent elle convoque à son chevet des conteuses d'histoires, chargées de la distraire par leurs récits abracadabrants, toujours les mêmes, qui lui rappellent son enfance, ou bien elle fait venir un moine habile à commenter les vérités de la religion. Une autre obsession qu'elle se flatte d'avoir héritée de Pierre le Grand, c'est sa passion pour les exhibitions grotesques et les monstruosités de la nature. Aucune compagnie ne la divertit davantage que celle des bouffons et des nains. Plus ils sont laids et bêtes, plus elle applaudit à leurs mimiques et à leurs farces. Après dix-neuf ans de médiocrité et d'obscurité provinciales, elle a envie de secouer la chape de bienséance et d'imposer à la cour un train de

---

1. « Eh bien, les filles, chantez ! »

luxe et de désordre sans précédent. Rien ne lui paraît trop beau ni trop couteux quand il s'agit de satisfaire les caprices d'une souveraine. Pourtant, cette Russie sur laquelle elle règne par accident n'est pas à proprement parler sa patrie. Et elle ne sent guère le besoin de s'en rapprocher. Certes, elle a auprès d'elle quelques Russes du cru, parmi les plus dévoués, tels le vieux Gabriel Golovkine, les princes Troubetzkoï et Ivan Bariatinski, Paul Iagoujinski, cet éternel «soupe au lait», et le trop impulsif Alexis Tcherkasski, dont elle a fait son grand chancelier. Mais les leviers de commande sont aux mains des Allemands. Sous les ordres du terrible Bühren, c'est toute une équipe d'origine germanique qui conduit la politique de l'empire. Après la prise de pouvoir de Sa Majesté et de son favori, les vieux boyards, si fiers de leur généalogie, ont été balayés du devant de la scène. Civils ou militaires, les nouveaux gros bonnets du régime sont les frères Loewenwolde, le baron von Brevern, les généraux Rodolphe von Bismarck et Christophe von Manstein, le feld-maréchal Burchard von Münnich. Dans le cabinet restreint de quatre membres qui remplace le Haut Conseil secret, Ostermann, malgré son passé ambigu, fait encore fonction de Premier ministre, mais c'est Johann-Ernest Bühren, le favori de l'impératrice, qui préside aux discussions et impose la décision finale.

Imperméable à la pitié, n'hésitant jamais à envoyer un gêneur au cachot, en Sibérie ou au bourreau pour le supplice du knout, Bühren n'a

même pas besoin de prendre l'avis d'Anna Ivanovna sur les peines qu'il applique, car il sait
d'avance qu'elle les approuvera. Est-ce parce
qu'elle partage en tout les opinions de son amant
qu'elle le laisse faire, ou simplement parce qu'elle
est trop paresseuse pour le contrarier ? Ceux qui
approchent Bühren sont unanimes à noter la
dureté de son visage, qui semble taillé dans la
pierre, et son regard d'oiseau de proie. Un mot de
lui peut rendre toute la Russie heureuse ou désespérée. Sa maîtresse n'est que le « cachet » dont il
authentifie les documents. Comme il a, lui aussi,
la folie du luxe, il profite de sa situation régalienne
pour toucher des pots-de-vin à droite et à gauche.
Ses moindres services sont tarifés et monnayés.
Ses contemporains estiment qu'il dépasse Menchikov dans la cupidité. Mais ce n'est pas cette
concussion organisée qu'ils lui reprochent le plus.
Les règnes précédents les ont habitués au grais-
sage de patte dans l'administration. Non, ce qui
les heurte chaque jour davantage, c'est la germa-
nisation à outrance que Bühren a introduite dans
leur patrie. Certes, Anna Ivanovna a toujours parlé
et écrit l'allemand mieux que le russe, mais, depuis
que Bühren occupe l'échelon supérieur de la hiérarchie, c'est tout le pays officiel qui, semble-t-il,
a changé d'âme. S'ils avaient été commis par un
Russe de souche, les crimes, les passe-droits, les
vols, les violences de ce parvenu arrogant eussent
été, sans doute, mieux supportés par les sujets de
Sa Majesté. Du seul fait qu'ils sont inspirés ou per-

pétrés par un étranger à l'accent tudesque, ils deviennent doublement odieux à ceux qui en sont les victimes. Excédés par la conduite de ce tyran qui n'est même pas de chez eux, les Russes inventent un mot pour désigner le régime de terreur qu'il leur impose : on parle, derrière son dos, de la *Bironovschina*[1] comme d'une épidémie mortelle qui se serait abattue sur le pays. La liste des règlements de comptes décidés en toute illégalité justifie cette appellation. Pour avoir osé tenir tête à la tsarine et à son favori, le prince Ivan Dolgorouki est écartelé, ses deux oncles, Serge et Ivan, sont décapités, un autre membre de la famille, Vassili Loukitch, ex-participant au Haut Conseil secret, connaît un sort identique, tandis que Catherine Dolgorouki, la fiancée de Pierre, est enfermée à vie dans un couvent.

Tout en éliminant ses anciens rivaux et ceux qui seraient tentés de reprendre leur combat, Bühren travaille à la consolidation de ses titres personnels, qui doivent aller de pair avec l'accroissement de sa fortune. A la mort du duc Ferdinand de Courlande, le 23 avril 1737, il envoie, sous les ordres du général Bismarck[2], quelques régiments russes à Mitau pour «intimider» la Diète courlandaise et l'inciter à l'élire, lui, de préférence à tout autre candidat. Malgré les protestations de l'Ordre teutonique, Johann-

---

1. «Un gâchis à la Bühren», le nom du favori étant francisé pour l'occasion en Biron.
2. Ancêtre du «Chancelier de fer» Bismarck, l'homme de Guillaume Ier.

Ernest Bühren est proclamé, comme il l'exigeait, duc de Courlande. C'est de Saint-Pétersbourg qu'il administrera, à distance, cette province russe. En outre, il reçoit de Charles VI, empereur d'Allemagne, le titre de comte du Saint Empire et se voit nommer chevalier de Saint-Alexandre et de Saint-Alexis. Il n'est pas de dignité ni de pourboire princier auxquels il ne puisse prétendre. Quiconque en Russie veut obtenir gain de cause, dans quelque affaire que ce soit, doit passer par lui. Tout courtisan considère comme un honneur et un bonheur d'être admis, le matin au réveil, dans la chambre à coucher de l'impératrice. En franchissant le seuil, le visiteur découvre dans le lit Sa Majesté en toilette de nuit, avec, couché à son côté, l'inévitable Bühren. Le protocole exige que le nouveau venu, fût-il grand maréchal de la cour, baise la main que la souveraine lui tend par-dessus la couverture. Pour s'assurer les grâces du favori, certains profitent de l'occasion pour lui baiser la main avec la même déférence. Il n'est pas rare également que des adulateurs poussent la politesse jusqu'à baiser le pied nu de Sa Majesté. On raconte, dans les abords des appartements impériaux, qu'un nommé Alexis Milioutine, simple chauffeur de poêles (*istopnik*), en pénétrant chaque matin dans la chambre d'Anna Ivanovna, s'astreint à effleurer dévotieusement de ses lèvres les pieds de la tsarine avant d'en faire autant avec ceux de son compagnon. En récompense de cet hommage quotidiennement répété, l'*istopnik* est anobli. Cependant, pour conserver une trace de ses origines modestes, il est tenu de faire figurer sur son blason des accessoires en usage dans les cheminées en Russie, sortes de plaques obturatrices de conduits, nommées *viouchki*[1].

Le dimanche, les six bouffons préférés d'Anna Ivanovna ont ordre de se tenir en rang dans la grande salle du palais, en attendant la sortie de la messe qui réunit toute la cour. Quand l'impératrice et sa suite passent devant eux, au retour de l'église, les bouffons, accroupis côte à côte, imitent des poules en train de pondre et poussent des gloussements comiques. Pour corser le spectacle, on leur barbouille la figure avec du charbon et on leur ordonne de se faire des crocs-en-jambe et de se battre, à coups de griffes, jusqu'au sang. A la vue de leurs contorsions, l'inspiratrice du jeu et ses fidèles pouffent de rire. Les bouffons de Sa Majesté jouissent d'avantages matériels trop importants pour que la charge ne soit pas recherchée. Des descendants de grandes familles, tels Alexis Petrovitch Apraxine, Nikita Fédorovitch Volkonski et même Michel Alexeïevitch Galitzine n'hésitent pas à briguer cet emploi. Le ton est donné par le fou professionnel Balakirev, mais, quand il tarde à se dépenser en pitreries, l'impératrice le fait bâtonner pour raviver son inspiration. Il y a là aussi le violo-

---

1. Son arrière-petit-fils, Dimitri Milioutine, ministre de la Guerre sous le règne d'Alexandre II, conservera ces armes parlantes sur son blason.

niste Pierre Mira Pedrillo, qui racle son crincrin en multipliant les singeries, et D'Acosta, juif portugais polyglotte, qui excite ses compères à coups de fouet. Le piètre poète Trediakovski, ayant composé un poème à la fois érotique et burlesque, est invité à en faire la lecture devant Sa Majesté. Il raconte ainsi dans une lettre cette audience de consécration littéraire : «J'ai eu le bonheur de lire mes vers devant Sa Majesté impériale, et, après la lecture, j'ai eu la faveur insigne de recevoir un gracieux soufflet de la propre main de Sa Majesté impériale[1].»

Cependant, les vedettes de la troupe comique qui entoure Balakirev, ce sont les nains, les naines et les estropiés des deux sexes qu'on désigne par leurs surnoms : *beznojka* (la femme cul-de-jatte), *gorbouchka* (la bossue). L'attirance de la tsarine pour la hideur physique et l'aberration mentale est sa façon, dit-elle, de s'intéresser aux mystères de la nature. A l'instar de son aïeul Pierre le Grand, elle affirme que l'étude des malformations de l'être humain aide à comprendre la structure et le fonctionnement des corps et des esprits normaux. S'entourer de monstres serait une manière comme une autre de servir la science. En outre, selon Anna Ivanovna, le spectacle des infortunes d'autrui renforcerait chez chacun le désir de se garder en bonne santé.

Parmi la galerie d'épouvantails humains dont s'enorgueillit l'impératrice, sa dilection va à une

---

1. Cf. Brian-Chaninov, *op. cit.*

vieille Kalmouke rabougrie, dont la laideur effraie même les prêtres, mais qui n'a pas son pareil pour inventer des grimaces désopilantes. Un jour, la Kalmouke s'écrie, en plaisantant, qu'elle aimerait bien se marier. Immédiatement inspirée, la tsarine imagine une farce de haute graisse. Dans la petite troupe de bouffons de cour, si tous sont experts en singeries et en facéties, certains ne sont pas à proprement parler difformes. C'est le cas d'un vieux noble, Michel Alexeïevitch Galitzine. Son statut de « fou impérial » lui garantit une sinécure. Veuf depuis quelques années, il est soudain averti que Sa Majesté lui a trouvé une nouvelle femme et que, dans son extrême bonté, elle est prête à assumer l'organisation et les frais de la cérémonie nuptiale. L'impératrice étant réputée pour être une « marieuse » infatigable, il n'est pas question de demander des explications. Cependant, les préparatifs de cette union paraissent pour le moins inhabituels. Selon les instructions de la tsarine, le ministre du Cabinet, Arthème Volynski, fait construire en hâte sur les bords de la Néva, entre le palais d'Hiver et l'Amirauté, une vaste maison en blocs de glace, soudés l'un à l'autre par des aspersions d'eau chaude. Long de vingt mètres, large de sept mètres, haut de dix mètres, l'édifice porte au sommet une galerie, avec colonnade et statues. Un perron à balustrade conduit à un vestibule derrière lequel s'ouvre l'appartement réservé au couple. On y trouve une chambre à coucher meublée d'un grand lit blanc, dont les rideaux, les oreillers et le matelas ont été sculptés dans la glace. A côté, un cabinet de toilette, également taillé dans la glace, témoigne de l'intérêt que Sa Majesté porte aux commodités intimes de ses «protégés». Plus loin, une salle à manger d'aspect aussi polaire mais richement garnie en mets variés et en vaisselle d'apparat attend les convives pour un festin superbe et grelottant. Devant la maison, il y a des canons en glace, avec leurs boulets tournés dans la même matière, un éléphant en glace, capable, dit-on, de cracher de l'eau glacée à vingt-quatre pieds de hauteur, et deux pyramides en glace à l'intérieur desquelles sont exposées, pour réchauffer les visiteurs, des images humoristiques et obscènes [1].

Sur convocation expresse de Sa Majesté, des représentants de toutes les races de l'empire sont invités à assister, vêtus de leurs costumes nationaux, à la grande fête donnée en l'honneur du mariage des bouffons. Le 6 février 1740, après la bénédiction rituelle à l'église de l'infortuné Michel Galitzine et de la vieille Kalmouke contrefaite, un cortège de carnaval, semblable à ceux qu'affectionnait Pierre le Grand, se met en branle au son des cloches déchaînées. Des Ostiaques, des Kirghizes, des Finnois, des Samoyèdes, des Iakoutes, fiers de leurs habits traditionnels, défilent dans les rues sous les regards ahuris de la foule accourue de toute part à l'annonce du spectacle gratuit. Certains participants à la mascarade montent des che-

---

1. Cf. Kraft : *Description de la maison de glace*, et K. Waliszewski, *op. cit.*

vaux d'une espèce inconnue à Saint-Pétersbourg, d'autres sont à califourchon sur un cerf, sur un grand chien, sur un bouc ou se pavanent, hilares, sur le dos d'un porc. Les nouveaux mariés ont pris place, eux, sur un éléphant. Après être passée devant le palais impérial, la procession s'arrête face au «Manège du duc de Courlande», où un repas est servi à toute l'assistance. Le poète Trediakovski récite un poème comique et, sous les yeux de l'impératrice, de la cour et du «jeune ménage», des couples exécutent quelques danses folkloriques, accompagnées par les instruments en usage dans leurs régions.

A la nuit tombante enfin, on repart, égayés mais en bon ordre, vers la maison de glace qui, dans l'ombre crépusculaire, resplendit à la lueur de mille torches. Sa Majesté elle-même veille au coucher des mariés dans leur lit gelé et se retire avec un sourire égrillard. Des factionnaires sont aussitôt placés devant toutes les issues pour empêcher les tourtereaux de sortir de leur nid d'amour et de glace avant le lever du jour.

Cette nuit-là, en se couchant avec Bühren dans sa chambre bien chauffée, Anna Ivanovna a apprécié davantage encore le moelleux de son lit et la tiédeur de ses draps. A-t-elle seulement pensé à la vilaine Kalmouke et au docile Galitzine qu'elle a condamnés, par caprice, à cette sinistre comédie et qui sont peut-être en train de mourir de froid dans leur prison translucide ? De toute façon, si un vague remords a effleuré son esprit, elle a dû le chasser très vite en se disant qu'il s'agissait là d'une farce bien innocente parmi toutes celles qui sont permises à une souveraine de droit divin.

Or, par miracle, le bouffon seigneurial et sa hideuse compagne se seraient, au dire de quelques contemporains, tirés avec un bon rhume et quelques bleus de cette épreuve de congélation nuptiale. Ils auraient même, selon certains, obtenu, sous le règne suivant, de se rendre à l'étranger où la Kalmouke serait morte après avoir donné naissance à deux fils. Quant à Michel Galitzine, nullement découragé par cette aventure matrimoniale à basse température, il se serait remarié et aurait vécu, sans autre mécompte, jusqu'à un âge très avancé. Ce qui a fait prétendre à des monarchistes invétérés qu'en Russie, à cette époque lointaine, les pires atrocités commises au nom de l'autocratie ne pouvaient être que bénéfiques.

Malgré l'indifférence manifestée par Anna Ivanovna à l'égard des affaires publiques, Bühren est contraint, parfois, de l'associer à des décisions importantes. Afin de mieux la préserver des tracasseries inséparables de l'exercice du pouvoir, il lui a suggéré la création d'une chancellerie secrète, chargée de la surveillance de ses sujets. Appointée par le Trésor public, une armée d'espions se répand à travers la Russie. De tous côtés, la délation s'épanouit comme sous l'effet d'une rosée vivifiante. Les mouchards qui désirent s'exprimer de vive voix doivent pénétrer dans le palais impérial par une porte dérobée et sont reçus, dans les bureaux de la chancellerie secrète, par Bühren en personne. Sa haine innée pour la vieille aristocratie russe l'incite à croire sur parole tous ceux qui dénoncent les crimes d'un des fleurons de cette caste. Plus le coupable est haut placé, plus le favori se réjouit de précipiter sa chute. Sous son règne, les chambres de torture sont rarement vacantes et il ne se passe pas de semaine qu'il ne signe des ordres d'exil en Sibérie ou de relégation à vie dans quelque lointaine province. Dans le département administratif spécialisé de la Sylka (la Déportation), les employés, débordés par l'afflux des dossiers, expédient souvent les accusés au bout du monde sans avoir eu le temps de vérifier leur culpabilité, ni même leur identité. Pour prévenir toute protestation contre cette rigueur aveugle des autorités judiciaires, Bühren crée un nouveau régiment de la Garde, l'Ismaïlovski, et en donne le commandement non point à un militaire russe (on se méfie d'eux en haut lieu!), mais à un noble balte, Charles-Gustave Loewenwolde, le frère du grand maître de la cour, Reinhold Loewenwolde. Cette unité d'élite rejoint les régiments Semionovski et Préobrajenski afin de compléter les forces destinées au maintien de l'ordre impérial. La consigne est simple : tout ce qui bouge à l'intérieur du pays doit être mis hors d'état de nuire. Les dignitaires les plus illustres sont, de par leur notoriété même, les plus suspects aux sbires de la chancellerie. On leur reprocherait presque de n'avoir pas quelque ancêtre allemand ou balte dans leur lignée.

111

Partagés entre la crainte et l'indignation, les sujets d'Anna Ivanovna incriminent certes Büh-ren d'être à l'origine de tous leurs maux, mais, au-delà du favori, c'est la tsarine qu'ils visent. Les plus hardis osent dire entre eux qu'une femme est congénitalement incapable de gouverner un empire et que la malédiction inhérente à son sexe s'est communiquée à la nation russe, coupable de lui avoir imprudemment confié son destin. Même les erreurs de la politique internationale lui sont imputées par des observateurs sourcilleux. Or, c'est Ostermann qui en est le principal respon-sable. Ce personnage de peu d'envergure et d'am-bition démesurée se prend volontiers pour un génie diplomatique. Ses initiatives, dans ce domaine, coûtent cher et rapportent peu. C'est ainsi que, pour complaire à l'Autriche, il est inter-venu en Pologne, au grand mécontentement de la France, laquelle soutenait Stanislas Leszczynski. Puis il a cru habile, après le couronnement d'Au-guste III, de jurer qu'il ne démembrerait pas le pays, ce qui n'avait trompé personne et ne lui avait valu aucune gratitude. En outre, comptant sur l'aide de l'Autriche — laquelle se dérobera comme d'habitude —, il est entré en guerre contre la Turquie. En dépit d'une série de succès rem-portés par Münnich, les pertes ont été si lourdes qu'Ostermann a dû se résigner à signer la paix. Au congrès de Belgrade, en 1739, il a même sol-licité la médiation de la France en tentant de sou-doyer l'envoyé de Versailles, mais il n'a pu arracher qu'un résultat dérisoire : le maintien des droits de la Russie sur Azov, à condition de ne pas fortifier la place, et l'octroi de quelques arpents de steppe entre le Dniepr et le Boug méridional. En échange, la Russie a promis de démolir les fortifications de Taganrog et de renoncer à entretenir des bateaux de guerre et de commerce dans la mer Noire, la libre navigation sur ces eaux étant réservée à la flotte turque. Le seul gain territorial que la Russie enregistre durant le règne d'Anna, c'est, en 1734, l'annexion effective de l'Ukraine, placée sous contrôle russe.

Tandis que, sur le plan international, la Russie passe pour une nation affaiblie et déboussolée, un peu partout à l'intérieur du pays surgissent d'absurdes prétendants au trône. Ce phénomène n'est pas nouveau dans l'empire. Depuis les faux Dimitri qui sont apparus à la mort d'Ivan le Terrible, la hantise de la résurrection miraculeuse d'un tsarévitch est devenue une maladie endémique et pour ainsi dire nationale. Néanmoins, ces remous dans l'opinion, si méprisables soient-ils, commencent à importuner Anna Ivanovna. Excitée par Bühren, elle voit là une menace de plus en plus précise pour sa légitimité. Elle craint par-dessus tout que sa tante Élisabeth Petrovna ne connaisse, sur le tard, un regain de popularité dans le pays, du fait qu'elle est l'unique fille encore vivante de Pierre le Grand. Ne va-t-on pas ressortir, parmi la noblesse, les arguments spécieux qui jadis ont failli compromettre son propre couronnement ? En outre, la beauté et

la grâce naturelle de sa rivale lui sont insuppor-
tables. Il ne lui a pas suffi d'éloigner la *tsarevna* du
palais dans l'espoir qu'à la cour comme ailleurs on
finirait par oublier l'existence de cette empêcheuse
de danser en rond. Pour se prémunir contre toute
tentative de transfert du pouvoir vers une autre
lignée, elle a même eu, en 1731, l'idée d'une modi-
fication autoritaire des droits familiaux dans la maison des Romanov. N'ayant pas eu d'enfant et étant
fort soucieuse de l'avenir de la monarchie, elle a
adopté sa jeune nièce, fille unique de sa sœur aînée
Catherine Ivanovna et de Charles-Léopold, prince
de Mecklembourg. Vite, vite, on a fait venir la
petite princesse en Russie. La gamine n'avait que
treize ans à l'époque de son adoption. Luthérienne
de confession, elle a été rebaptisée orthodoxe,
a changé son prénom d'Élisabeth contre ceux
d'Anna Léopoldovna et est devenue, à côté de sa
tante Anna Ivanovna, le deuxième personnage de
l'empire. C'est à présent une adolescente blonde et
fade, au regard éteint, mais avec assez d'esprit pour
soutenir une conversation, à condition que le sujet
n'en soit pas trop sérieux. Dès qu'elle a atteint dix-
neuf ans, sa tante, la tsarine, qui a l'œil pour juger
les ressources physiques et morales d'une femme,
décrète que celle-ci est fin prête pour le mariage.
Aussi s'empresse-t-elle de lui dénicher un fiancé.

Bien entendu, l'attention d'Anna Ivanovna se
porte d'abord vers la patrie de son cœur, l'Allemagne. Il n'y a que sur cette terre de discipline et
de vertu qu'on trouve des époux et des épouses

dignes de régner sur la barbare Moscovie. Chargé de découvrir l'oiseau rare au milieu d'une volière riche en coqs superbes, Charles-Gustave Loewenwolde fait sa tournée d'inspection et, à son retour, recommande à Sa Majesté la candidature du margrave Charles de Prusse ou celle du prince Antoine-Ulrich de Bevern, de la maison de Brunswick, beau-frère du prince héritier de Prusse. Sa préférence personnelle irait vers le second, alors qu'Ostermann, spécialiste en politique étrangère, penche pour le premier. Devant Anna Ivanovna, on pèse les avantages et les inconvénients des deux champions sans consulter l'intéressée, qui cependant aurait son mot à dire, car elle va déjà sur ses vingt ans. Au vrai, dans cette machination politico-conjugale, l'impératrice n'a qu'un but : obtenir que sa nièce mette vite au monde un enfant afin d'en faire l'héritier de la couronne, ce qui couperait court à toute démarche de captation. Mais lequel, du margrave Charles de Prusse ou du prince Antoine-Ulrich, est le plus capable d'engrosser rapidement la douce Anna Léopoldovna ? Dans le doute, on fait venir Antoine-Ulrich pour une présentation à Sa Majesté. Un regard suffit à l'impératrice pour évaluer les capacités du prétendant : un brave jeune homme, poli et mollasson. Ce n'est certainement pas là ce qui convient à sa nièce, ni d'ailleurs au pays. Mais l'omniscient Bühren s'évertue à vanter l'article. D'ailleurs, le temps presse, car la jeune fille n'est pas de tout repos. C'est ainsi qu'elle est tombée amoureuse du comte

Charles-Maurice de Lynar, ministre saxon à Saint-Pétersbourg. Heureusement, le roi de Saxe a rappelé le diplomate et l'a désigné pour un autre poste. Désespérée, Anna Léopoldovna s'est immédiatement découvert une autre passion. Cette fois, il s'agit d'une femme : la baronne Julie Mengden. Elles deviennent vite inséparables. Jusqu'où va leur intimité ? On en jase à la cour et dans les ambassades : «La passion d'un amant pour une nouvelle maîtresse n'est qu'un jeu par comparaison», note le ministre anglais Edward Finch[1]. En revanche, le ministre de Prusse Axel de Mardefeld, plus sceptique, écrira en français à son roi : «Personne ne pouvant comprendre la source du penchant surnaturel de la grande-duchesse [Anna Léopoldovna] pour Juliette [Julie Mengden], je ne suis pas surpris que le public accuse cette fille d'être du goût de la fameuse Sapho. [...] Calomnie noire [...], car feu l'impératrice, sur de semblables imputations, fit subir un examen rigoureux à cette demoiselle [...], et le rapport de la commission lui fut favorable, selon lequel elle est fille dans toutes les formes, sans aucune apparence d'hommesse [*sic*][2].» Devant le danger de cette déviation amoureuse, Anna Ivanovna décide que les hésitations ne sont plus de mise. Un mauvais mariage vaut mieux qu'une attente prolongée. Quant aux sentiments

---

1. Cf. Daria Olivier, *op. cit.*
2. Lettre du 10 décembre 1740, citée par K. Waliszewski dans *L'Héritage de Pierre le Grand*.

profonds de la pucelle, Sa Majesté s'en moque. Cette petite personne, dont la grâce et l'innocence l'avaient d'abord charmée, a acquis en quelques années une pesanteur, des exigences et un air têtu qui la déçoivent. En vérité, si elle l'a adoptée, ce n'est pas pour faire son bonheur, comme elle l'a répété cent fois, mais pour écarter du trône la *tsarevna* Élisabeth Petrovna, qu'elle a prise en haine. Anna Léopoldovna n'a de valeur à ses yeux que comme doublure, comme pis-aller ou, pour tout dire, comme ventre occasionnel. Qu'elle se contente donc d'un Antoine-Ulrich en guise d'époux ! C'est encore trop beau pour une tête en l'air de son espèce !

Malgré les larmes de la promise, le mariage a lieu, le 14 juillet 1739. Les fastes du bal qui suit la bénédiction nuptiale éblouissent jusqu'aux diplomates les plus grincheux. La jeune mariée arbore une robe en étoffe d'argent surbrodée. Une couronne de diamants brille de mille feux dans sa chevelure brune, aux lourdes tresses. Pourtant, ce n'est pas elle l'héroïne de la fête. Dans sa toilette de conte de fées, elle a l'air de s'être égarée au milieu d'une société où elle n'a que faire. Parmi tous ces visages de joie, le sien est marqué de mélancolie et de résignation. Celle qui l'éclipse par sa beauté, son sourire et son assurance, c'est la *tsarevna* Élisabeth Petrovna, qu'il a bien fallu, pour obéir au protocole, tirer provisoirement de sa retraite d'Ismaïlovo. Habillée d'une robe rose et argent, au corsage largement décolleté, et toute parée des joyaux de sa mère, feu l'impératrice Catherine I$^{re}$, on dirait que c'est elle, et non la jeune mariée, qui est en train de savourer le plus beau jour de sa vie. Même Antoine-Ulrich, l'époux tout neuf et si peu apprécié d'Anna Léopoldovna, n'a d'yeux que pour la *tsarevna*, l'invitée en surnombre, dont cette cérémonie est censée confirmer la défaite. Obligée de constater, d'heure en heure, le triomphe de sa rivale, la tsarine n'en déteste que plus cette créature qu'elle a cru abattre et qui n'en finit pas de relever la tête. Quant à Anna Léopoldovna, elle souffre le martyre de n'être qu'une marionnette dont sa tante tire les ficelles. Ce qui la hérisse par-dessus tout, c'est la perspective de l'épreuve qui l'attend au lit, quand les lumières du bal se seront éteintes et que les danseurs se seront dispersés. Victime expiatoire, elle sait que, parmi tous ceux qui font mine de se réjouir de sa chance, personne ne se préoccupe de son amour, ni même de son plaisir. Elle n'est pas là pour être heureuse, mais pour être ensemencée.

Lorsque le moment tant redouté arrive, les plus hautes dames et les épouses des principaux diplomates étrangers accompagnent Anna Léopoldovna, en cortège, dans la chambre nuptiale pour assister au traditionnel « coucher de la mariée ». Ce n'est pas tout à fait le même cérémonial que celui réservé jadis par Anna Ivanovna à ses deux bouffons condamnés à geler toute la nuit dans la « maison de glace ». Et pourtant, l'effet est identique pour la jeune femme, mariée de force par la tsarine et qui se sent transie jusqu'aux os, non de froid mais de peur, à l'idée du triste destin qui l'attend auprès d'un homme qu'elle n'aime pas. Quand les dames de sa suite se retirent enfin, elle cède à une véritable panique et, trompant la surveillance des cameristes, s'enfuit dans les jardins du palais d'Été. Elle y passera seule, pleurant et soupirant, sa première nuit de noces.

Avertis de cette scandaleuse dérobade conjugale, la tsarine et Bühren convoquent la malheureuse et, se relayant dans les supplications, les raisonnements et les menaces, exigent qu'elle s'exécute à la première occasion. Tapies dans la pièce voisine, quelques demoiselles d'honneur observent la scène par l'entrebâillement de la porte. Au plus fort de la discussion, elles voient la tsarine, rouge de colère, souffleter à tour de bras sa nièce récalcitrante.

La leçon portera ses fruits : un an plus tard, le 23 août 1740, Anna accouche d'un fils. Il est immédiatement baptisé sous le patronyme d'Ivan Antonovich. Atteinte depuis quelques mois d'un malaise diffus, dont les médecins hésitent à préciser la cause, la tsarine est subitement revigorée par la « grande nouvelle ». Transportée de joie, elle exige que toute la Russie exulte devant cette naissance providentielle. Comme toujours, habitués à obéir et à feindre, ses sujets se répandent en bénédictions. Mais, parmi eux, nombre d'esprits avisés se demandent de quel droit un rejeton de pur sang allemand, puisqu'il est Brunswick-Bevern par son père, Mecklembourg-Schwerin par sa mère, et qu'il n'est rattaché à la dynastie des Romanov que par sa grand-mère Catherine I$^{re}$, épouse de Pierre le Grand, elle-même d'origine polono-livonienne, se trouve-t-il être promu, dès le berceau, au rang d'héritier authentique de la couronne ? Au nom de quelle loi, de quelle tradition nationale la tsarine Anna Ivanovna s'arroge-t-elle le pouvoir de désigner son successeur ? Comment se fait-il qu'il n'y ait pas à ses côtés un conseiller assez respectueux de l'histoire de la Russie pour la retenir dans une initiative aussi sacrilège ? Cependant, comme à l'accoutumée, les commentaires désobligeants se taisent devant les décisions abruptes de Bühren, lequel, bien qu'allemand, affirme savoir mieux qu'aucun Russe ce qui convient à la Russie. Il avait vaguement songé, naguère, à marier son propre fils, Pierre, à Anna Léopoldovna. Ce projet ayant échoué à cause de la récente union de la princesse avec Antoine-Ulrich, le favori s'est préoccupé d'assurer son avenir à la tête de l'État d'une manière détournée. Il lui semble d'autant plus urgent d'avancer ses pions sur l'échiquier que la maladie de Sa Majesté s'aggrave de jour en jour. On craint une affection rénale compliquée par les effets du « retour d'âge ». Les médecins parlent de « maladie de la pierre ».

Malgré ses souffrances, la tsarine garde encore un restant de lucidité. Bühren en profite pour demander une ultime faveur : être nommé régent de l'empire jusqu'à la majorité de l'enfant, lequel vient d'être proclamé héritier du trône par un manifeste. A peine formulée, la prétention du favori déchaîne l'indignation des autres conseillers de l'impératrice mourante : Loewenwolde, Ostermann et Münnich. Ils sont bientôt rejoints dans leur conspiration de palais par Tcherkasski et Bestoujev. Après des heures de discussions secrètes, ils conviennent que le plus grave danger qui les guette ce n'est nullement leur compatriote Bühren qui l'incarne, mais la clique des aristocrates russes, lesquels ne digèrent toujours pas leur mise à l'écart du trône. Tout compte fait, estiment-ils, devant le péril que représenterait une prise du pouvoir par quelque champion de l'ancienne noblesse nationale, il serait préférable, pour le clan allemand, de soutenir la proposition de leur cher vieux complice Bühren. Ainsi, en un rien de temps, ces cinq «hommes de confiance», dont trois sont d'origine germanique et les deux autres liés à des cours étrangères, décident de remettre le destin de l'empire entre les mains d'un personnage qui ne s'est jamais soucié des traditions de la Russie et n'a même pas pris la peine d'apprendre la langue du pays qu'il prétend gouverner. Leur résolution arrêtée, ils en informent Bühren, qui n'en a jamais douté. Tous maintenant, réconciliés autour d'un intérêt commun, s'efforcent de convaincre l'impératrice. Ne quittant plus le lit, elle lutte contre les accès alternés de la douleur et du délire. C'est à peine si elle entend Bühren quand il tente de lui expliquer ce qu'on attend d'elle : une simple signature au bas d'un papier. Comme elle semble trop lasse pour lui répondre, il glisse le document sous son oreiller. Surprise par ce geste, elle l'interroge dans un souffle : «Tu as besoin de cela ?» Puis elle détourne la tête et refuse de parler davantage.

Quelques jours plus tard, Bestoujev rédige une autre déclaration, par laquelle le Sénat et la Généralité supplient Sa Majesté de confier la régence à Bühren, afin d'assurer le repos de l'empire «en toute circonstance». Une fois de plus, la malade laisse le papier sous son oreiller sans daigner le parapher ni même le lire. Bühren et les «siens» sont consternés par cette inertie qui risque d'être définitive. Faudra-t-il recourir de nouveau à un faux en écriture pour se tirer d'embarras ? L'expérience de janvier 1730, à la mort du jeune tsar Pierre II, n'a guère été probante. Compte tenu des malveillances de la noblesse, il serait dangereux de répéter ce jeu à chaque changement de règne.

Pourtant, le 16 octobre 1740, une amélioration se dessine dans l'état de la tsarine. Elle convoque son vieux favori et, d'une main tremblante, lui tend le document signé. Bühren respire. Et avec lui tous ceux de la petite bande qui ont concouru à une victoire in extrémis. Les partisans du nouveau régent espèrent qu'il leur revaudra avant longtemps l'aide qu'ils lui ont, plus ou moins spontanément, apportée. Pendant que Sa Majesté se meurt, chacun compte les jours et suppute les prochains bénéfices. Déjà elle a convoqué un prêtre. On récite au-dessus d'elle la prière des agonisants. Bercée par les oraisons, elle promène autour d'elle un regard de détresse, reconnaît, dans un brouillard, la haute silhouette de Münnich parmi l'assistance, lui sourit comme si elle implorait sa protection pour celui qui la remplacera, un jour, sur le trône de Russie et murmure : «Adieu, feld-maréchal!» Plus tard, elle dit encore : «Adieu tous!» Ce sont ses dernières paroles. Le 28 octobre 1740, elle entre dans le coma.

A l'annonce de sa mort, la Russie se réveille d'un cauchemar. Mais c'est, pense-t-on autour du palais, pour plonger dans un cauchemar plus noir encore. De l'avis unanime, avec un tsar de neuf mois dans ses langes et un régent d'origine allemande, qui ne s'exprime en russe qu'à contrecœur et dont le principal souci est d'anéantir les plus nobles familles du pays, l'empire court à la catastrophe.

Au lendemain du décès d'Anna Ivanovna, Bühren est devenu régent par la grâce de la défunte, avec un bébé comme symbole et garantie vivante de ses droits. Aussitôt, il s'emploie à nettoyer le terrain autour de lui. A son avis, la première mesure qui s'impose, c'est l'éloignement d'Anna Léopoldovna et d'Antoine-Ulrich, la mère et le père du petit Ivan. En les expédiant à bonne distance de la capitale, et pourquoi pas à l'étranger, il aurait les mains libres jusqu'à la majorité de l'impérial marmot. Étudiant le nouvel aspect politique de la Russie, le baron Axel de Mardefeld, ministre de Prusse à Saint-Pétersbourg, résume ainsi, dans une dépêche à son souverain Frédéric II, son opinion sur l'avenir du pays : «Dix-sept ans de despotisme [la durée légale de la minorité du tsar] et un enfant de neuf mois qui peut mourir à propos pour céder le trône au régent[1].»

La lettre de Mardefeld est du 29 octobre 1740, lendemain du décès de la tsarine. Moins d'une semaine plus tard, les événements se précipitent dans un sens que le diplomate n'avait pas prévu. Bien que le transfert, en grand arroi, au palais d'Hiver du futur tsar Ivan VI, encore dans son couffin, ait donné lieu à une grande cérémonie suivie d'une prestation de serment par tous les courtisans, avec baisemain au régent, les ennemis de ce dernier n'ont pas désarmé. Alors que, selon le nouveau ministre anglais à Saint-Pétersbourg, Edward Finch, le changement de règne «fait moins de bruit en Russie que n'en fait la relève de la Garde à Hyde Park», le feld-maréchal Münnich met en garde Anna Léopoldovna et Antoine-Ulrich contre les menées tortueuses de Bühren, lequel aurait l'intention de les évincer tous deux pour se maintenir au pouvoir. Même s'il a été l'allié du régent dans un passé très récent, il se sent, dit-il, moralement obligé de l'empêcher d'aller plus loin au détriment des droits légitimes de la famille. Selon lui, l'ex-favori de feu l'impératrice Anna Ivanovna compte, pour réussir le prochain coup d'État, sur les régiments Ismaïlovski et des

---

1. Cf. Brian-Chaninov, *op. cit.*

gardes à cheval, commandés l'un par son frère Gustave, l'autre par son fils. Mais le régiment Préobrajenski est entièrement acquis au feld-maréchal et cette unité d'élite serait disposée à agir, le moment venu, contre l'ambitieux Bühren. « Si Votre Altesse le voulait, dit Münnich à la princesse, je la débarrasserais en une heure de cet homme néfaste [1]. »

Or, Anna Léopoldovna n'a pas la tête aventureuse. Effrayée à l'idée de s'attaquer à un homme aussi puissant et retors que Bühren, elle commence par se dérober. Toutefois, ayant consulté son mari, elle se ravise et décide, en tremblant, de jouer le tout pour le tout. Dans la nuit du 8 au 9 novembre 1740, envoyés par Münnich, une centaine de grenadiers et trois officiers du régiment Préobrajenski font irruption dans la chambre où dort Bühren, le tirent hors de son lit, malgré ses appels au secours, l'assomment à coups de crosses de fusil, l'emportent à moitié évanoui et le jettent dans une voiture fermée. Au petit jour, il est transporté à la forteresse de Schlüsselburg, sur le lac Ladoga, où il est flagellé méthodiquement. Comme il faut un grief circonstancié pour décréter son emprisonnement, on l'accuse d'avoir précipité le décès de l'impératrice Anna Ivanovna en la faisant monter à cheval par mauvais temps. D'autres crimes, ajoutés en temps voulu à celui-ci, lui valent d'être condamné à mort, le 8 avril 1741. Il doit être, au préalable,

---

1. Propos rapportés par Waliszewski, *op. cit.*

écartelé. Sa peine sera d'ailleurs aussitôt commuée
en exil à perpétuité dans un village perdu de
Sibérie. Dans le même élan, Anna Léopoldovna
est proclamée régente. Pour célébrer l'heureuse fin
de cette période d'intrigues, d'usurpations et de
trahisons, elle lève l'interdiction faite par le gouvernement précédent aux soldats et aux sous-offi-
ciers de fréquenter les cabarets. Cette première
mesure libérale est accueillie par une explosion de
joie dans les casernes et les débits de boissons.
Chacun veut y voir l'annonce d'une clémence
généralisée. On bénit partout le nom de la nouvelle
régente et, par contrecoup, celui de l'homme qui
vient de la porter au pouvoir. Seuls les esprits mal
intentionnés remarquent qu'au règne de Bühren
succède déjà le règne de Münnich. Un Allemand
chasse l'autre sans se préoccuper de la tradition
moscovite. Combien de temps encore l'empire
devra-t-il se chercher un maître au-delà des frontières ? Et pourquoi est-ce toujours une personne
du sexe faible qui occupe le trône ? N'y a-t-il
d'autre issue pour la Russie que d'être gouvernée
par une impératrice, avec derrière son dos un Allemand qui lui souffle ses volontés ? S'il est triste
pour un pays d'étouffer sous les jupes d'une
femme, que dire lorsque cette femme est elle-
même à la dévotion d'un étranger ? Les plus pes-
simistes envisagent qu'une double calamité mena-
cera la Russie aussi longtemps que les vrais
hommes et les vrais Russes ne réagiront pas
contre le règne des souveraines enamourées et

des favoris germaniques. A ces prophètes funestes, le matriarcat et la mainmise prussienne paraissent être les deux aspects de la malédiction qui frappe la patrie depuis la disparition de Pierre le Grand.

## VI

## UNE ANNA CHASSE L'AUTRE

Encore tout étourdie par la soudaineté de son accession au pouvoir, Anna Léopoldovna se réjouit moins de ce triomphe politique que du retour à Saint-Pétersbourg de son dernier amant, celui que la tsarine a cru habile de renvoyer pour la contraindre à épouser l'insipide Antoine-Ulrich. Dès les premiers signes d'embellie, le comte de Lynar est revenu, prêt aux plus exaltantes aventures. Quand elle le revoit, elle retombe instantanément sous son charme. Il n'a pas changé en quelques mois d'absence. A quarante ans, il en paraît à peine trente. Grand et svelte, le teint clair, l'œil brasillant, il ne porte que des vêtements de couleur tendre, bleu céleste, abricot ou lilas, s'inonde de parfums français et se sert de pommade pour entretenir la douceur de ses mains. On dit de lui qu'il est un Adonis dans la force de l'âge ou un Narcisse qui a oublié de vieillir. Sans doute Anna Léopoldovna lui rouvrit-elle immédiatement

129

sa couche; sans doute aussi Antoine-Ulrich accepta-t-il sans rechigner le partage. A la cour, nul ne s'étonne de ce ménage à trois dont la reconstitution était prévisible. Du reste, les observateurs russes et étrangers notent que le regain de passion de la régente pour Lynar n'exclut nullement l'engouement qu'elle a eu, et qu'elle a encore, pour sa grande amie Julie Mengden. Qu'elle soit capable d'apprécier autant le plaisir classique des rapports d'une femme avec un homme que l'équivoque saveur des relations avec une partenaire de son sexe est tout à son honneur, estiment les libertins, car un tel éclectisme témoigne à la fois de la largeur de ses idées et de la générosité de son tempérament.

Indolente et rêveuse, elle passe de longues heures au lit, se lève tard, traîne volontiers dans ses appartements, en simple déshabillé et à peine coiffée, lit des romans qu'elle abandonne à mi-chemin, se signe à vingt reprises devant les nombreuses icônes dont, avec un zèle de convertie, elle a orné ses murs et s'obstine à considérer que l'amour et l'amusement sont les seules raisons d'être d'une femme de son âge.

Cette conduite désinvolte n'est pas pour déplaire à son entourage, qu'il s'agisse de son époux ou de ses ministres. On s'accommode fort bien, parmi eux, d'une régente plus préoccupée de ce qui se passe dans son alcôve que dans son État. Certes, de temps à autre, Antoine-Ulrich joue au mari froissé dans sa vanité de mâle, mais ses colères sont si artificielles et si brèves qu'Anna Léopoldovna ne fait qu'en rire. Ces fausses scènes conjugales l'incitent même, par taquinerie, à un regain de dissipation. Cependant, tout en poursuivant ses assiduités auprès d'elle, Lynar n'est pas indifférent aux remontrances du marquis de Botta, ambassadeur d'Autriche à Saint-Pétersbourg. Selon ce diplomate, fin spécialiste des affaires de cœur et de cour, l'amant de la régente aurait tort de persévérer dans une liaison adultère qui risque de lui attirer le désaveu de quelques hauts personnages en Russie et de son propre gouvernement en Saxe. Avec cynisme et à-propos, il lui suggère une solution qui satisferait tout le monde. Étant veuf, libre et d'un physique agréable, pourquoi ne demanderait-il pas la main de Julie Mengden, la bien-aimée d'Anna Léopoldovna ? En les contentant l'une et l'autre, la première légitimement, la seconde clandestinement, il les rendrait toutes deux heureuses et personne ne pourrait lui reprocher d'induire la régente au péché. Séduit par le projet, Lynar promet d'y réfléchir. Ce qui l'encourage à accepter, c'est que, contrairement à ce qu'il aurait pu craindre, Anna Léopoldovna, dûment consultée, ne voit aucun inconvénient à ce charmant amalgame. Elle estime même que, en devenant l'épouse de Lynar, Julie Mengden renforcerait l'union amoureuse de trois êtres que Dieu, dans sa subtile prévoyance, a voulu inséparables.

Toutefois, la mise en pratique de l'arrangement est retardée pour permettre à Lynar de se rendre en Allemagne, où il compte régler des affaires de famille qui ne souffrent aucun délai. En réalité, il emporte dans ses bagages un lot de pierres précieuses, dont la vente servira à constituer un « trésor de guerre » pour le cas où la régente songerait à se faire proclamer impératrice. Durant son absence, Anna Léopoldovna échange avec lui une correspondance cryptée, prétexte à se jurer un amour réciproque et à déterminer le rôle de la future comtesse de Lynar dans le trio. Rédigées en clair par un secrétaire, les lettres de la régente comportent, au-dessus de chaque ligne, des annotations chiffrées. Indiquées ici en italique, elles révèlent le véritable sens du message : « Pour ce qui est de Juliette [*Julie Mengden*], comment pouvez-vous douter de son [*de mon*] amour et de sa [*de ma*] tendresse, après toutes les marques que je vous en ai données. Si vous l'aimez [*m'aimez*], ne lui faites plus de pareils reproches, pour peu que sa [*que ma*] santé vous soit chère. [...] Mandez-moi le temps de votre retour et soyez persuadé que je suis votre très affectionnée [*je vous embrasse et je demeure toute à vous*] Anna[1]. »

Séparée de Lynar, Anna Léopoldovna supporte de plus en plus difficilement les reproches de son mari. Néanmoins, comme elle a besoin d'être réchauffée au milieu de sa solitude, elle accepte que, de temps en temps, il lui rende visite dans son lit. Mais c'est un intérim dont il devra se contenter jusqu'au retour de l'authentique tenant du titre.

---

1. Lettre du 13 octobre 1741 publiée par Soloviov, *Histoire de la Russie*, et reprise par K. Waliszewski, *L'Héritage de Pierre le Grand*.

Le ministre de Prusse, Axel de Mardefeld, obser-
vateur des mœurs de la cour de Russie, écrit, le
17 octobre 1741, à son souverain : « Elle [la
régente] l'a chargé [son mari, Antoine-Ulrich] du
fardeau des affaires pour vaquer avec plus de loisir
à ses divertissements, ce qui l'a rendu, en quelque
façon, nécessaire. C'est à voir si elle en usera de
même lorsqu'elle aura un favori déclaré. Au fond,
elle ne l'aime pas ; aussi n'a-t-il eu la permission de
coucher avec elle qu'après le départ de Narcisse
[Lynar] [1]. »

Pendant qu'elle se débat dans cet imbroglio sentimental, les hommes qui l'entourent ne pensent,
eux, qu'à la politique. Après la chute de Bühren,
Münnich s'est vu attribuer le titre de Premier
ministre, une récompense de cent soixante-dix
mille roubles pour services rendus et le rang de
second personnage mâle de l'empire après
Antoine-Ulrich, père du tsar enfant. Or, cette ava-
lanche de distinctions finit par indisposer Antoine-
Ulrich. Il trouve que sa femme exagère dans la
manifestation de sa gratitude envers un serviteur de
l'État, très efficace, certes, mais de basse naissance.
Il est rejoint dans sa critique par d'autres personnages dont la susceptibilité a été blessée lors de la
distribution des prébendes. Parmi ceux qui se
considèrent comme lésés par le pouvoir, il y a
Loewenwolde, Ostermann, Michel Golovkine. Ils
se plaignent d'être traités en sous-ordres, alors que

--------

1. Cf. K. Waliszewski, *ibid.*

la régente et son mari leur doivent beaucoup. Le responsable de cette frustration est évidemment le tout-puissant Münnich. Or, voici que le feld-maréchal, victime d'une subite indisposition, doit s'aliter. Profitant de cette maladie inespérée, Ostermann s'empresse de suppléer au pied levé son principal ennemi, de s'approprier ses dossiers et de dicter des ordres à sa place. A peine rétabli, Münnich veut reprendre les affaires en main. Trop tard ! Ostermann est dans les lieux. Il ne lâche pas prise et Anna Léopoldovna, conseillée par Julie Mengden, songe que le moment est venu pour elle de revendiquer tous les droits, avec Ostermann dressé derrière son dos comme un protecteur tutélaire. Pour appuyer la tentative d'«assainissement de la monarchie», ce dernier suggère de chercher des appuis et même des subsides au-delà des frontières. Des négociations confuses s'ébauchent à Saint-Pétersbourg avec l'Angleterre, l'Autriche, la Saxe pour des alliances sans lendemain. Mais il faut se rendre à l'évidence : personne, dans les chancelleries européennes, n'a plus foi en cette Russie emportée par des courants contraires. Il n'y a pas de maître à bord. Même à Constantinople, une collusion imprévue entre la France et la Turquie fait redouter la recrudescence de velléités belliqueuses.

Tenus à l'écart des cheminements de la politique étrangère, les hauts gradés de l'armée n'en souffrent pas moins de l'effacement, et même de l'humiliation, de leur patrie dans les confrontations internationales. Les insolences et les foucades du comte de Lynar, qui se croit tout permis depuis son mariage, concocté dans les antichambres du palais, avec Julie Mengden, achèvent de ruiner le peu de sympathie que la régente conservait dans le peuple et dans la moyenne noblesse. Les *gvardeitsy* (les hommes de la garde impériale) lui reprochent son dédain pour l'état militaire et ses sujets les plus humbles s'étonnent qu'on ne la voie jamais se promener librement en ville comme l'ont fait d'autres tsarines. On dit qu'elle méprise autant les casernes que la rue et qu'elle n'est chez elle que dans les salons. On dit aussi que son appétit de plaisir est tel qu'elle ne porte pas de vêtements boutonnés en dehors des réceptions, afin de pouvoir les ôter plus vite quand son amant la rejoint dans sa chambre. En revanche, sa tante Élisabeth Petrovna, bien qu'elle soit, la plupart du temps, confinée dans une sorte d'exil mi-souhaité, mi-imposé loin de la capitale, possède, elle, le goût des rapports humains, simples et directs, et recherche même le contact de la foule. Profitant de ses rares visites à Saint-Pétersbourg, cette vraie fille de Pierre le Grand se montre volontiers en public, circule à cheval ou en voiture découverte dans la ville et répond par un geste gracieux de la main et un sourire d'ange aux badauds qui l'acclament. Son abord est si naturel que chacun, sur son passage, se croit autorisé à lui crier sa joie ou sa peine, comme à une sœur de charité. On raconte que des soldats en permission n'hésitent pas à monter sur les patins de son traîneau pour lui glisser un compliment à l'oreille. Ils l'appellent, entre eux, *matouchka*, « petite mère ». Elle le sait et en est fière comme d'un titre supplémentaire de noblesse.

Un des premiers à avoir décelé l'ascendant de la *tsarevna* sur les petites gens et la moyenne aristocratie discrète est l'ambassadeur de France, le marquis de La Chétardie. Très vite, il a compris l'avantage qu'il pourrait tirer, pour son pays et pour lui-même, en gagnant la confiance, voire l'amitié, d'Élisabeth Petrovna. Il est aidé dans cette entreprise de séduction diplomatique par le médecin attitré de la princesse, le Hanovrien d'origine française Armand Lestocq, dont les ancêtres se sont fixés en Allemagne après la révocation de l'édit de Nantes. Cet homme âgé d'une cinquantaine d'années, habile dans son art et d'une parfaite amoralité dans sa conduite privée, a connu Élisabeth Petrovna alors qu'elle n'était encore qu'une fillette obscure, coquette et sensuelle. Le marquis de La Chétardie fait souvent appel à lui pour tenter de pénétrer les variations d'humeur de la *tsarevna* et les méandres de l'opinion publique en Russie. Ce qui ressort des propos de Lestocq, c'est que, contrairement aux femmes qui ont été jusqu'à présent à la tête du pays, celle-ci est très attirée par la France. Elle a appris le français et même « dansé le menuet » dans son enfance. Bien que lisant fort peu, elle apprécie l'esprit de cette nation que l'on dit à la fois courageuse, frondeuse et frivole. Sans doute ne peut-elle oublier qu'elle a été fiancée, dans son extrême jeunesse, à Louis XV, avant de l'être, sans plus de succès, au prince-évêque de Lübeck et enfin à Pierre II, mort prématurément. Par-dessus les multiples déceptions amoureuses qu'elle a subies, le mirage de Versailles continue à l'éblouir. Ceux qui admirent sa grâce et sa pétulance épanouies aux alentours de la trentaine affirment que, malgré son embonpoint, elle «met les hommes en rut», qu'elle a toujours «un pied en l'air» et que, dès son apparition, on se sent comme entouré d'une musique française. L'agent saxon Lefort écrit, avec un mélange d'estime et d'agacerie : «Il semblait qu'elle fût née pour la France, n'aimant que le faux brillant[1].» De son côté, l'ambassadeur anglais Edward Finch, tout en reconnaissant beaucoup d'entrain à la *tsarevna*, juge, lui, qu'elle est «trop grasse pour conspirer[2]». Toutefois, le penchant d'Élisabeth Petrovna pour les raffinements de la mode et de la culture françaises ne l'empêche pas de goûter la rusticité russe lorsqu'il s'agit des plaisirs nocturnes. Avant même d'occuper une situation officielle à la cour de sa nièce, elle a pris pour amant un paysan petit-russien affecté comme chantre au chœur de la chapelle du palais : Alexis Razoumovski. La voix profonde, l'aspect athlétique et la rude exigence de ce compagnon sont d'autant plus appréciables dans la chambre à coucher qu'ils

---

1. Cf. Mirnievitch : *La Femme russe au XVIIIᵉ siècle*, et Waliszewski, *op. cit.*
2. *Ibid.*

succèdent aux politesses et aux minauderies des salons. Tout ensemble avide de simples contentements charnels et d'élégantes afféteries, la princesse obéit à sa vraie nature en assumant cette contradiction. Homme sans détour, Alexis Razoumovski a un faible pour la boisson, s'enivre volontiers et, quand il a sa dose, hausse le ton, profère des gros mots, bouscule quelques meubles, tandis que sa maîtresse s'effraie un peu et s'amuse beaucoup de sa vulgarité. Instruits de cette «mésalliance», les pointilleux conseillers admis dans l'intimité de la *tsarevna* lui recommandent la prudence, ou du moins la discrétion, afin d'éviter un scandale qui l'éclabousserait. Cependant, les deux Chouvalov, Alexandre et Ivan, le chambellan Michel Vorontzov et la plupart des partisans d'Élisabeth doivent convenir que, dans les casernes et dans la rue, les échos de cette liaison de la fille de Pierre le Grand avec un homme du peuple sont commentés avec indulgence et même avec bonhomie. Comme si les gens «d'en bas» lui savaient gré de ne pas dédaigner un des leurs.

En même temps, au palais, le parti francophile se resserre autour d'Élisabeth. Cela suffit pour qu'elle paraisse suspecte à Ostermann qui, en tant que champion déclaré de la cause germanique en Russie, ne peut tolérer la moindre entrave à son action. Comme l'ambassadeur britannique Edward Finch lui demande son opinion sur les préférences affichées de la princesse en matière de politique étrangère, il réplique avec irritation que, si elle continue à avoir une «conduite équivoque», on «l'enfermera dans un couvent». Rapportant cette conversation dans une dépêche, l'Anglais observe ironiquement : «Ce pourrait être un expédient dangereux, car elle n'a rien pour faire une nonne et est extrêmement populaire[1].»

Il ne se trompe pas. De jour en jour, le mécontentement grandit dans les régiments de la Garde. Les hommes se demandent en secret ce qu'on attend, au palais, pour chasser tous ces Allemands qui commandent aux Russes. Du dernier des *gvardeitsy* au plus gradé d'entre eux, chacun dénonce l'injustice faite à la fille de Pierre le Grand, seule héritière du sang et de la pensée des Romanov, en la privant de la couronne. On ose insinuer que la régente, son Antoine-Ulrich de mari et son bébé tsar sont tous des usurpateurs. On leur oppose la lumineuse bonté de la *matouchka* Élisabeth Petrovna, qui est, dit-on, «l'étincelle de Pierre le Grand». Déjà, des cris séditieux éclatent dans les faubourgs. Au fond de leur caserne, des soldats murmurent, après une revue épuisante et inutile : «Il ne se trouvera donc personne pour nous commander de prendre les armes en faveur de la *matouchka*[2]?»

Malgré le nombre de ces manifestations spontanées, le marquis de La Chétardie hésite encore à promettre l'appui moral de la France à un coup

---

1. Cité par Daria Olivier, *op. cit.*
2. Cf. Soloviov, *op. cit.*

d'État. Mais Lestocq, soutenu par Schwartz, un ancien capitaine allemand passé au service de la Russie, décide que le moment est venu d'associer l'armée au complot. Or, dans le même temps, le ministre de Suède, Nolken, apprend à La Chétardie que son gouvernement a mis à sa disposition un crédit de cent mille écus pour favoriser soit la consolidation du pouvoir d'Anna Léopoldovna, soit les desseins de la *tsarevna* Élisabeth Petrovna, «selon les circonstances». On lui laisse la liberté du choix. Embarrassé par une décision qui dépasse ses compétences, Nolken s'en remet à son collègue français pour le conseiller. Le prudent La Chétardie est terrifié par une telle responsabilité et, incapable lui aussi de trancher dans le vif, se contente de donner une réponse évasive. Là-dessus, voici que Paris le presse de se rapprocher des vues de la Suède et de favoriser, en sous-main, la cause d'Élisabeth Petrovna.

Mise au courant de ce soutien inattendu, c'est Élisabeth, cette fois, qui hésite. Au moment de sauter le pas, elle s'imagine déjà dénoncée, jetée en prison, le crâne rasé et finissant ses jours dans une solitude pire que la mort. La Chétardie partage une semblable inquiétude pour lui-même et avoue qu'il ne ferme plus l'œil de la nuit et qu'au moindre bruit insolite il se «porte à la fenêtre, [se] croyant perdu[1]». Il a d'ailleurs encouru la colère d'Ostermann, ces

_____

1. Lettre de La Chétardie à son ministre, Amelot de Chailloux, du 30 mai (10 juin) 1741 ; cf. K. Waliszewski, *op. cit.*

140

derniers jours, à la suite d'un prétendu faux pas diplomatique, et on l'a prié de ne plus remettre les pieds à la cour jusqu'à nouvel ordre. Réfugié dans la villa qu'il a louée aux portes de la capitale, il ne se sent en sécurité nulle part et reçoit les émissaires d'Élisabeth à l'insu de tous, de préférence aux premières ombres du crépuscule. Il se croit définitivement frappé d'excommunication politique, mais, après un temps de pénitence, Ostermann l'autorise à présenter ses lettres de créance à condition qu'il les dépose entre les mains du bébé tsar en personne. Admis de nouveau à fréquenter le palais d'Été, l'ambassadeur en profite pour rencontrer Élisabeth Petrovna et pour lui murmurer, au cours d'un aparté, qu'on a en France de grands projets pour elle. Paisible et souriante, elle répond : «Étant la fille de Pierre le Grand, je crois rester fidèle à la mémoire de mon père en prenant confiance dans l'amitié de la France et en lui demandant son appui pour faire valoir mes justes droits[1].»

La Chétardie se garde bien de divulguer ces propos subversifs, mais le bruit d'une conjuration se répand dans l'entourage de la régente. Aussitôt, les partisans d'Anna Léopoldovna s'enflamment d'un zèle vindicatif. Antoine-Ulrich, en tant que mari, et le comte de Lynar, en tant que favori, la préviennent, chacun de leur côté, du danger qu'elle court. Ils insistent pour qu'elle renforce la surveillance aux portes de la demeure impériale et fasse arrêter sur-

---

1. *Ibid.*

le-champ l'ambassadeur de France. Impavide, elle traite ces rumeurs de sornettes et refuse d'y répondre par une mesure disproportionnée. Alors qu'elle se méfie des rapports de ses informateurs, sa grande rivale, Élisabeth, avertie des soupçons qui entourent son entreprise, prend peur et supplie La Chétardie de redoubler de précautions. Tandis qu'il brûle des liasses de documents compromettants, Élisabeth, par prudence, quitte la capitale et retrouve quelques conspirateurs de la première heure dans des villas amies près de Péterhof. Le 13 août 1741, la Russie est entrée en guerre avec la Suède. Si les diplomates connaissent les obscures raisons de ce conflit, le peuple les ignore. Tout ce qu'on sait, dans les campagnes, c'est que, pour des questions très embrouillées de prestige national, de frontières, de succession, des milliers d'hommes vont tomber, loin de chez eux, sous les coups de l'ennemi. Mais, pour l'instant, la garde impériale n'a pas été engagée dans l'affaire. C'est l'essentiel.

A la fin du mois de novembre 1741, Élisabeth constate, à regret, qu'un complot aussi aventureux que le sien ne peut se passer d'un solide concours financier. Appelé à la rescousse, La Chétardie racle ses fonds de tiroirs, puis réclame à la cour de France une avance supplémentaire de quinze mille ducats. Comme le gouvernement français persiste à faire la sourde oreille, Lestocq secoue La Chétardie pour l'inciter à agir coûte que coûte, sans attendre que Paris ou Versailles l'y ait autorisé. Exhorté, bousculé, chauffé à blanc par Lestocq, l'ambassadeur se rend auprès de la *tsarevna* et, noircissant volontairement le tableau, lui déclare que, selon ses dernières informations, la régente se prépare à la jeter dans un couvent. Lestocq, qui l'accompagne dans sa démarche, confirme sans sourciller que l'enlèvement et l'emprisonnement peuvent avoir lieu du jour au lendemain. Cette éventualité est précisément le cauchemar quotidien d'Élisabeth. Pour achever de la convaincre, Lestocq, qui a un joli coup de crayon, saisit une feuille de papier et y trace deux dessins : l'un représente une souveraine montant sur son trône aux acclamations du peuple et l'autre la même femme prenant le voile et se dirigeant, tête basse, vers un couvent. Plaçant les croquis sous les yeux d'Élisabeth Petrovna, il ordonne, à la fois péremptoire et narquois :

« Choisissez, Madame !

— Fort bien, répond la *tsarevna*; je vous laisse juge du moment[1]!»

Ce qu'elle ne dit pas, mais qui se lit dans ses yeux, c'est l'épouvante qui la possède. Sans prendre garde à sa pâleur et à sa nervosité, Lestocq et La Chétardie dressent déjà la nomenclature détaillée des adversaires à arrêter et à proscrire au lendemain de la victoire : en tête de la liste noire figure évidemment Ostermann. Mais il y a aussi Ernest Münnich, fils du feld-maréchal, le baron Mengden, père de cette Julie si chère au cœur de la

---

1. Cf. Milioukov, Seignobos et Eisenmann : *Histoire de Russie.*

régente, le comte Golovkine, Loewenwolde et quelques comparses. Cependant, on ne statue pas encore sur le sort réservé, au bout du compte, à la régente, à son mari, à son amant et à son bébé. Chaque chose en son temps! Pour aiguillonner la *tsarevna*, trop timide à son gré, Lestocq lui affirme que les soldats de la Garde sont prêts à défendre, à travers elle, «le sang de Pierre le Grand». A ces mots que lui rapporte le médecin conspirateur, elle retrouve subitement toute son assurance et, galvanisée, éblouie, s'écrie : «Je ne trahirai pas ce sang!»

Ce conciliabule déterminant a lieu, en grand secret, le 22 novembre 1741. Le lendemain, mardi 23 novembre, est jour de réception au palais. Dissimulant son anxiété, Élisabeth se présente à la cour dans une robe de cérémonie à faire bisquer toutes ses rivales et avec un sourire à désarmer les esprits les plus malveillants. En saluant la régente, elle appréhende quelque avanie ou quelque allusion à ses amitiés avec des gentilshommes aux opinions peu recommandables, mais Anna Léopoldovna se montre plus affable encore que d'habitude. Sans doute est-elle trop préoccupée de son amour pour le comte de Lynar, actuellement en voyage, de sa tendresse pour Julie Mengden, dont elle prépare le trousseau de femme mariée, et de la santé de son fils qu'elle bichonne «comme une bonne mère allemande», dit-on, pour se laisser impressionner par les bruits qui circulent au sujet d'un prétendu complot. Pourtant, en revoyant sa tante la *tsarevna*, si belle et si sereine, elle se rappelle que, dans sa dernière lettre, Lynar la mettait en garde contre le double jeu de La Chétardie et de Lestocq, lesquels, poussés par la France et peut-être même par la Suède, songeraient à la renverser au profit d'Élisabeth Petrovna. Subitement dégrisée, Anna Léopoldovna décide de crever l'abcès. Après avoir observé sa tante, qui maintenant joue aux cartes avec quelques courtisans, elle s'approche d'elle et, interrompant la partie, lui demande de la suivre dans une pièce voisine. Une fois seule avec elle, elle lui répète fidèlement la dénonciation qui vient de lui parvenir. Comme frappée par la foudre, Élisabeth blêmit, s'affole, proteste de son innocence, jure qu'elle a été mal conseillée, odieusement trompée et se jette en pleurant aux pieds de sa nièce. Celle-ci est bouleversée par l'apparente sincérité de ce repentir et à son tour fond en larmes. Au lieu de s'affronter, les deux femmes s'embrassent en mêlant leurs soupirs et leurs serments de tendresse. A la fin de la soirée, elles se quittent comme deux sœurs qu'un même danger a rapprochées.

Mais, chez leurs partisans, l'incident, à peine connu, prend la signification d'un appel à l'action immédiate. Quelques heures plus tard, soupant dans un restaurant fameux où l'on vend aussi bien des huîtres de Hollande que des perruques de Paris, et qui est en outre le rendez-vous des meilleurs informateurs de la capitale, Lestocq apprend, par quelques mouchards bien introduits, qu'Ostermann a donné l'ordre d'éloigner de Saint-Pétersbourg le régiment Préobrajenski, entièrement acquis à la *tsarevna*. Le prétexte de ce brusque mouvement de troupes serait le développement inattendu de la guerre entre la Suède et la Russie. En réalité, c'est une manière comme une autre de priver Élisabeth Petrovna de ses alliés les plus sûrs dans l'éventualité d'un coup d'État.

Cette fois, les dés sont jetés. Il faut gagner l'adversaire de vitesse. Bravant le protocole, une réunion clandestine est improvisée au palais même, dans les appartements de la *tsarevna*. Les principaux conjurés y assistent, entourant une Élisabeth Petrovna plus morte que vive. A ses côtés, Alexis Razoumovski donne, pour la première fois, son avis sur la question. Résumant l'opinion générale, il déclare, de sa belle voix de choriste d'église : « Si on traînasse, on va au-devant d'un malheur. Mon âme flaire dans ce cas de grands troubles, des destructions, peut-être même la ruine de la patrie ! » La Chétardie et Lestocq l'approuvent à grands cris. Il n'y a plus à reculer. Le dos au mur, Élisabeth Petrovna soupire, à contrecœur : « C'est bien, puisqu'on me pousse à bout… » Et, n'achevant pas sa phrase, elle esquisse le geste de s'en remettre à la fatalité. Sans désemparer, Lestocq et La Chétardie distribuent les rôles ; il faut que Son Altesse en personne se présente aux *gvardeitsy* pour les entraîner dans son sillage. Justement, une députation de grenadiers de la Garde, conduite par le sergent Grunstein, vient d'arriver au palais d'Été et demande une audience à la *tsarevna* : ces hommes

146

confirment qu'ils ont reçu, eux aussi, l'ordre de partir pour la frontière finlandaise. Dans cette extrémité, les insurgés sont condamnés à réussir : chaque minute perdue diminue leurs chances. Placée devant la plus grave décision de sa vie, Élisabeth se retire dans sa chambre.

Avant l'épreuve du saut dans l'inconnu, elle s'agenouille devant les icônes et fait le serment de supprimer la peine de mort dans toute la Russie en cas de succès. Dans la pièce voisine, ses partisans, groupés autour d'Alexis Razoumovski, s'agacent de ces atermoiements. Ne va-t-elle pas, une fois de plus, changer d'avis ? A bout de patience, La Chétardie retourne à l'ambassade. Quand Élisabeth reparaît, droite, livide et altière, Armand Lestocq lui met entre les mains une croix d'argent, prononce encore quelques mots d'encouragement et lui passe au cou le cordon de l'ordre de Sainte-Catherine. Puis il la pousse dehors. Un traîneau attend à la porte. Élisabeth y prend place avec Lestocq ; Alexis Razoumovski et Saltykov s'installent dans un deuxième traîneau, tandis que Vorontzov et les Chouvalov montent à cheval. Derrière eux viennent Grunstein et une dizaine de grenadiers. Tout le groupe s'achemine, dans la nuit, vers la caserne du régiment Préobrajenski. Profitant d'une brève halte devant l'ambassade de France, Élisabeth cherche à joindre son «complice» La Chétardie pour le prévenir de l'imminence du dénouement. Mais un secrétaire affirme que Son Excellence n'est pas là. Devinant qu'il s'agit d'une absence diplomatique, destinée à disculper l'ambassadeur en cas d'échec, la *tsarevna* n'insiste pas et se contente de lui faire dire, par un attaché d'ambassade, qu'elle «court à la gloire sous l'égide de la France». Elle a d'autant plus de mérite à l'affirmer haut et clair que le gouvernement français vient de lui refuser les deux mille roubles qu'elle lui réclamait, en dernier ressort, par l'intermédiaire de La Chétardie.

En arrivant à la caserne, les conjurés se heurtent à une sentinelle qu'ils n'ont pas eu le temps de prévenir et qui, croyant bien faire, bat l'alarme. Prompt comme l'éclair, Lestocq crève le tambour d'un coup de poignard, tandis que les grenadiers de Grunstein se précipitent pour avertir leurs camarades de l'acte patriotique qu'on attend d'eux. Les officiers qui logent en ville, à proximité, sont également alertés. En quelques minutes, plusieurs centaines d'hommes sont réunis, l'arme au pied, dans la cour du quartier. Rassemblant ses esprits, Élisabeth descend de traîneau et s'adresse à eux sur un ton de commandement affectueux. Elle a préparé son discours :

«Me reconnaissez-vous? Savez-vous de qui je suis la fille?

— Oui, *matouchka*, répondent en chœur les soldats figés au garde-à-vous.

— On a l'intention de me mettre dans un monastère. Voulez-vous me suivre pour empêcher cela?

— Nous sommes prêts, *matouchka!* Nous les tuerons tous!

— Si vous parlez de tuer, je me retire! Je ne veux la mort de personne!»

Cette réponse magnanime déconcerte les *gvardeitsy*. Comment peut-on exiger qu'ils se battent en ménageant l'ennemi? La *tsarevna* serait-elle moins sûre de son droit qu'ils ne l'imaginent? Comprenant qu'elle les déçoit par sa tolérance, elle brandit la croix d'argent qu'elle a reçue de Lestocq et s'exclame : «Je jure de mourir pour vous! Jurez d'en faire autant pour moi, mais sans verser de sang inutilement!» Cette promesse-là, les *gvardeitsy* peuvent la donner sans réserve. Ils prêtent serment dans un grondement de tonnerre et s'avancent à tour de rôle pour baiser la croix qu'elle leur tend comme le prêtre à l'église. Assurée que le dernier obstacle vient de tomber sur sa route, Élisabeth embrasse du regard le régiment rangé devant elle, avec ses officiers et ses hommes, respire profondément et déclare d'une voix prophétique : «Allons-y et songeons à rendre notre patrie heureuse!» Puis elle remonte dans son traîneau et les chevaux s'élancent.

Trois cents hommes silencieux suivent la *matouchka* le long de la perspective Nevski encore déserte : direction le palais d'Hiver. Place de l'Amirauté, elle craint que ce grand mouvement de pas sur la chaussée et les hennissements des chevaux n'éveillent l'attention d'une sentinelle ou de quelque citadin qui souffre d'insomnie. Descendant de voiture, elle tente de poursuivre son chemin à pied. Mais ses bottillons enfoncent dans la neige épaisse. Elle vacille. Deux grenadiers se précipitent à son secours, la soulèvent dans leurs bras et la portent jusqu'aux abords du palais. Arrivés au poste, huit hommes de l'escorte, détachés par Lestocq, s'avancent d'un air résolu, donnent le mot de passe, qui leur a été communiqué par un complice, et désarment les quatre factionnaires plantés devant le portail. L'officier qui commande le piquet de garde crie : *Na Karaoul!* («Aux armes!») Un grenadier pointe sa baïonnette sur lui. Au moindre signe de résistance, il lui transpercera la poitrine. Mais Élisabeth écarte l'arme d'un revers de la main. Ce geste de clémence achève de lui gagner la sympathie de tout le détachement chargé de la sécurité du palais.

Entre-temps, une partie des conjurés a atteint les «appartements réservés». Pénétrant dans la chambre de la régente, Élisabeth la surprend au lit. En l'absence de son amant, toujours en voyage, Anna Léopoldovna dort à côté de son mari. Ouvrant des yeux effarés, elle découvre la *tsarevna* qui la dévisage avec une redoutable douceur. Sans forcer le ton, Élisabeth lui dit : «Petite sœur, il est temps de vous lever!» Muette de stupeur, la régente ne bouge pas. Mais Antoine-Ulrich, réveillé à son tour, proteste à grands cris et appelle la Garde. Personne n'accourt dans le palais. Alors qu'il continue de vociférer, Anna Léopoldovna se rend compte la première de sa défaite, l'accepte avec une docilité de somnambule et demande simplement qu'on ne la sépare pas de Julie Mengden.

Pendant que le couple, tout penaud, s'habille sous l'œil soupçonneux des conjurés, Élisabeth se dirige vers la chambre d'enfant, où le bébé tsar repose dans son berceau surchargé de voilages et de dentelles. Au bout d'un moment, troublé par le tumulte qui l'entoure, il ouvre les yeux et pousse des plaintes inarticulées. Penchée sur lui, Élisabeth feint l'attendrissement; mais peut-être est-elle réellement émue? Puis elle prend le nourrisson dans ses bras, l'emporte au corps de garde, où règne une douce chaleur, et dit assez distinctement pour être entendue de tout le monde : «Pauvre cher petit, tu es innocent! Tes parents seuls sont coupables!»

En actrice chevronnée, elle n'a pas besoin des applaudissements de son public pour savoir qu'elle vient encore de marquer un point. Ayant prononcé cette phrase qu'elle juge — à juste titre — historique, elle emporte le marmot dans ses langes, telle une voleuse d'enfant, remonte dans son traîneau et, tenant toujours le petit Ivan VI dans ses bras, affronte la ville aux premières lueurs de l'aube. Il fait très froid. Le ciel est lourd de brume et de neige. Quelques rares «lève-tôt», avertis de l'événement, accourent sur le passage de la *tsarevna* et hurlent des hourras enroués. C'est le cinquième coup d'État accompli en quinze ans dans leur bonne ville, grâce au concours de la Garde. Ils sont tellement habitués à ces soudaines bourrasques de la politique qu'ils ne se demandent même plus qui dirige le pays parmi tous ces hauts personnages dont les noms, honorés un jour, sont honnis le lendemain.

En apprenant, à son réveil, le dernier bouleversement dont le palais impérial a été le théâtre, le général écossais Lascy, depuis longtemps au service de la Russie, ne marque aucune surprise. Comme son interlocuteur, curieux de connaître ses préférences, lui demande avec aplomb : « Pour qui êtes-vous ? » il réplique sans hésiter : « Pour celle qui règne ! » Au matin du 25 novembre 1741, cette réponse philosophique pourrait être celle de tous les Russes, exception faite de ceux qui ont perdu leur situation ou leur fortune dans l'affaire[1].

---

1. Le coup d'État d'Élisabeth et les propos échangés à cette occasion ont été rapportés dans de nombreux documents d'époque, dont les *Archives du prince M. L. Vorontzov,* et recueillis par K. Waliszewski dans *L'Héritage de Pierre le Grand.*

## VII

## LE TRIOMPHE D'ÉLISABETH

Le coup d'État étant devenu une tradition politique en Russie, Élisabeth se sent moralement et historiquement obligée d'obéir aux règles en usage dans ces cas extrêmes : proclamation solennelle des droits au trône, arrestation massive des opposants, pluie de récompenses sur les partisans. C'est à peine si elle a pu dormir deux heures au cours de cette nuit agitée. Mais, dans les moments d'euphorie, l'excitation de la réussite retrempe l'âme mieux que ne le ferait un banal repos. Dès le lever du jour, elle est debout, parée, coiffée, souriante, comme si elle sortait d'un sommeil réparateur. Déjà vingt courtisans se pressent dans son antichambre pour être les premiers à déposer leurs hommages à ses pieds. D'un rapide coup d'œil, elle détecte ceux qui se réjouissent sincèrement de sa victoire et ceux qui s'aplatissent devant elle dans l'espoir d'éviter le châtiment qu'ils méritent. En attendant de faire le tri, elle leur montre à tous un visage aimable et, les écartant d'un geste, paraît sur le balcon. En contre-bas s'alignent les régiments venus lui prêter serment. Les soldats, en tenue de parade, hurlent leur joie sans rompre les rangs. Leurs yeux brillent aussi férocement que leurs baïonnettes. Élisabeth écoute les hourras qui déferlent dans l'air glacé du petit matin comme une formidable déclaration d'amour à la «petite mère». Derrière ce rempart d'uniformes se presse la mêlée grise du peuple de Saint-Pétersbourg, aussi impatient que l'armée de manifester sa surprise et son agrément. Devant cette allégresse unanime, la tentation est forte, pour une femme sensible, de pardonner à ceux qui se sont trompés dans leur engagement. Mais Élisabeth se raidit contre une indulgence qu'elle pourrait regretter par la suite. Elle sait, par atavisme sinon par expérience, que l'autorité exclut la charité. Avec une froide sagesse, elle choisit de savourer son bonheur sans renoncer à sa rancune. Pour parer au plus pressé, elle envoie le prince Nikita Troubetzkoï porter aux différentes ambassades la nouvelle de l'accession au trône de Sa Majesté Élisabeth I$^{re}$. Mais presque tous les ministres étrangers ont déjà été avertis de l'événement. Le plus ému des diplomates est assurément Son Excellence Jacques-Joachim Trotti de La Chétardie, qui a fait de ce combat son affaire personnelle. Ce triomphe est un peu son triomphe et il espère en être remercié, tant par la principale bénéficiaire que par le gouvernement français.

Quand il se rend en calèche au palais d'Hiver

Pierre le Grand par G. Kneller. Londres, Kensington Palace.
Photo A.C.Cooper (copyright réservé).

Saint-Pétersbourg au temps de Pierre le Grand.
Les bords de la Neva, l'Amirauté et l'Académie des sciences.
Bibliothèque nationale, estampes. Photo B.N.

Vue du pont d'Isaac, du palais d'Hiver, de l'Ermitage, etc., à Saint-Pétersbourg.
Photo Giraudon.

Le palais d'Hiver à Saint-Pétersbourg en 1843.
Ecole russe, Sodovnikov.

Le Grand Palais et le parc de Tsarskoïe Selo.
Gravure de Damane-Demartrais.

Catherine I^re (1682-1727), épouse de Pierre I^er le Grand.
Impératrice de Russie (1725-1727).

L'impératrice Anna Ivanovna le jour de son couronnement (1730).
D'après une gravure imprimée à Moscou.

Elisabeth Petrovna.
Impératrice de Russie
(1741-1762). C'est la fille
de Pierre Ier le Grand.
« Portrait. »
Gravure sur cuivre, 1761,
de Georg Friedrich Schmidt
(1696-1772), d'après une
peinture de 1758 de Louis Toque
(1696-1772).

Elisabeth Ire (1709-1762) le jour de son anniversaire et de son couronnement.
Des soldats lui jurent fidélité. Ecole russe (1883).
Saint-Pétersbourg, musée de l'Ermitage. Photo Josse.

Elisabeth Petrovna. Impératrice de Russie (1741-1761).
« Portrait à cheval de la tsarine Elisabeth Petrovna, au Maure. »
Peinture de 1743, de Georg Christoph Grooth (1716-1749). Détail.
Peinture sur toile, 85 x 68,3 cm
Moscou, galerie Tretjakow.

Catherine II la
Grande (1729-1796)
dans sa robe
du couronnement.
De Stefano Torelli (1712-
1784), école italienne.
Saint-Pétersbourg, musée
de l'Ermitage.
Photo Josse.

Ci-dessous :
Catherine II la
Grande. Impératrice
de Russie (1762-1796).
« Le couronnement
de Catherine II. »
Peinture de 1777
de Stefano Torelli.
Huile sur toile. Moscou.
AKG Photo.

pour saluer la nouvelle tsarine, les grenadiers qui ont participé à l'héroïque désordre de la veille et qui baguenaudent encore dans les rues le reconnaissent au passage, lui font escorte et l'acclament en l'appelant *batiouchka Frantsouz* («notre petit père français») et «le protecteur de la fille de Pierre le Grand». La Chétardie en a les larmes aux yeux. Il estime que les Russes ont plus de cœur que les Français et, pour n'être pas en reste de familiarité, invite tous ces braves militaires à venir boire à la santé de la France et de la Russie dans les locaux de l'ambassade. Cependant, quand il fera part de cette anecdote à son ministre, Amelot de Chailloux, celui-ci lui reprochera une candeur excessive : «Les compliments que les grenadiers sont venus vous faire, et que malheureusement vous n'avez pas pu éviter, mettent à découvert la part que vous avez eue à la révolution[1]», lui écrit-il le 15 janvier 1741. Dans l'intervalle, Élisabeth a ordonné un Te Deum, suivi d'un service religieux spécial pour officialiser la prestation de serment de la troupe. Elle a pris soin également de publier un manifeste justifiant son avènement «en vertu de notre droit légitime et à cause de notre proximité de sang avec notre cher père et notre chère mère, l'empereur Pierre le Grand et l'impératrice Catherine Alexeïevna, et aussi à la prière unanime et bien humble de ceux qui nous étaient fidèles[2]».

---

1. Cité par Daria Olivier, *op. cit.*
2. *Ibid.*

Comme contrepartie à cette exaltation, les représailles s'annoncent sévères. Les seconds rôles du complot rejoignent les principaux «fauteurs» (Münnich, Loewenwolde, Ostermann et Golovkine) dans les casemates de la forteresse Saint-Pierre-et-Saint-Paul. Le prince Nikita Troubetzkoï, chargé de juger les coupables, ne s'embarrasse pas de vaines procédures. Des magistrats improvisés l'assistent dans ses conclusions, qui sont toujours sans appel. Un public nombreux, friand d'applaudir au malheur des autres, suit les séances heure par heure. Au nombre des inculpés figurent beaucoup d'étrangers, ce qui réjouit les «bons Russes». Certains de ces revanchards se plaisent à souligner, en riant, qu'il s'agit là du procès de l'Allemagne instruit par la Russie. On raconte qu'Élisabeth, cachée derrière une tenture, ne perd pas un mot des débats. En tout cas, les verdicts sont inspirés et même dictés par elle. La plupart du temps, le châtiment, c'est la mort. Bien entendu, ayant fait serment, la veille du coup d'État, de supprimer la peine capitale en Russie, Sa Majesté s'accorde l'innocent plaisir de gracier les condamnés à la dernière minute. Ce sadisme teinté de mansuétude correspond, pense-t-elle, à un instinct ancestral, puisque avant elle Pierre le Grand n'a jamais hésité à mélanger cruauté et lucidité, amusement et horreur. Cependant, chaque fois que le tribunal présidé par Nikita Troubetzkoï décrète la mort, il faut préciser le mode d'exécution. Les assesseurs de Troubetzkoï se contenteraient souvent d'une décapitation à la hache. Mais, en ce qui concerne le sort d'Ostermann, des voix s'élèvent çà et là dans la salle pour critiquer une telle humanité dans l'application de la punition suprême. A la demande de Vassili Dolgorouki, à peine rappelé d'exil et qui écume d'un désir de vengeance, Ostermann est condamné à être roué avant la décollation ; pour Münnich, on préfère que ce soit l'écartèlement qui précède le coup de grâce. Seuls les criminels de la dernière catégorie auront la chance de n'être pas suppliciés et d'être offerts intacts au bourreau qui leur tranchera le cou. Pour ménager la surprise finale, au jour et à l'heure prévus pour l'exécution, les coupables, traînés sur l'échafaud, face à une multitude avide de voir couler le sang des « traîtres », apprendront par un messager du palais que, dans son infinie bonté, Sa Majesté a daigné commuer leur peine en exil à perpétuité. D'abord déçue d'être privée d'un spectacle réjouissant, la foule veut, chaque fois, écharper les bénéficiaires de la faveur impériale, puis, comme frappée d'une illumination, elle bénit la *matouchka*, qui s'est révélée meilleure chrétienne qu'eux en épargnant la vie des « infâmes ». Impressionnés par tant de clémence, certains vont même répétant que cette mesure exceptionnelle procède de la nature profondément féminine de Sa Majesté et qu'un tsar, à sa place, se serait montré plus rigoureux dans la manifestation de son courroux. Ceux-là prient même pour qu'à l'avenir la Russie soit toujours dirigée par une femme. A leur avis, le peuple, dans son malheur, a plus besoin d'une mère que d'un père. Alors que tout le monde, derrière les grands criminels politiques enfin empêchés de nuire, encense la tsarine au cœur d'or, Münnich ira s'enterrer à Pélym, bourgade de Sibérie à trois mille verstes de Saint-Pétersbourg, Loewenwolde échouera à Solikamsk, Ostermann à Berezov, dans la région de Tobolsk, et Golovkine — son lieu de relégation ayant été mal indiqué sur la feuille de route — sera abandonné dans un quelconque village sibérien rencontré par hasard. Les membres de la famille Brunswick, avec à leur tête l'ex-régente Anna Léopoldovna, seront, eux, mieux traités en raison de leur haute naissance et consignés à Riga, avant d'être expédiés à Kholmogory, dans l'extrême Nord.

Cependant, ayant éliminé les adversaires de sa cause, Élisabeth se préoccupe à présent de remplacer aux postes clefs les hommes d'expérience qu'elle a sacrifiés pour déblayer le terrain. Ce sont Lestocq et Vorontzov qui se chargent du recrutement. Pour succéder à Ostermann, ils font appel à Alexis Petrovitch Bestoujev, tandis que le frère de celui-ci, Michel, prend la relève de Loewenwolde dans les fonctions de grand veneur. Parmi les militaires, les promotions les plus brillantes récompensent les Dolgorouki, revenus d'exil. Même les subalternes consciencieux ne sont pas oubliés lors de la réparation des injustices du règne précédent. Les nouveaux profiteurs de la manne impériale se partagent les dépouilles des vaincus. Commentant cette valse de bénéficiaires, Mardefeld écrira à Frédéric II : « Les nippes, les habits, les bas et le beau linge du comte Loewenwolde ont été distribués parmi les chambellans de l'impératrice qui étaient nus comme la main. Des quatre gentilshommes de la Chambre nommés en dernier lieu, il y en a deux qui ont été laquais et un troisième a servi comme palefrenier [1]. »

Quant aux principaux instigateurs du complot, ils sont, grâce à Élisabeth, comblés au-delà de leurs espérances. Lestocq se retrouve comte, conseiller privé de Sa Majesté, premier médecin de la cour, directeur du « collège de la médecine » et titulaire d'une pension à vie de sept mille roubles par an. Michel Vorontzov, Alexandre Chouvalov et Alexis Razoumovski se réveillent, un beau matin, grands camériers et chevaliers de l'ordre de Saint-André. En même temps, toute la compagnie des grenadiers du régiment Préobrajenski, qui a concouru au succès de la tsarine le 25 novembre 1741, est convertie en une compagnie de gardes du corps personnels de Sa Majesté, sous le nom germanique de *Leib-Kompania*. Chaque sous-officier, chaque officier de cette unité d'élite monte d'un échelon dans la hiérarchie. Leurs uniformes portent un écusson frappé de la devise : *Fidélité et zèle*. Certains se voient même offrir un titre de noblesse héréditaire, assorti d'une terre et d'un cadeau de deux mille roubles. Pour ce qui est d'Alexis Razoumovski et de Michel Vorontzov, bien que n'ayant aucune

---

1. Lettre du 27 février 1742 ; cf. Brian-Chaninov, *op. cit.*

connaissance militaire, ils sont bombardés lieutenants-généraux, avec distribution concomitante d'argent et de domaines.

En dépit de ces largesses réitérées, les artisans du coup d'État en demandent toujours davantage. La prodigalité que la tsarine manifeste envers eux, loin de les assouvir, leur tourne la tête. Ils se croient «tout permis» parce qu'ils lui ont «tout donné». Leur adoration pour la *matouchka* tourne à la familiarité, voire à l'outrecuidance. Dans l'entourage d'Élisabeth, on appelle les hommes de la *Leib-Kompania* les «grenadiers créateurs», car ils ont «créé» la nouvelle souveraine, ou les «enfants majeurs de Sa Majesté», car elle les traite avec une indulgence quasi maternelle. Agacé par l'insolence de ces parvenus de bas étage, Mardefeld s'en plaint dans une dépêche au roi Frédéric II de Prusse : «Ils [les grenadiers de l'impératrice] refusent de bouger de la cour, ils y sont bien logés [...], se promènent dans les galeries où Sa Majesté tient sa cour, s'y confondent avec des personnes de la première qualité [...], pontent à la même table où se trouve l'impératrice, et sa complaisance pour eux va si loin qu'elle avait déjà signé un ordre pour faire mettre la figure d'un grenadier sur le revers des roubles [1]. » Quant à l'ambassadeur d'Angleterre Edward Finch, dans un rapport de la même année et du même mois à son

---

1. Lettres de Mardefeld des 12 et 19 décembre 1741 citées par Simievski : «Élisabeth Petrovna», dans *Parole russe*, 1859, et reprises par K. Waliszewski dans *La Dernière des Romanov, Élisabeth I^{re}*

gouvernement, il raconte que les gardes du corps affectés au palais ayant un beau jour déserté leurs postes afin de protester contre la sanction disciplinaire infligée à l'un d'eux par leur supérieur, le prince de Hesse-Hombourg, Sa Majesté s'est indignée qu'on ait osé punir ses « enfants » sans lui en demander l'autorisation et a accueilli à bras ouverts les victimes d'une telle iniquité.

Dans le choix de ses proches collaborateurs, elle s'efforce toujours de donner la préférence aux Russes, mais, bien qu'elle s'en défende, elle est très souvent obligée d'avoir recours à des étrangers pour des fonctions exigeant un minimum de compétences. C'est ainsi qu'on voit reparaître successivement à Saint-Pétersbourg, pour garnir les ministères et les chancelleries en manque de personnel qualifié, d'anciennes victimes de Münnich. Les Devier et les Brevern, remis en selle, accueillent d'autres Allemands, tels Siewers et Flück... Pour se justifier de ces entorses inévitables au nationalisme slave, Élisabeth invoque l'exemple de son modèle, Pierre le Grand, qui, suivant sa propre expression, a voulu « ouvrir une fenêtre sur l'Europe ». Or, au cœur de cette Europe idéale, il y a la France, certes, avec ses qualités de légèreté, de culture et d'ironie philosophique, mais il y a également l'Allemagne, si réfléchie, si disciplinée, si industrieuse, si riche en professionnels de la guerre et du commerce, si abondamment pourvue en princes et en princesses à marier ! Doit-elle renoncer à puiser, selon ses besoins, dans l'un ou l'autre de ces deux viviers ?

Est-il bon que, sous prétexte de tout russifier autour d'elle dans le pays, elle s'interdise d'utiliser des hommes d'expérience venus d'ailleurs? Son rêve serait de réconcilier les habitudes du terroir et les enseignements de l'étranger, d'enrichir le culte des russophiles, si amoureux de leur passé, par quelques emprunts faits à l'Occident, de créer une Russie allemande ou française sans trahir les traditions de la patrie.

Alors même qu'elle hésite à déterminer sa conduite entre les avances pressantes du marquis de La Chétardie, qui plaide pour la France, celles de Mardefeld, qui défend les intérêts de l'Allemagne, et celles de Bestoujev, qui veut être russe avant tout, il lui faut à chaque instant prendre des décisions de politique intérieure, dont, lui semble-t-il, l'urgence est aussi évidente. C'est ainsi que, chemin faisant, elle réorganise l'antique Sénat, lequel détiendra désormais les pouvoirs législatif et judiciaire, qu'elle remplace le Cabinet inopérant par la Chancellerie privée de Sa Majesté, qu'elle renforce les amendes de toutes sortes, qu'elle relève les taxes de l'octroi et qu'elle ordonne de faire appel à des «colons» étrangers pour mettre en valeur les régions désertiques du sud de la Russie. Mais ces mesures d'ordre strictement administratif ne la guérissent pas de l'inquiétude profonde qui hante ses nuits. Comment assurer l'avenir de la dynastie? Que deviendra le pays si, pour une raison ou pour une autre, elle doit «passer la main»? N'ayant pas d'enfant, elle craint toujours qu'après sa disparition, ou même à la suite d'un complot, ce ne soit l'ex-tsar enfant, Ivan VI, aujourd'hui détrôné, qui lui succède. Certes, pour le moment, le bébé et ses parents sont relégués à Riga. Mais ils sont capables de revenir à la faveur d'un de ces remue-ménage politiques dont la Russie est coutumière. Pour se garantir contre une telle éventualité, Élisabeth n'imagine qu'une seule parade : il lui faut désigner et faire accepter dès maintenant un héritier indiscutable. Or, le choix est si restreint qu'il n'y a pas à hésiter : le bénéficiaire de cette charge suprême ne peut être, pense-t-elle, que le fils de feu sa sœur Anna Petrovna, le jeune prince Charles-Pierre-Ulrich de Holstein-Gottorp. Le père du garçon, Charles-Frédéric de Holstein-Gottorp, étant mort lui-même en 1739, l'orphelin, qui va sur ses quatorze ans, a été placé sous la tutelle de son oncle, Adolphe-Frédéric de Holstein, évêque de Lübeck. Après s'être attendrie sur le sort de l'enfant, Élisabeth ne s'est jamais vraiment occupée de lui. Elle se sent tout à coup obligée de sacrifier à l'esprit de famille et de rattraper le temps perdu. Du côté de l'oncle évêque, il n'y aura aucune difficulté. Mais que diront les Russes ? Bah ! ce ne sera pas la première fois qu'un souverain aux trois quarts étranger sera offert à leur vénération ! Dès qu'Élisabeth a formé ce projet, qui engage tout le pays derrière elle, des tractations secrètes commencent entre la Russie et l'Allemagne.

En dépit des précautions habituelles, les échos des pourparlers parviennent vite aux différentes chancelleries européennes. Aussitôt, La Chétardie s'affole et se creuse la tête pour trouver une riposte à ce début d'invasion germanique. Devinant l'hostilité d'une partie de l'opinion publique, Élisabeth se hâte de brûler les ponts derrière elle. Sans en avertir Bestoujev ni le Sénat, elle expédie le baron Nicolas Korf à Kiel afin de ramener l'«héritier de la couronne». Elle n'a même pas pris la peine de se faire communiquer au préalable le portrait de l'adolescent. Étant le fils de sa sœur bien-aimée, il ne peut qu'être doté des plus belles qualités d'âme et de physionomie. Elle attend la rencontre avec l'émotion d'une femme enceinte impatiente de découvrir les traits du fils que le Ciel lui donnera au terme d'une longue gestation.

Le voyage du baron Nicolas Korf s'effectue avec une telle discrétion que l'arrivée de Pierre-Ulrich à Saint-Pétersbourg, le 5 février 1742, passe presque inaperçue des habitués de la cour. En voyant son neveu pour la première fois, Élisabeth, qui se préparait à un coup de foudre maternel, est glacée de consternation. A la place du charmant Éliacin qu'elle espérait se dresse un grand dadais efflanqué, souffreteux, à l'œil torve, qui ne parle que l'allemand, ne sait pas assembler deux idées, ricane de temps à autre sournoisement et promène autour de lui un regard de renardeau traqué. Est-ce là le cadeau qu'elle réserve à la Russie ? Refoulant sa déception, elle fait bonne figure au nouveau venu, le revêt des insignes de l'ordre de Saint-André, nomme les professeurs chargés de lui apprendre le russe et demande au père Simon Todorski de lui enseigner les vérités de la religion orthodoxe, qui sera désormais la sienne.

Déjà les francophiles de Russie redoutent que l'introduction du prince héritier au palais ne favorise l'Allemagne dans la course d'influence qui l'oppose à la France. Allant plus loin dans la xénophobie, les russophiles, eux, regrettent que la tsarine ait conservé dans son armée quelques chefs prestigieux d'origine étrangère, tels le prince de Hesse-Hombourg, les généraux anglais Peter de Lascy et Jacques Keith. Pourtant, parmi ces émigrés de haut vol, ceux qui ont donné dans le passé des preuves de loyalisme devraient être au-dessus de tout soupçon. On peut espérer que tôt ou tard, en Russie comme ailleurs, le bon sens triomphera des suppôts de l'extrémisme. Hélas! cette perspective ne suffit pas à apaiser les esprits pointilleux et pusillanimes. Pour rassurer son ministre, Amelot de Chailloux, qui persiste à croire que la Russie est en train de lui «échapper», La Chétardie affirme qu'en dépit des apparences «la France est ici en bénédiction[1]». Mais Amelot n'a pas les mêmes raisons que lui de succomber au charme d'Élisabeth. Il considère que la Russie n'est plus une puissance avec laquelle on peut traiter d'égal à égal et qu'il serait dangereux de tabler sur les promesses d'un pouvoir aussi flottant que celui de l'impératrice. Lié par ses récents engagements avec la Suède, il ne veut pas choisir

---

1. Lettre du 16 décembre 1741; cf. Daria Olivier, *op. cit.*

entre ces deux pays et préfère rester à l'écart de leur différend, sans compromettre son avenir ni avec Saint-Pétersbourg, ni avec Stockholm. En priant que la situation se dénoue d'elle-même, la France souffle tour à tour le chaud et le froid sur ses relations avec la Russie, envisage d'aider la Suède en armant la Turquie et en soutenant les Tatars contre l'Ukraine, tandis que Louis XV assure Élisabeth, par l'intermédiaire de son ambassadeur, qu'il nourrit envers «la fille de Pierre le Grand» des sentiments de fraternelle compréhension. Malgré toutes les déceptions qui ont jalonné dans le passé ses rapports avec Paris et Versailles, la tsarine cède, cette fois encore, à la séduction de cette étrange nation, dont la langue et l'esprit n'ont pas de frontières. Incapable d'oublier qu'elle a failli être la fiancée de celui avec lequel elle voudrait aujourd'hui signer un traité d'alliance en bonne et due forme, elle refuse de croire à un double jeu de la part de cet éternel partenaire si prompt à sourire et si habile à se dérober. Cette confiance en la promesse des Français ne l'empêche d'ailleurs pas de proclamer qu'aucune menace, d'où qu'elle vienne, ne saurait la contraindre à céder un pouce de la terre russe, car, dit-elle, les conquêtes de son père lui sont «plus précieuses que sa propre vie». Elle a hâte d'en convaincre les États voisins après en avoir convaincu ses compatriotes. Il lui semble que son couronnement à Moscou fera plus pour sa renommée internationale que tous les bavardages entre diplomates. Au lendemain des solennités religieuses du Kremlin, nul n'osera plus contester sa légitimité ni braver son pouvoir. Pour donner plus de poids encore à la cérémonie, elle décide d'y amener son neveu afin qu'il assiste, en qualité d'héritier reconnu, au sacre de sa tante Élisabeth I$^{re}$. On vient de fêter les quatorze ans de Pierre-Ulrich. Il est donc en âge de comprendre l'importance de l'événement qui se prépare dans la fièvre.

Plus d'un mois avant le début des festivités moscovites, tout le Saint-Pétersbourg des palais et des ambassades se vide, comme il est d'usage en pareil cas, pour émigrer dans l'ancienne capitale des tsars. Une armée de voitures disparates prend la route, déjà menacée par le dégel. On parle de vingt mille chevaux et de trente mille passagers au bas mot, accompagnés d'un train de chariots d'intendance qui transportent de la vaisselle, de la literie, des meubles, des miroirs, de la nourriture et des garde-robes, tant masculines que féminines, assez fournies pour affronter des semaines de réceptions et de galas. Le 11 mars, Élisabeth quitte sa résidence de Tsarskoïe Selo où elle a voulu se reposer quelques jours avant d'aborder les grandes fatigues du triomphe. Un carrosse spécial a été aménagé pour qu'elle jouisse de toutes les commodités imaginables durant le voyage, dont on prévoit qu'il durera près d'un mois, compte tenu des arrêts aux étapes. Le véhicule, tapissé de vert, est éclairé par de larges baies vitrées sur les côtés. Il est tellement spacieux qu'on a pu y loger une table de jeu entourée de sièges, un sofa et un poêle de chauffe. Cette maison roulante est tirée par un attelage de douze chevaux; douze autres chevaux trottent derrière la voiture pour faciliter l'échange aux relais. La nuit, la route est illuminée par les flammes de centaines de tonneaux de résine disposés de loin en loin sur le parcours. A l'entrée du moindre village se dresse un portique décoré de verdure. Quand arrive le carrosse impérial, les habitants, qui ont été rangés, en costumes de fête, les hommes d'un côté, les femmes de l'autre, se prosternent face contre terre, bénissent l'apparition de Sa Majesté par des signes de croix et l'acclament en lui souhaitant longue vie. Dès qu'on approche d'un monastère, les cloches sonnent à la volée, les religieux et les moniales sortent de leurs sanctuaires et présentent leurs icônes les plus vénérables à la fille de Pierre le Grand.

La répétition de ces hommages populaires ne lasse pas Élisabeth, qui n'y voit déjà plus qu'une agréable routine. Néanmoins, elle éprouve le besoin de s'accorder une halte de quelques jours à Vsesviatskoïe avant de poursuivre son chemin. C'est à l'aube du 17 avril 1741 qu'elle fait son entrée à Moscou, tandis que tous les carillons de la ville se déchaînent au-dessus du cortège. Le 23 avril, des hérauts d'armes proclament aux carrefours la nouvelle du prochain couronnement. Deux jours plus tard, à l'appel d'une salve d'artillerie, la procession se reforme selon les indications de l'organisateur des fêtes. Suprême coquetterie envers cette France à laquelle rien pourtant ne la lie durablement, Élisabeth a voulu que le soin de donner de l'éclat et de l'élégance à son intronisation fût confié à un Français du nom de Rochambeau. Pour se rendre du fameux «escalier rouge» qui orne la façade de son palais du Kremlin à la cathédrale de l'Assomption, de l'autre côté de la place, elle s'avance, hiératique, sous un dais. Vingt pages en livrée blanche soutachée d'or portent sa traîne. Toutes les régions de l'empire ont délégué leurs représentants à Moscou. Ils forment une escorte silencieuse et bariolée qui règle son pas sur celui des prêtres marchant en tête. Le révérend père Ambroise, assisté de Stéphane, évêque de Pskov, multiplie les signes de croix en accueillant la procession dans la nef immense. Aspergée d'eau bénite, enveloppée de fumées d'encens, Élisabeth accepte, avec un mélange de dignité et d'humilité, les signes sacramentels de l'apothéose. La liturgie se déroule selon un rite immuable : celui-là même qui a honoré jadis Pierre le Grand, Catherine I$^{re}$ et, il y a de cela onze ans à peine, la pitoyable Anna Ivanovna, coupable d'avoir tenté d'écarter du trône la seule femme qui ait le droit de s'y asseoir aujourd'hui.

Aux fastes religieux du couronnement succèdent les réjouissances traditionnelles. Pendant huit jours, ce ne sont qu'illuminations, ripailles et distributions de vin à la foule, tandis que les invités de marque s'essoufflent à courir de bal en spectacle et de banquet en mascarade. Grisée par cette atmosphère de franche cordialité autour de sa personne, Élisabeth distribue encore quelques satisfecit à ceux qui l'ont si bien servie. Alors qu'Alexandre Boutourline est nommé général et gouverneur de la Petite-Russie, des titres de comtes et de chambellans coiffent superbement d'obscurs parents appartenant à la branche maternelle de la famille de l'impératrice. Les Skavronski, les Hendrikov, les Efimovski passent du statut de paysans enrichis à celui de nobliaux fraîchement reconnus. On dirait qu'Élisabeth cherche une excuse à son plaisir en s'efforçant que chacun dans son coin soit aussi heureux qu'elle en ce grand jour. Or, à Moscou, les festivités, avec leurs illuminations, augmentent les risques d'incendie. Voici qu'un beau soir le palais Golovine, où Sa Majesté a élu provisoirement domicile, est la proie des flammes. Par chance, seuls les murs et les meubles ont brûlé. Il ne faut pas que ce contretemps absurde ralentisse le programme des divertissements. Les ouvriers russes travaillent vite quand la cause est bonne, décide Élisabeth. Déjà on relève les ruines de l'édifice à demi calciné. Pendant qu'on le rebâtit et qu'on l'aménage en hâte, elle se transporte dans une autre maison qu'elle a gardée à Moscou, au bord de l'Iaouza, puis dans celle qu'elle possède dans le village de Pokrovskoïe, à cinq verstes de là, et qui a appartenu jadis à un oncle de Pierre le Grand. Elle y réunit chaque jour, pour danser, banqueter et rire, plus de neuf cents personnes.

Les théâtres, eux non plus, ne désemplissent pas. Tandis que la cour applaudit un opéra : *La Clémence de Titus*, du compositeur allemand Johann-Adolf Hasse, et un ballet allégorique illustrant le retour de l'«Âge d'or» en Russie, La Chétardie apprend avec terreur qu'une des lettres adressées par Amelot de Chailloux à l'ambassadeur français en Turquie a été interceptée par les services secrets autrichiens et qu'on y a relevé des critiques injurieuses contre la tsarine, ainsi qu'une prophétie annonçant l'effondrement de l'empire de Russie, «qui ne peut manquer de tomber dans son premier néant». Accablé par cette gaffe diplomatique, La Chétardie espère, par d'habiles explications, en atténuer l'effet sur l'humeur très susceptible de l'impératrice. Mais elle a été profondément blessée par la maladresse du ministre. Malgré l'intervention de Lestocq, qui s'évertue à défendre la France en arguant du dévouement de La Chétardie et d'Amelot à l'idée d'une entente franco-russe, elle refuse de se livrer au pari aventureux qu'on lui propose et décide de retirer sa confiance tout ensemble à l'ambassadeur et au pays qu'il représente. Quand La Chétardie arrive chez elle pour plaider son innocence dans un malentendu qu'il «déplore et réprouve» autant qu'elle, Élisabeth le fait attendre deux heures dans son antichambre, parmi ses demoiselles d'honneur, et lui annonce, en sortant de ses appartements, qu'elle ne peut le recevoir ni aujourd'hui, ni les jours suivants, et qu'il devra dorénavant s'adresser à son ministre, autrement dit à Alexis Bestoujev, car, pour traiter avec quelque pays que ce soit, «la Russie n'a besoin, Monsieur, d'aucun intermédiaire!»

Sermonné d'importance, La Chétardie s'accroche néanmoins à un espoir de réconciliation, proteste, écrit à son gouvernement, supplie Lestocq d'intervenir encore auprès de Sa Majesté Élisabeth Iʳᵉ. N'a-t-elle pas toute confiance en son médecin, que ce soit pour la soigner ou pour la conseiller ? Mais, si les drogues de Lestocq se sont révélées parfois efficaces contre les légers maux dont elle souffre, ses exhortations politiques tombent à plat. Devenue sourde et aveugle, Élisabeth s'est claquemurée dans la rancune. Tout ce que La Chétardie peut obtenir d'elle, à force de démarches et de placets, c'est l'octroi d'une audience privée. Il s'y rend avec le souhait de tout racheter en quelques mots et en quelques sourires. Mais il se heurte à une statue de glacial dédain. Élisabeth lui confirme son intention de relâcher ses liens avec Versailles, tout en conservant de l'estime et de l'amitié pour un pays qui n'a pas su profiter de ses bonnes dispositions envers la culture française. La Chétardie se retire, les mains vides et le cœur lourd.

Ce qui aggrave la situation personnelle de l'ambassadeur, c'est, au même moment, la brusque volte-face de Frédéric II, qui, se détournant de la France, s'est rapproché de l'Autriche. Dans cette nouvelle conjoncture, La Chétardie ne doit plus compter sur l'ambassadeur de Prusse Mardefeld pour appuyer sa tentative de conclure un pacte franco-russe. En désespoir de cause, il lui vient l'idée de faire attribuer le trône de Courlande, libéré l'année précédente par la disgrâce et l'exil de

Bühren, à un proche de la France, en l'espèce à Maurice de Saxe. On pourrait en profiter — un miracle est toujours possible sur les bords de la Néva, patrie des fous et des poètes! — pour suggérer à ce dernier de demander la main d'Élisabeth. Si, par l'entremise d'un ambassadeur français, l'impératrice de Russie épousait le plus brillant des chefs militaires au service de la France, les petites avanies de la veille seraient vite effacées. L'alliance politique entre les deux États se doublerait d'une alliance sentimentale qui rendrait cette union inattaquable. De telles noces représenteraient un triomphe sans précédent pour la carrière du diplomate et pour la paix dans le monde.

Résolu à tout miser sur cette dernière carte, La Chétardie relance Maurice de Saxe, qui est entré en vainqueur à Prague, quelques mois auparavant, à la tête d'une armée française. Sans lui dévoiler exactement ses plans, il le presse de venir d'urgence en Russie où, affirme-t-il, la tsarine serait très heureuse de l'accueillir. Alléché par cette invitation prestigieuse, Maurice de Saxe ne dit pas non. Peu après, il arrive à Moscou, tout fumant de ses succès militaires. Élisabeth, qui a depuis longtemps deviné le sens d'une visite aussi inattendue, s'amuse de ce rendez-vous mi-galant, mi-politique, imaginé par l'incorrigible ambassadeur de France. Maurice de Saxe étant bel homme et beau parleur, elle est charmée par le prétendant tardif que La Chétardie a tiré brusquement de sa manche. Elle danse avec lui, bavarde des heures tête à tête avec lui, chevauche à ses côtés, en habits masculins, dans les rues de la ville, admire en sa compagnie des feux d'artifice «commémoratifs», soupire de langueur en regardant le clair de lune par les fenêtres du palais, mais ni elle ni lui ne s'avisent d'exprimer le moindre sentiment qui les engagerait pour l'avenir. Comme s'ils bénéficiaient d'une sorte de récréation dans le courant de leur vie quotidienne, ils se prêtent au jeu agréable de la coquetterie, tout en sachant l'un et l'autre que cet échange de sourires, de regards et de compliments ne mènera à rien. La Chétardie a beau souffler sur les braises, le feu ne prend pas. Au bout de quelques semaines d'escrime amoureuse, Maurice de Saxe quitte Moscou pour rejoindre son armée, laquelle, exténuée, désorganisée, est, dit-on, sur le point d'évacuer Prague.

En route pour son destin de grand soldat vassal de la France, il écrit à Élisabeth des lettres d'amour vantant sa beauté, sa majesté, sa grâce, évoquant une soirée «particulièrement réussie», certaine «robe de moire blanche», certain souper où ce n'était pas le vin qui procurait l'ivresse, la chevauchée nocturne autour du Kremlin... Elle lit, s'attendrit et regrette un peu de se retrouver seule après l'exaltation de ces accordailles en trompe l'œil. A Bestoujev, qui lui conseille de signer un traité d'alliance avec l'Angleterre, pays qui, au regard de l'impératrice, a le tort d'être trop souvent hostile à la politique de Versailles, elle répond qu'elle ne sera jamais l'ennemie de la France, «car

174

je lui dois trop!» A qui pense-t-elle en prononçant cette phrase révélatrice de ses sentiments intimes? A Louis XV qu'elle n'a jamais vu, dont elle n'a été la fiancée que par accident et qui a si souvent trahi sa confiance? A l'intrigant La Chétardie qui est sur le point, lui aussi, de la quitter? A son obscure gouvernante, Mme Latour, ou à l'épisodique précepteur, M. Rambour, qui dans sa jeunesse, à Ismaïlovo, l'ont initiée aux subtilités de la langue française? A Maurice de Saxe, qui trousse de si jolies lettres d'amour mais dont le cœur reste froid?

Alors que La Chétardie, rappelé par son gouvernement, s'apprête pour une audience de congé au palais, Élisabeth le convoque et lui propose tout de go de l'accompagner dans le pèlerinage qu'elle désire faire au monastère de la Trinité-Saint-Serge, non loin de Moscou. Flatté de ce retour en grâce, l'ambassadeur se rend avec elle dans ce haut lieu de la foi orthodoxe. Logé très confortablement avec la suite de la tsarine, il ne la quitte pas d'une semelle pendant huit jours. Au vrai, Élisabeth est ravie de ce discret «compagnonnage». Elle traîne La Chétardie avec elle aussi bien dans les églises que dans les salons. Déjà on murmure, parmi les courtisans, que «le Gaulois» est sur le point de prendre la succession de Maurice de Saxe dans les faveurs de Sa Majesté.

Mais, dès le retour de la petite troupe impériale à Saint-Pétersbourg, La Chétardie doit convenir qu'une fois de plus il s'est réjoui trop tôt. Rassemblant ses esprits après un bref égarement très féminin, Élisabeth retrouve avec La Chétardie le ton réservé, et même distant, de leurs précédentes conversations. Coup sur coup, elle lui fixe des rendez-vous auxquels elle néglige de se rendre et, un jour qu'il se plaint devant elle de Bestoujev, dont l'ostracisme à l'égard de la France confine, selon lui, à l'idée fixe, elle le remet à sa place en quelques mots cinglants : «Nous ne condamnons pas les gens avant d'avoir prouvé leurs crimes[1] !» Toutefois, la veille du départ de La Chétardie, elle lui fait apporter une tabatière constellée de diamants, avec au centre son portrait en miniature.

Au lendemain de cette nécessaire séparation d'avec un personnage qui l'a tour à tour charmée et irritée, Élisabeth ressent autant de tristesse que si elle avait perdu un ami. Alors que La Chétardie fait halte à un relais, sur le chemin du retour à Paris, il est rejoint par un émissaire d'Élisabeth. L'homme lui remet un billet cacheté, portant ces seuls mots : «Jamais on n'arrachera la France de mon cœur[2].» N'est-ce pas le cri d'une maîtresse délaissée ? Mais par qui ? Par un ambassadeur ? Par un roi ? Par la France ? Elle ne voit plus très clair dans ses sentiments. Si ses sujettes ont droit à la rêverie, cette innocente diversion lui est interdite. Abandonnée par quelqu'un dont elle a toujours nié l'importance, elle doit prendre sur elle pour revenir à la réalité et

---

1. Cf. Daria Olivier, *op. cit.*
2. *Ibid.*

penser à sa succession d'impératrice au lieu de penser à sa vie de femme. Le 7 novembre 1742, elle publie un manifeste attribuant solennellement au duc Charles-Pierre-Ulrich de Holstein-Gottorp les titres de grand-duc, prince héritier et Altesse Impériale, sous le nom russe de Pierre Féodorovitch. Par la même occasion, elle confirme son intention de ne pas se marier. Au vrai, elle craint qu'en épousant un homme de condition inférieure, ou un prince étranger, elle ne déçoive non seulement les braves de la *Leib-Kompania* mais tous les Russes attachés au souvenir de son père, Pierre le Grand. Sa vocation, estime-t-elle, c'est encore le célibat. Pour être digne du rôle qu'elle entend jouer, il faut qu'elle renonce à toute union officiellement bénie par l'Église et qu'elle reste fidèle à son image de *Tsar-diévitsa*, la « Vierge impériale », déjà célébrée par la légende russe.

Ce qu'elle appréhende, en revanche, c'est que l'adolescent qu'elle a choisi comme héritier, qu'elle a fait baptiser orthodoxe sous le nom de Pierre Féodorovitch et qui n'a que bien peu de sang russe dans les veines, ne se refuse à oublier sa vraie patrie. De fait, malgré les efforts de son mentor, Simon Todorski, le grand-duc Pierre revient toujours, d'instinct, à ses origines. Ce qui encourage son culte de l'Allemagne natale, c'est, du reste, l'aspect même de la société, de la rue et des magasins de Saint-Pétersbourg. Il lui suffit de jeter les yeux autour de lui pour constater que la plupart des gens en place, dans le palais et dans les ministères, parlent l'allemand plus aisément que le russe. Sur la très luxueuse perspective Nevski, beaucoup de boutiques sont allemandes ; ailleurs, on lit les enseignes des comptoirs hanséatiques ; les temples luthériens abondent. Quand Pierre Féodorovitch se présente, en se promenant, au poste de garde d'une caserne, l'officier qu'il interroge lui répond souvent en allemand. Dès qu'il entend les accents de sa langue maternelle, Pierre regrette d'être exilé dans cette ville qui, malgré toutes ses splendeurs, lui est moins chère que la plus banale bourgade du Sleswig-Holstein. Par réaction contre l'obligation qui lui est faite de s'acclimater, il prend en aversion le vocabulaire russe, la grammaire russe, les mœurs russes. Pour un peu, il en voudrait à la Russie de n'être pas allemande. Il dit lui-même à qui veut l'entendre : «Je ne suis pas né pour les Russes, je ne leur conviens pas ! » Choisissant ses amis parmi les germanophiles déclarés, il se constitue une petite patrie de consolation au milieu de la grande patrie des autres. Entouré d'une cour restreinte de sympathisants, il prétend vivre avec eux, en Russie, comme si leur mission était de coloniser ce pays arriéré et inculte.

Assistant, impuissante, à cette obsession d'un très jeune homme qu'elle a voulu intégrer de force dans une nation où il se sent radicalement étranger, Élisabeth songe avec angoisse que le pouvoir en principe absolu d'une souveraine atteint ses limites dès qu'il est question de modeler une âme rebelle. Croyant agir pour le bien de tous, elle se demande

si elle n'a pas commis la plus grave erreur de sa vie
en confiant l'avenir de l'empire de Pierre le Grand
à un prince qui, manifestement, déteste la Russie
et les Russes.

## VIII

## TRAVAUX ET PLAISIRS
## D'UNE AUTOCRATE

La grande affaire d'Élisabeth est de vivre selon son bon plaisir sans trop négliger les intérêts de la Russie. Une balance difficile à tenir dans un monde où le troc des sentiments est aussi répandu que celui des marchandises. Elle se demande parfois si, devant l'obstination de Louis XV à ne pas lui tendre la main, elle ne devrait pas plutôt suivre l'exemple de son neveu et rechercher l'amitié de la Prusse, mieux disposée à la comprendre. Bien que son «fils adoptif» n'ait encore que quinze ans, elle songe à lui trouver une fiancée, sinon fondamentalement allemande, du moins née et élevée sur les terres de Frédéric II. En même temps, du reste, elle n'abandonne pas l'espoir de rétablir de bonnes relations avec Versailles et charge son ambassadeur, le prince Kantémir, de faire savoir discrètement au roi qu'elle regrette le départ du marquis de La Chétardie et qu'elle serait heureuse de le revoir à la cour. Celui-ci a été remplacé, à Saint-Pétersbourg, par un ministre plénipotentiaire, M. d'Usson d'Allion, personnage compassé, pour lequel l'impératrice n'éprouve ni inclination ni estime.

Les Français continuant de la décevoir, elle se console en imitant, à sa façon, les modes de ce pays qu'elle admire malgré ses représentants officiels. Cet engouement se traduit par une passion effrénée pour les toilettes, les bijoux, les colifichets, les tics de conversation portant le cachet parisien. Changeant de tenue trois fois au cours d'un bal, car les danses la font abondamment transpirer, elle ne perd pas une occasion d'enrichir sa garde-robe. Dès qu'on lui signale l'arrivée d'un bateau français dans le port de Saint-Pétersbourg, elle en fait inspecter la cargaison et exige qu'on lui apporte les dernières nouveautés des couturières de Paris, afin qu'aucune de ses sujettes n'en ait connaissance avant elle. Sa préférence va aux modèles hauts en couleur, aux tissus soyeux, surchargés de broderies or ou argent. Mais elle ne déteste pas se vêtir en homme pour surprendre son entourage par le galbe de ses mollets et la finesse de ses chevilles. Deux fois par semaine, il y a mascarade à la cour. Sa Majesté y participe, déguisée en hetman cosaque, en mousquetaire de Louis XIII ou en marin hollandais. Jugeant qu'en travesti masculin elle surpasse toutes ses habituelles invitées, elle institue des bals masqués où, sur son ordre, les femmes paraissent en habits et culottes à la française et les hommes en jupes à panier. Fort jalouse de la beauté de ses congénères, elle ne tolère aucune concurrence en matière d'attifement et de parure. Ayant résolu de se montrer à un bal avec une rose dans les cheveux, elle remarque avec indignation que Mme Nathalie Lopoukhine, réputée pour ses succès dans le monde, en arbore une elle aussi, au sommet de sa coiffure. Une telle coïncidence ne peut être fortuite, décide Élisabeth. Elle voit là une atteinte flagrante à l'honneur impérial. Arrêtant l'orchestre au milieu d'un menuet, elle oblige Mme Lopoukhine à s'agenouiller, demande une paire de ciseaux, coupe rageusement la fleur incriminée en même temps que les mèches artistement frisées qui entourent la tige, gifle la malheureuse sur les deux joues, devant un groupe de courtisans médusés, fait un signe aux musiciens et retourne à la danse. A la fin du morceau, quelqu'un lui chuchote à l'oreille que Mme Lopoukhine s'est évanouie de honte. Haussant les épaules, la tsarine profère entre ses dents : «Elle n'a eu que ce qu'elle méritait, l'imbécile!» Aussitôt après cette petite vengeance féminine, elle retrouve son habituelle sérénité, comme si c'était une autre qui, l'instant précédent, avait agi à sa place. De même, lors d'une promenade à la campagne, un de ses derniers bouffons, Aksakov, lui ayant montré, par plaisanterie, dans la coiffe de son chapeau, un porc-épic qu'il venait de capturer vivant, elle a poussé un cri d'horreur, s'est enfuie sous sa tente et a ordonné de livrer l'insolent au bourreau, afin qu'il expie sous les tortures le crime d'avoir «effrayé Sa Majesté[1]».

Ces représailles intempestives vont de pair, chez Élisabeth, avec de soudains exercices de dévotion. Aussi spontanément repentante que facilement exaspérée, il lui arrive de s'imposer des pèlerinages à pied vers tel ou tel lieu saint jusqu'à la limite de ses forces. Elle reste debout des heures durant à l'église, observe scrupuleusement les jours de jeûne, au point d'être parfois victime d'une syncope en sortant de table sans avoir rien mangé. Le lendemain, elle a une indigestion en essayant de rattraper le «temps perdu». Tout dans son comportement est excessif et inattendu. Elle aime autant surprendre les autres que se surprendre elle-même. Désordonnée, fantasque, à demi inculte, méprisant les horaires qu'elle s'est fixés, aussi prompte à châtier qu'à oublier, familière avec les humbles, hautaine avec les grands, n'hésitant pas à visiter les cuisines pour humer l'odeur des plats qui y mijotent, riant et criant hors de propos, elle donne à ses proches l'impression d'être une maîtresse de maison de l'ancien régime, chez qui le goût de la fanfreluche française n'a pas étouffé la saine rusticité slave.

A l'époque de Pierre le Grand, les habitués de la cour souffraient d'être conviés aux «assemblées» qu'il avait instituées afin, croyait-il, d'initier ses sujets aux usages occidentaux et qui n'étaient que

----

1. Catherine II : *Mémoires.*

d'ennuyeuses réunions d'aristocrates mal dégrossis, condamnés par le Réformateur à l'obéissance, à la dissimulation et aux courbettes. Sous Anna Ivanovna, ces assemblées étaient devenues des foyers d'intrigue et d'inquiétude. Une terreur sourde y régnait sous le masque de la courtoisie. L'ombre du démoniaque Bühren rôdait dans les coulisses. Et voici que maintenant une princesse férue de toilettes, de danses et de jeux demande qu'on fréquente ses salons pour s'y amuser. Il y a bien, de loin en loin, chez l'hôtesse impériale des crises de colère ou des innovations insolites, mais tous ses invités reconnaissent que, pour la première fois, on respire au palais un mélange de bonhomie russe et d'élégance parisienne. Au lieu d'être des corvées protocolaires, ces visites au temple de la monarchie apparaissent enfin comme des occasions de se divertir en société.

Non contente d'organiser des assemblées «nouvelle manière» dans ses nombreuses résidences, Élisabeth oblige les plus grandes familles de l'empire à donner des bals masqués, à tour de rôle, sous leur propre toit. C'est le maître de ballet français Landet qui a enseigné à toute la cour les grâces du menuet. Il affirmera bientôt que nulle part la galanterie et la décence ne fleurissent mieux que sous sa direction, au bord de la Néva. On se réunit dans les maisons particulières à six heures du soir; on danse, on joue aux cartes jusqu'à dix; puis l'impératrice, entourée de quelques personnages privilégiés, se met à table pour souper; les autres convives mangent debout, au coude à coude, et s'efforcent de ne pas souiller leurs atours pendant cette restauration acrobatique ; une fois la dernière bouchée avalée par Sa Majesté, les danses reprennent ; elles se poursuivront jusqu'à deux heures du matin. Pour complaire à l'héroïne de la fête, le menu est tout ensemble abondant et raffiné. Sa Majesté aime la cuisine française, que ses chefs, Fornay d'abord, puis l'Alsacien Fuchs, sont chargés de faire triompher lors des grands soupers, moyennant un salaire de huit cents roubles par an. L'admiration d'Élisabeth pour Pierre le Grand ne va pas jusqu'à l'imiter dans sa passion pour les énormes ripailles et les beuveries à mort. Cependant, elle lui doit son attrait pour la robuste gastronomie nationale. Ses mets préférés, hors des repas de gala, sont les blinis, la *koulebiak* et le gruau de sarrasin. Aux banquets solennels de la *Leib-Kompania*, où elle se présente en uniforme de capitaine du régiment (toujours l'obsession des déguisements masculins), elle donne le signal des libations en vidant d'un trait de grands verres de vodka.

Cette nourriture trop riche et ce penchant pour l'alcool se traduisent chez Sa Majesté par un embonpoint prématuré et une fâcheuse couperose des joues. Quand elle a bien mangé et bien bu, elle s'octroie une heure ou deux de sieste. Pour agrémenter ce repos, fait de somnolence et de méditation, elle a recours aux services de quelques femmes qui, se relayant auprès d'elle, lui parlent à voix basse et lui grattent la plante des pieds. Une

186

des spécialistes de ces chatouillements soporifiques est Élisabeth Ivanovna Chouvalov, la sœur du nouveau favori de Sa Majesté, Ivan Ivanovitch Chouvalov. Comme elle reçoit toutes les confidences de la tsarine durant ces séances de frottis engourdissants, on l'appelle à la cour «le véritable ministre des Affaires étrangères de l'impératrice». Au réveil de la tsarine, les gratteuses cèdent la place à l'élu du moment. C'est tantôt Ivan Chouvalov, tantôt le chambellan Basile Tchoulkov, tantôt Simon Narychkine, éternel soupirant de Sa Majesté, tantôt Choubine, un simple soldat de sa garde, et tantôt l'indestructible et accommodant Alexis Razoumovski.

Ce dernier, le plus assidu et plus honoré de tous, a reçu parmi les familiers d'Élisabeth le surnom d'«empereur nocturne». Tout en le trompant, elle ne peut se passer de lui. C'est seulement dans ses bras qu'elle a la sensation d'être à la fois dominante et dominée. Quand elle entend résonner à ses oreilles la voix grave de l'ancien chantre de la chapelle impériale, il lui semble que c'est la Russie des profondeurs qui l'interpelle. Il parle avec le lourd accent ukrainien; il ne dit que des choses simples; et, fait rare dans l'entourage de la tsarine, il ne réclame rien pour lui-même. Tout au plus consent-il à ce que sa mère, Nathalie Demianovna, partage la fortune dont il bénéficie aujourd'hui. Il redoute le contact de la cour pour une femme de sa condition, habituée à la discrétion et à la pauvreté. La première visite de Nathalie Demianovna au palais est un événement. On a voulu que sa tenue soit à la hauteur de la circonstance. En voyant pénétrer dans ses appartements cette veuve de moujik habillée d'une robe d'apparat, Élisabeth, oubliant toute morgue, s'écrie avec un ton de gratitude : «Béni soit le fruit de tes entrailles!» Mais la mère de son amant n'a aucune ambition. A peine nommée dame d'honneur de Sa Majesté et logée au palais, «la Razoumikhina[1]», comme on l'appelle avec mépris derrière son dos, sollicite la permission de quitter la cour. Terrée dans un logement obscur, à l'abri des médisances, elle reprend ses vêtements de paysanne.

Alexis Razoumovski comprend fort bien la frayeur de cette femme du peuple devant les excès de la réussite. Il insiste auprès de Sa Majesté pour qu'on épargne à sa mère les marques d'honneur dont d'autres autour d'elle sont si friandes. Lui-même, malgré son élévation et sa fortune, refuse de se croire digne du bonheur qui lui est échu. Plus son influence auprès d'Élisabeth augmente et moins il souhaite se mêler de politique. Or, loin de le desservir, cette indifférence aux intrigues et aux prébendes renforce la confiance que lui porte son impériale maîtresse. Elle se montre partout avec lui, fière de ce compagnon dont les seuls titres au respect de la nation sont ceux dont elle l'a gratifié. En l'exhibant, c'est *son* œuvre qu'elle exhibe, *sa* Russie personnelle qu'elle livre au jugement de ses

---

1. Surnom péjoratif signifiant «la mère Razoumovski».

contemporains. Lui devrait-il la vie qu'elle ne tiendrait pas davantage aux succès de son favori dans le vain tumulte du monde. Alors qu'il paraît dédaigneux des distinctions officielles, elle se réjouit, autant pour elle-même que pour lui, quand il est nommé comte du Saint Empire romain germanique par un diplôme de Charles VII. Lorsqu'elle le fera feld-maréchal, il sourira ironiquement et la remerciera d'une phrase qui le peint tout entier : «Lise, tu peux faire de moi ce que tu voudras, mais tu ne feras jamais qu'on me prenne au sérieux, fût-ce comme simple lieutenant[1].» Chaque fois qu'il l'appelle Lise, dans l'intimité, elle fond de gratitude et se sent doublement souveraine. Bientôt, pour toute la cour, Razoumovski n'est plus seulement l'«empereur nocturne» mais un prince consort, aussi légitime que si son union avec Élisabeth avait été consacrée par un prêtre. D'ailleurs, le bruit court depuis quelques mois qu'elle l'a épousé, en grand mystère, dans l'église du petit village de Perovo, près de Moscou. Le couple aurait été béni par le père Doubianski, aumônier de l'impératrice et gardien de ses pensées secrètes. Aucun courtisan n'a assisté à ces noces clandestines. Rien n'a changé, en apparence, dans les rapports de la tsarine et de son favori. Si Élisabeth a voulu ce sacrement à la sauvette, c'est simplement pour mettre Dieu dans sa poche. Toute débauchée et violente qu'elle soit, elle a besoin de croire à la présence du

---

1. K. Waliszewski, *op. cit.*

Très-Haut dans sa vie de tous les jours comme dans l'exercice du pouvoir. Cette illusion d'un accord surnaturel l'aide à se maintenir en équilibre au milieu des nombreuses contradictions qui la secouent.

Désormais, Razoumovski vient la voir la nuit en toute impunité puisqu'ils ont reçu les sacrements de l'Église. Cette nouvelle situation devrait les inciter à échanger leurs opinions politiques avec autant de confiance et de spontanéité que leurs caresses, mais Razoumovski hésite encore à sortir de sa neutralité. S'il n'impose jamais sa volonté à Élisabeth lors des décisions essentielles, elle n'ignore rien de ses vraies préférences. Guidé par son instinct d'homme de la terre, il approuve dans l'ensemble les idées nationalistes du chancelier Bestoujev. D'ailleurs, les intérêts des États évoluent si vite en ces années où les uns sont en guerre, où les autres se préparent à l'être et où la recherche des alliances est la principale occupation de toutes les chancelleries qu'il est difficile de voir clair dans le casse-tête européen. Ce qui est sûr, en tout cas, c'est que les hostilités entre la Russie et la Suède, inconsidérément déclenchées en 1741, sous la régence d'Anna Léopoldovna, tirent à leur fin. Après plusieurs victoires russes, remportées par les généraux Lascy et Keith sur les Suédois, la paix a pu être signée, le 8 août 1743, entre les deux pays. Par le traité d'Abo, la Russie a rendu quelques territoires récemment conquis, mais a gardé la majeure partie de la Finlande. Ayant réglé définitivement le différend qui l'opposait aux bellicistes de Stockholm, Élisabeth espère que la France se montrera moins hostile à une entente avec elle. Mais, dans l'intervalle, Saint-Pétersbourg a conclu un pacte d'amitié avec Berlin, ce que Versailles voit d'un très mauvais œil. Il faut de nouveau déployer des trésors de séduction pour endormir les susceptibilités et renouer les promesses.

C'est à ce moment qu'éclate une affaire à laquelle ni Bestoujev ni Élisabeth ne sont préparés. Au milieu de l'été, on parle à Saint-Pétersbourg d'un complot fomenté parmi la meilleure noblesse, à l'instigation de l'ambassadeur d'Autriche Botta d'Adorno et destiné à renverser Élisabeth I^re. Cette coterie sans foi ni loi n'envisagerait rien de moins que d'offrir le trône à la famille Brunswick, rassemblée autour du petit Ivan VI. A peine ces révélations parviennent-elles aux oreilles d'Élisabeth qu'elle ordonne de faire arrêter l'impudent Botta d'Adorno. Mais, flairant le danger, celui-ci a déjà quitté la Russie. On le dit en route pour Berlin et se dirigeant vers l'Autriche. Si le diplomate félon a pu s'échapper, ses complices russes sont encore en place. Les plus compromis appartiennent, de près ou de loin, au clan Lopoukhine. Élisabeth n'oublie pas qu'elle a dû souffleter Nathalie Lopoukhine, en plein bal, à cause d'une rose dont l'effrontée avait cru bon d'orner sa coiffure. En outre, cette femme a été la maîtresse du maréchal de cour Loewenwolde, récemment exilé en Sibérie. Deux raisons pour que Sa Majesté ne porte pas la rivale dans son cœur. Mais certains membres de la conjuration sont plus détestables encore à ses yeux. Au premier rang des inculpés, elle place Mme Michel Bestoujev, née Golovkine, sœur d'un ancien vice-chancelier, belle-sœur du chancelier Alexis Bestoujev, actuellement en fonctions, et veuve, par son premier mariage, d'un des plus proches collaborateurs de Pierre le Grand, Iagoujinski.

En attendant l'arrestation et le procès des coupables russes, elle espère que l'Autriche sanctionnera sévèrement son ambassadeur. Mais, si le roi Frédéric II a expulsé Botta dès l'arrivée de celui-ci à Berlin, l'impératrice Marie-Thérèse, ayant recueilli le diplomate à Vienne, se contente de lui adresser un blâme. Déçue par les timides réactions de deux souverains étrangers qu'elle croyait plus fermes dans leurs convictions monarchiques, Élisabeth se venge en faisant enfermer le couple princier des Brunswick et leur fils, le petit Ivan VI, dans la forteresse maritime de Dunamunde, sur la Duna, où on pourra mieux les surveiller qu'à Riga. Elle songe aussi à se séparer d'Alexis Bestoujev, dont la famille a été compromise. Puis, sans doute assagie par les conseils de Razoumovski, partisan de la modération dans le règlement des affaires publiques, elle laisse le chancelier à son poste.

Cependant, comme il lui faut des victimes pour apaiser sa fureur rentrée, elle choisit de faire porter le poids du châtiment à Mme Lopoukhine, à son fils Ivan et à quelques-uns de leurs proches. Pour Nathalie Lopoukhine, ce n'est plus un souf-

192

flet qu'elle exige comme punition, mais d'horribles tortures. Le même sort attend ses complices. Sous le knout, les tenailles et les brûlures au fer rouge, Nathalie Lopoukhine, son fils Ivan et Mme Bestoujev répètent, en se tordant de douleur, les calomnies qu'ils ont entendues de la bouche de Botta. Malgré le manque de preuves matérielles, un tribunal d'exception, composé de plusieurs membres du Sénat et de trois représentants du clergé, condamne tous les « coupables » à la roue, à l'écartèlement et à la décapitation. Cette sentence exemplaire offre à Élisabeth l'occasion de décider, au cours d'un bal, qu'elle gardera la vie sauve aux misérables qui ont osé conspirer contre elle et qu'on se bornera pour eux à une « leçon » en public. A l'annonce de cette extraordinaire mesure de clémence, toute l'assemblée célèbre en chœur la bonté évangélique de Sa Majesté.

Le 31 août 1743, un échafaud est dressé devant le palais des Collèges. En présence d'une énorme affluence de curieux, Mme Michel Bestoujev est brutalement déshabillée par le bourreau. Comme elle a eu le temps de lui glisser un bijou de valeur en forme de croix avant le début du supplice, il se contente de lui effleurer le dos avec son fouet et de lui promener un couteau sur le bout de la langue, sans entailler la chair. Elle subit ces simulacres de coups et de blessures avec une dignité héroïque. Moins sûre de ses nerfs, Nathalie Lopoukhine se défend désespérément lorsque les aides du bourreau lui arrachent ses vêtements.

La multitude reste muette de stupeur devant la nudité subitement révélée de cette femme que sa déchéance même embellit. Puis quelques spectateurs, avides d'assister à la suite, hurlent d'impatience. Prise de panique face à ce déchaînement de haine grossière, la malheureuse veut échapper à son tourmenteur, l'injurie et lui mord la main. Furieux, le bourreau lui serre la gorge, lui ouvre de force les mâchoires, brandit l'arme du sacrifice et, l'instant d'après, présente à la foule hilare un lambeau de viande dégoulinant de sang. «A qui la langue de la belle Mme Lopoukhine? s'écrie-t-il. C'est un beau morceau et je le vendrai à bon compte! A un rouble la langue de la belle Mme Lopoukhine[1]!» Ce genre d'invitation à rire par un exécuteur des basses œuvres est monnaie courante à l'époque. Mais, cette fois, le public est plus attentif que d'habitude au déroulement des opérations, car Nathalie Lopoukhine vient de s'évanouir de douleur et de honte. Le bourreau la ranime à grands cinglons de knout. Quand elle est revenue à elle, on la jette dans un chariot et en route pour la Sibérie! Son époux la rejoindra à Seleguinski, non sans avoir été préalablement et sévèrement fustigé. Il y mourra, quelques années plus tard, dans un total abandon. Mme Bestoujev traînera longtemps encore une vie misérable à Iakoutsk, souffrant de la faim, du froid et de l'in-

---

1. Paroles rapportées par K. Waliszewski : *La Dernière des Romanov, Élisabeth I<sup>re</sup>.*

différence des habitants, qui hésitent à se compromettre en fréquentant une réprouvée. Pourtant, à Saint-Pétersbourg, son mari, Michel Bestoujev, le frère du chancelier Alexis Bestoujev, poursuit sa carrière dans la diplomatie et sa fille brille d'un bel éclat à la cour de Sa Majesté.

En réglant l'affaire Botta, Élisabeth a eu l'impression d'entreprendre le ménage qui s'imposait dans son empire. Alexis Bestoujev ayant gardé ses prérogatives ministérielles, malgré la disgrâce qui vient de frapper la plupart des siens, peut même se dire que son prestige a été renforcé par l'épreuve à laquelle il a échappé de justesse. Cependant, à Versailles, Louis XV persiste dans son intention d'envoyer La Chétardie en mission de reconnaissance auprès de la tsarine, qui, selon ses informateurs, ne serait pas fâchée de réitérer ses assauts à fleurets mouchetés avec un Français dont les galanteries l'ont naguère amusée. Mais elle est si versatile que, d'après les mêmes «connaisseurs de l'âme slave», elle est capable de se vexer pour une vétille et de faire une montagne d'une taupinière. Pour ménager la susceptibilité de cette souveraine à l'humeur changeante, le roi remet à La Chétardie deux versions d'une lettre d'introduction auprès de Sa Majesté. Dans l'une, l'émissaire de Versailles est présenté comme un simple particulier intéressé par tout ce qui touche à la Russie, dans l'autre comme un plénipotentiaire délégué par le roi auprès de «notre très chère sœur et très parfaite amie Élisabeth, impératrice et autocrate de toutes les Russies [1] ». La Chétardie choisira sur place la formule la mieux adaptée aux circonstances. Avec cette double recommandation en poche, c'est bien le diable s'il échoue, une fois de plus, dans sa besogne ! Brûlant les étapes, il arrive à Saint-Pétersbourg le jour même où l'impératrice fête le dixième anniversaire de son coup d'État. Amusée par l'empressement de La Chétardie à la congratuler, Élisabeth lui accorde dans la soirée une entrevue mi-amicale, mi-protocolaire. Il la trouve fatiguée, engraissée, mais si gentille en paroles qu'il s'imagine l'avoir retournée comme un gant et qu'elle a déjà oublié ses derniers griefs contre la France. Mais, alors qu'il s'apprête à déployer devant elle toute la séduction dont il est capable, il se heurte à l'ambassadeur de France en titre, M. d'Allion. Celui-ci, mortifié par une concurrence qu'il juge déloyale, ne sait qu'inventer pour lui mettre des bâtons dans les roues. Après une série de malentendus, les deux représentants de Louis XV échangent des injures, des gifles et tirent leurs épées du fourreau. Bien que blessé à la main, La Chétardie ne perd pas un pouce de sa dignité. Puis, constatant l'inanité de cette querelle de deux Français en territoire étranger, les adversaires, bon gré, mal gré, se réconcilient. On est à la veille de Noël. Or, c'est précisément en cette fin d'année 1743 que la nouvelle tant espérée par Élisabeth lui arrive de Berlin : le roi de Prusse, sollicité par différents émissaires

---

1. Cf. Daria Olivier, *op. cit.*

de choisir une fiancée pour l'héritier du trône de Russie, a enfin déniché la perle. Une princesse de naissance suffisante, d'extérieur agréable et de bonne éducation, qui fera honneur à son époux sans être tentée de l'éclipser.

C'est exactement le genre de belle-fille dont rêve l'impératrice. La candidate, qui n'a que quinze ans et qui a vu le jour à Stettin, se nomme Sophie d'Anhalt-Zerbst, Figchen pour ses proches. Son père, Christian-Auguste d'Anhalt-Zerbst, n'est même pas prince régnant et se borne à diriger son petit apanage héréditaire sous la protection condescendante de Frédéric II. La mère de Sophie, Johanna de Holstein-Gottorp, est la cousine germaine de feu Charles-Frédéric, père de ce grand-duc Pierre dont Élisabeth a fait son héritier. Johanna a vingt-sept ans de moins que son mari et de grandes ambitions pour sa fille. Tout cela est, aux yeux de la tsarine, merveilleusement familial, germanique et prometteur. Rien qu'à étudier, branche par branche, surgeon par surgeon, la généalogie de la promise, Élisabeth se sent en pays de connaissance. Elle a même l'illusion que c'est elle qui va se marier. Mais avec qui ? Si elle est d'avance bien disposée à l'égard de la jeune fille, elle l'est moins à l'égard du prétendant, qu'elle ne connaît que trop. Son neveu la déçoit : elle voudrait qu'il fût plus impatient d'apprendre le résultat des manœuvres matrimoniales qui se poursuivent loin de lui. La principale intéressée est d'ailleurs, elle aussi, tenue à l'écart des tractations dont elle est l'objet. Tout se passe en échange de lettres confidentielles entre Zerbst, où résident les parents de Sophie, Berlin, où siège Frédéric II, et Saint-Pétersbourg, où l'impératrice piaffe dans l'attente des nouvelles de Prusse. Les renseignements qu'elle a pu recueillir jusqu'à présent sur la jeune fille concordent harmonieusement : au dire des rares personnes qui l'ont rencontrée, elle est gracieuse, cultivée, raisonnable, parle le français aussi bien que l'allemand et, malgré son âge tendre, se conduit en toute circonstance avec pondération. N'est-ce pas trop beau pour être vrai ? se demande Élisabeth. Le portrait de Figchen que Frédéric II lui fait envoyer achève de la conquérir. La petite princesse est véritablement à croquer, avec son frais visage et son regard innocent. Par crainte d'une déception de dernière minute, la tsarine cache encore à son entourage l'imminence du grand événement qu'elle a préparé pour le bonheur de la Russie. Mais, si Alexis Bestoujev n'en sait rien, les diplomates proches de la Prusse sont au courant et ils ont du mal à se taire. Mardefeld informe, jour par jour, La Chétardie et Lestocq de l'avancement des pourparlers. Çà et là, des rumeurs transpirent. Le clan francophile se réjouit — mais avec une certaine prudence ! — de l'arrivée à la cour de cette princesse élevée, dit-on, par une institutrice française. Bien que prussienne de sang, elle ne peut, étant donné l'enseignement qu'elle a reçu de sa gouvernante, que servir la cause de la France. Et cela, même si le projet de mariage tombe à l'eau !

De dépêche en dépêche, Élisabeth est avertie que la jeune fille et sa mère se sont rendues à Berlin, qu'elles y ont reçu la bénédiction de Frédéric II et qu'elles s'y sont ruinées en achats pour le trousseau de la fiancée. Le père de Sophie, lui, est resté à Zerbst. Est-ce par un souci d'économie ou par un réflexe d'orgueil qu'il a refusé d'accompagner sa fille dans cette quête d'un fiancé prestigieux ? Élisabeth ne s'arrête pas à cette question subsidiaire. Moins il y aura de parents prussiens autour de la gamine, mieux cela vaudra, pense-t-elle. Afin de faciliter le voyage de Sophie et de Johanna, elle leur a fait parvenir quelques subsides pour les frais de route et leur a recommandé de conserver l'incognito, du moins jusqu'à leur arrivée en Russie. Après le passage de la frontière, elles devront dire qu'elles se rendent à Saint-Pétersbourg pour une visite de courtoisie à Sa Majesté. Selon les instructions de la tsarine, un traîneau confortable, attelé de six chevaux, les attend à Riga. Elles s'installent frileusement dans cette première voiture « de fonction » et s'enveloppent dans les pelisses de zibeline qu'Élisabeth a ordonné de leur remettre pour atténuer les rigueurs du voyage.

En arrivant à Saint-Pétersbourg, elles ont la désillusion d'apprendre que l'impératrice et toute la cour se trouvent à Moscou pour fêter, le 10 février 1744, le seizième anniversaire du grand-duc Pierre. La tsarine a chargé La Chétardie et l'ambassadeur de Prusse, Mardefeld, d'accueillir ces dames en son absence et de leur faire les honneurs de la capitale.

199

Tandis que la petite Sophie s'émerveille devant les beautés de cette immense ville bâtie sur l'eau, admire la relève de la Garde et bat des mains à la vue des quatorze éléphants offerts jadis à Pierre le Grand par le schah de Perse, Johanna, qui ne perd pas le nord, enrage de n'avoir pas encore été présentée à Sa Majesté. Elle s'inquiète également des mauvaises dispositions du chancelier Alexis Bestoujev à l'égard de l'union projetée. Elle le sait « plus russe que nature » et farouchement hostile à toute concession aux intérêts de la Prusse. En outre, d'après certains bruits qui circulent à Saint-Pétersbourg, il voudrait provoquer l'opposition du Saint-Synode à un mariage entre parents. Si Johanna prend ombrage de ces racontars, Élisabeth n'en a cure. Elle sait qu'à son moindre froncement de sourcils Bestoujev rentrera sous terre par crainte d'une recrudescence de sévérité envers sa famille et que les plus hauts prélats, ruminant leurs mises en garde, se contenteront de marmonner dans leur barbe avant de donner leur bénédiction aux fiancés.

Pressée de rejoindre la cour à Moscou, Johanna interrompt les promenades et les amusements de sa fille et, sur le conseil de Mardefeld, se met en route avec elle et La Chétardie dans les derniers jours de janvier. Élisabeth leur a fixé rendez-vous au palais Annenhof, dans le quartier Est de la seconde capitale, le 9 février à huit heures du soir. Après les avoir fait attendre, elle donne l'ordre d'ouvrir à deux battants les portes de la salle d'audience et

200

paraît sur le seuil, tandis que devant elle les deux
visiteuses plongent dans une profonde révérence.
D'un rapide coup d'œil, elle évalue la future fiancée : une très jeune fille maigriotte, pâlotte, dans
une robe à justaucorps sans panier, couleur rose et
argent. La toilette est médiocre, mais le minois est
avenant. A côté de cette délicieuse enfant, Pierre,
qui est venu prendre livraison de la princesse qu'on
lui destine, semble encore plus laid et plus antipa-
thique qu'à l'accoutumée. Ces derniers temps, il a
mis le comble à l'agacement de sa tante en se rapprochant de Brummer, ministre du Holstein, et
de quelques intrigants, tous d'origine allemande.
En outre, au lieu de se réjouir d'avoir été nommé
par Sa Majesté colonel du régiment Préobrajenski,
il prétend maintenant faire venir un régiment du
Holstein afin qu'on ait ici un vivant exemple de
discipline et d'efficacité : deux qualités essentielles
dont, prétend-il, l'armée russe aurait bien besoin.

Devant les multiples manifestations de cette germanophilie, Élisabeth, qui a si souvent regretté de
ne pouvoir offrir un héritier à la Russie, se surprend
à apprécier que celui-ci ne soit pas son fils. Ce successeur calamiteux ne lui est apparenté ni par l'esprit ni par le goût : uniquement par le titre qu'elle
lui a donné. Tout à coup, elle plaint la malheureuse
enfant qu'elle va jeter en pâture à un homme qui
ne la mérite pas. Elle se promet en secret de la
seconder dans ses efforts de séduction et de dres-
sage du maniaque borné qui sera un jour empereur
de Russie. Si encore la petite Sophie pouvait comp-

ter sur les tendres conseils d'une mère pour la
consoler de sa déconvenue! Mais, rien qu'en observant Johanna, qui minaude et jacasse devant elle, la
tsarine la juge aussi exaspérante dans sa bassesse et
son affectation que Sophie est plaisante avec son
air de sincérité, de santé et de joie.

Certaines inimitiés se révèlent dans un mot, dans
un regard, dans un silence. Après cette première
entrevue, Élisabeth sait déjà qu'il n'y a guère d'affection entre Johanna et Sophie. Leur attachement
réciproque n'est que de convention et de circonstance. Il émane de leur «couple mère-fille» le froid
des maisons longtemps inhabitées. Portée par une
rêverie généreuse, Élisabeth se voit déjà remplaçant
Johanna dans son rôle tutélaire. Si elle n'a pas su
former le caractère du grand-duc à son idée, elle
veut croire qu'elle aidera Sophie à s'épanouir en
femme heureuse, déterminée et indépendante, sans
jamais empiéter sur l'autorité traditionnelle de
l'époux. Pour inaugurer la série de ses bienfaits, elle
prie Razoumovski de lui apporter les insignes de
l'ordre de Sainte-Catherine. Deux dames d'honneur de Sa Majesté épinglent la décoration sur le
corsage de Sophie. Élisabeth examine son œuvre
avec la fierté d'un artiste contemplant le tableau
qu'il vient de peindre et, satisfaite du résultat, glisse
un regard de connivence à Razoumovski. Il devine
ce qu'elle pense au sujet de cette union si mal assor-
tie et pourtant si nécessaire. Cette muette compréhension la réconforte, comme toujours, dans ses
heures de doute. Elle souhaiterait que tout fût

simple et naturel dans les relations de Sophie et de Pierre, comme tout l'est dans son propre amour pour le favori qui est devenu son époux de la main gauche.

Les jours suivants, elle surveille et fait espionner, par les servantes et les dames d'honneur, ces deux jeunes gens trop sages. Alors que Sophie semble attendre de galantes initiatives de la part de son promis, l'absurde grand-duc Pierre se contente de lui rebattre les oreilles des qualités de l'armée prussienne, à la parade comme à la guerre, et de dénigrer la Russie dans ses habitudes, dans son passé et même dans sa foi. Est-ce pour affirmer sa liberté d'esprit qu'il raille systématiquement tout ce qui est russe ? Comme pour prendre sur ces différents points le contrepied de son fiancé, Sophie paraît de plus en plus attirée par les mœurs et l'histoire du pays qu'elle découvre. Basile Adadourov et Simon Todorski, les deux maîtres désignés par Sa Majesté pour familiariser la jeune fille avec la langue et la religion de sa future patrie, vantent à l'unisson l'assiduité de leur élève dans l'étude du russe et des dogmes orthodoxes. Emportée par son goût de l'effort intellectuel, elle travaille jusque dans la nuit pour «avancer» dans la connaissance des problèmes les plus ardus de vocabulaire, de grammaire ou de théologie. Ayant pris froid, elle subit une forte attaque de fièvre et doit s'aliter. Aussitôt, Johanna, impitoyable, lui reproche de se «dorloter» au lieu de continuer à tenir vaillamment son emploi de «princesse à marier». Une défaillance si près du but risque de compromettre toute l'affaire, gémit la mère, et elle supplie Figchen de se ressaisir et de se lever. Troublée par les souffrances et la solitude morale de l'adolescente, Élisabeth accourt à son chevet. Alors que la pauvrette suffoque, brûle et claque des dents, le clan antifrançais évoque déjà, pour s'en réjouir, la possibilité d'une issue fatale. Si Sophie disparaissait, il faudrait la remplacer, en choisissant une autre candidate qui serait, elle, favorable à une alliance austro-anglaise. Mais Élisabeth se fâche et déclare que, quoi qu'il arrive, elle ne veut pas d'une princesse saxonne. Les hommes de l'art ordonnent qu'on saigne la malade. Johanna s'y oppose. Élisabeth, appuyée par son médecin personnel, Lestocq, passe outre. Pendant les sept semaines que perdure la fièvre, Sophie subit seize saignées. Ce traitement de cheval la sauve. A peine sur pied, et très faible encore, la jeune fille prétend retourner sur la brèche.

Le 21 avril 1744, elle se prépare à fêter ses quinze ans au cours d'une réception. Mais sa pâleur et sa maigreur sont telles qu'elle craint de décevoir les courtisans, et peut-être même son fiancé. Mue par une sollicitude inhabituelle, la tsarine lui fait apporter du rouge et lui recommande de se farder les joues afin de paraître à son avantage. Tout émue par le courage de Figchen, elle constate que le devoir maternel la conduit vers cette charmante petite personne, qui ne lui est rien mais qui voudrait devenir russe, plutôt que de la diriger vers ce neveu dont elle a fait son fils adoptif et qui souhaiterait rester allemand.

Pendant que la tsarine se penche sur ce délicat problème familial, Johanna se préoccupe, elle, de haute politique. La diplomatie secrète est sa marotte. Elle reçoit dans son appartement les adversaires habituels du chancelier Alexis Bestoujev, ce Russe indécrottable. La Chétardie, Lestocq, Mardefeld, Brummer se retrouvent chez elle pour des conciliabules clandestins. Ce qu'espèrent ces apprentis conspirateurs, c'est que, dirigée par sa mère, la jeune Sophie use de son influence sur le grand-duc Pierre et même sur la tsarine, qui visiblement la tient en estime, pour obtenir la chute du chef de la diplomatie russe. Mais Alexis Bestoujev n'est pas resté inactif tout au long de ces manigances. Grâce à ses espions personnels, il a pu faire intercepter et décrypter les lettres écrites en langage chiffré par La Chétardie et expédiées aux diverses chancelleries européennes. Une fois en possession de ces pièces compromettantes, il les met sous les yeux d'Élisabeth. C'est toute une liasse de feuillets aux formules irrévérencieuses que la tsarine découvre avec horreur. Tournant les pages, elle lit au hasard : «On ne peut rien se promettre de la reconnaissance et de l'attention d'une princesse [l'impératrice] aussi dissipée.» Ou encore : «Sa vanité, sa légèreté, sa conduite déplorable, sa faiblesse et son étourderie ne laissent place à aucune négociation sérieuse.» Ailleurs, La Chétardie critique Sa Majesté pour son goût excessif de «la toilette» et de «la bagatelle», et souligne qu'elle est totalement ignorante des grandes affaires de l'heure, lesquelles «l'intéressent moins qu'elles ne l'effarouchent». A l'appui de ces calomnies, La Chétardie cite l'opinion malveillante de Johanna, qu'il présente, du reste, comme une espionne à la solde de Frédéric II. Atterrée par ce déballage de vilenies, Élisabeth ne sait plus où sont ses amis, ni si elle en a encore. Elle s'est mis à dos Marie-Thérèse à cause de l'impudent ambassadeur d'Autriche, Botta, qu'elle a traité de «brigand de la diplomatie» : faut-il maintenant qu'elle se brouille avec Louis XV à cause de La Chétardie qui n'est qu'un sac à ragots ? Pour bien faire, on devrait l'expulser dans les vingt-quatre heures. Mais la France ne va-t-elle pas s'offenser de cet affront, qui ne vise pourtant pas un État mais un homme ? Avant de sévir ouvertement, Élisabeth convoque Johanna et lui crie à la figure son indignation et son mépris. Les lettres, étalées sur la table, accusent directement la mère de Sophie. Épouvantée par l'effondrement de tous ses rêves de grandeur, la princesse d'Anhalt-Zerbst s'attend à être immédiatement chassée de Russie. Cependant, elle bénéficiera d'un sursis providentiel. Par égard pour l'innocente fiancée de son neveu, Élisabeth consent à laisser Johanna sur place, du moins jusqu'au mariage. Cette mansuétude ne coûte guère à la tsarine. Elle y voit même un geste de patiente charité, dont le bénéfice ne sera pas perdu. En vérité, elle plaint sa future belle-fille d'avoir une mère dénaturée. Son engouement pour Sophie est si vif qu'elle espère gagner par sa grandeur d'âme non seulement la reconnaissance de la jeune fille, mais peut-être aussi son affection.

Subitement, le climat délétère de Saint-Pétersbourg devient insupportable à Sa Majesté et, cédant à un de ces élans mystiques qui la possèdent de loin en loin, elle décide d'accomplir un pèlerinage au couvent de Troïtsa, la laure de la Trinité-Saint-Serge. Elle emmènera son neveu, Sophie, Johanna et Lestocq. Avant de partir, elle fait dire à Alexis Bestoujev qu'elle lui laisse le soin de régler le sort de l'ignoble La Chétardie. Toute punition qu'il jugera bon d'infliger à ce faux ami a d'avance son approbation. S'étant ainsi lavé les mains des salissures de la capitale, elle part, d'un cœur allégé, vers Dieu.

Dès les premières heures du séjour des pèlerins impériaux à la Trinité-Saint-Serge, Élisabeth observe que, si Johanna, Sophie et Lestocq sont très agités par l'incongruité épistolaire de La Chétardie, Pierre paraît s'en soucier comme d'une guigne. Aurait-il oublié qu'il est ici avec sa fiancée, celle qui demain sera sa femme, et que tout ce qui la touche devrait l'émouvoir, lui aussi ?

Tandis qu'à la Trinité-Saint-Serge on se livre à des discussions mi-païennes, mi-religieuses sur le destin du futur jeune ménage, à Saint-Pétersbourg des officiers, flanqués de quelques gardes en armes, se présentent au domicile de La Chétardie et lui annoncent que, en raison des diffamations dont il s'est rendu coupable envers Sa Majesté, il est condamné à quitter le pays dans les vingt-quatre heures. Congédié comme un laquais malhonnête, le marquis proteste, tempête, hurle qu'on l'égorge, qu'il se plaindra à son gouvernement, puis il se calme, baisse la tête et accepte la punition.

Au premier relais, un émissaire de l'impératrice vient lui réclamer la plaque de l'ordre de Saint-André et la tabatière, ornée d'un portrait de Sa Majesté, dont il a été gratifié quelques années auparavant, du temps où il était bien en cour. Comme il refuse de se séparer de ces reliques, Alexis Bestoujev lui fait parvenir, par le courrier suivant, une sentence comminatoire de la tsarine : « Le marquis de La Chétardie n'est pas digne de recevoir des commissions personnelles de Sa Majesté. » Du coup, La Chétardie, au bord de la démence, implore l'intervention de Versailles dans une affaire qui, dit-il, en le déconsidérant, déconsidère la France. Mais, après Élisabeth Iʳᵉ, c'est Louis XV qui le remet à sa place. En punition de ses initiatives maladroites, il lui enjoint de se retirer dans ses terres du Limousin et de n'en plus bouger jusqu'à nouvel ordre.

Quant à Élisabeth et à ses compagnons de pèlerinage, après un pieux séjour à la Trinité-Saint-Serge, ils regagnent Moscou, où les dames d'Anhalt-Zerbst s'efforcent de paraître naturelles malgré leur honte et leur déception. Sachant qu'elle n'est plus que tolérée en Russie et que, dès le lendemain du mariage de sa fille, on l'invitera à partir, Johanna ne décolère pas. Sophie, de son côté, tente d'oublier cette succession de déconfitures en préparant sa conversion à l'orthodoxie avec un zèle de néophyte. Tandis qu'elle écoute scrupuleusement les discours du prêtre chargé de l'initier à la foi de ses nouveaux compatriotes, Pierre s'adonne gaiement à la chasse, dans les forêts et les plaines environnantes, avec les camarades habituels de ses exploits. Ce sont tous des Holsteinois, ils ne parlent entre eux que l'allemand et encouragent le grand-duc à braver les traditions russes pour affirmer jusqu'au bout ses origines germaniques.

Le 28 juin 1744, Sophie est enfin reçue dans le sein de l'Église orthodoxe, prononce ses vœux de baptême en russe, sans buter sur les mots, et, changeant de prénom, devient Catherine Alexeïevna. Cette obligation de troquer la sainte qui a été sa patronne depuis sa naissance contre une sainte du calendrier de sa nouvelle religion ne la choque pas. Elle sait de longue date qu'il faut en passer par là si on veut épouser un Russe de qualité. Le lendemain, 29 juin, elle se présente à la chapelle impériale pour la cérémonie des fiançailles. L'impératrice s'avance à pas très lents, en tête du cortège, sous un dais d'argent porté par huit généraux. Derrière elle marchent côte à côte le grand-duc Pierre, qui sourit sottement à la ronde, et la grande-duchesse Catherine, pâle, émue et les yeux baissés. L'office, célébré par le père Ambroise, dure quatre heures. Bien que convalescente, Catherine ne fléchit à aucun moment. Élisabeth est contente de sa

future belle-fille : «Elle a du cran, elle ira loin!»
augure-t-elle. Lors du bal qui clôt les festivités,
Élisabeth remarque, une fois de plus, le contraste
entre l'élégance et la simplicité de la fiancée et
l'aplomb de la mère, qui parle à tort et à travers et
se pousse toujours au premier rang.

Peu après, toute la cour, en grand arroi, se transporte à Kiev. Le jeune couple et Johanna suivent
le mouvement. De nouveau, des réceptions, des
bals, des parades, des discours et, en fin de journée, pour la tsarine qui pourtant est une habituée
du remue-ménage mondain, l'étrange sensation
d'avoir perdu son temps. Pendant ce voyage, qui
durera trois mois, Élisabeth feint d'ignorer qu'autour d'elle le monde bouge : l'Angleterre, croit-on,
se prépare à attaquer les Pays-Bas, alors que la
France envisagerait d'en découdre avec l'Allemagne et que les Autrichiens s'apprêteraient à
affronter l'armée française. Les cabinets de Versailles et de Vienne rivalisent d'astuce pour obtenir
l'aide de la Russie et Alexis Bestoujev tergiverse,
tant bien que mal, en attendant des instructions
précises de Sa Majesté. Or, voici que l'impératrice,
sans doute alarmée par les rapports de son chancelier, décide de regagner Moscou. Aussitôt la
cour, ramassant ses cliques et ses claques, prend,
en longue et lente caravane, le chemin du retour.
En se retrouvant dans la vieille cité du sacre, Élisabeth songe, certes, à s'accorder plusieurs jours de
répit. Elle se dit lasse de toute cette agitation de
Kiev. Mais il suffit qu'elle respire l'air de Moscou

pour être de nouveau avide de distractions et de surprises. A son initiative, les bals, les soupers, les opéras et les mascarades recommencent. Ils se succèdent à un rythme tel que même les jeunes gens finissent par demander grâce.

Toutefois, comme la date des épousailles approche, Élisabeth se résout à quitter Moscou la première afin de veiller aux préparatifs de la cérémonie, qui doit avoir lieu à Saint-Pétersbourg. Les fiancés et Johanna la suivent, à quelques jours de distance. Mais, en descendant de voiture au relais de Khotilovo, le grand-duc Pierre est saisi de frissons. Des taches rosâtres apparaissent sur son visage. Pas de doute possible : c'est la petite vérole. Rares sont ceux qui en réchappent. On envoie un courrier à l'impératrice. En apprenant la menace qui pèse sur son fils adoptif, Élisabeth est frappée d'une terreur prémonitoire. Comment pourrait-elle oublier que, moins de quinze ans auparavant, le jeune tsar Pierre II a succombé à ce mal, la veille de son mariage ? Et par une étrange coïncidence, en ce mois de janvier 1730, la fiancée, une Dolgorouki, s'appelait elle aussi Catherine. Ce prénom porterait-il malheur à la dynastie des Romanov ? Élisabeth refuse de le croire, de même qu'elle refuse de croire à la fatalité de la contagion. Décidée à se rendre auprès de l'héritier du trône pour le soigner et le guérir, elle donne l'ordre d'atteler. Entretemps, Catherine, affolée, est partie pour la capitale. Chemin faisant, elle croise le traîneau d'Élisabeth. Réunies par l'angoisse, l'impératrice, qui craint le pire pour son neveu, et la fiancée, qui tremble de perdre son futur mari, tombent dans les bras l'une de l'autre. Cette fois, Élisabeth ne doute plus d'avoir été guidée par le Seigneur en accordant sa confiance à cette petite princesse de quinze ans : Catherine est bien l'épouse qu'il faut à ce benêt de Pierre et la belle-fille qu'il lui faut à elle pour être heureuse et finir ses jours en paix. Elles repartent ensemble pour Khotilovo. En arrivant au village, elles trouvent le grand-duc qui grelotte sur un méchant grabat. Tout en le regardant s'agiter et transpirer, la tsarine se demande si la dynastie de Pierre le Grand ne va pas s'éteindre avec ce malade pitoyable. Quant à Catherine, elle se voit déjà retournant à Zerbst, avec pour seul bagage le souvenir d'une fête tragiquement écourtée. Puis, à la demande de l'impératrice, qui redoute la contagion pour la jeune fille juste avant le mariage, Catherine accepte de regagner Saint-Pétersbourg avec sa mère, laissant Sa Majesté au chevet du grand-duc.

Durant plusieurs semaines, Élisabeth veille, au fond d'une cabane rustique et mal chauffée, sur cet héritier qui lui joue le mauvais tour d'abandonner la partie au moment où ils étaient tous deux sur le point de la gagner. Mais est-ce par charité chrétienne ou par intérêt pour l'hérédité monarchique qu'elle se dévoue ainsi à un être qu'elle n'aime pas ? Elle ne cherche même plus à analyser la nature des liens qui l'attachent à ce garçon stupide et ingrat. Une fatalité, qu'elle n'ose définir comme étant l'expression de la volonté divine, la pousse dans le dos. Par chance, peu à peu, la fièvre de Pierre diminue et son esprit retrouve un semblant de lucidité.

A la fin du mois de janvier 1745, l'impératrice quitte Khotilovo pour conduire son neveu, guéri, à Saint-Pétersbourg. Il a tellement changé au cours de sa maladie qu'Élisabeth craint la déception de Catherine quand elle découvrira la loque qu'on lui ramène en guise de fiancé. La petite vérole a ravagé la figure de Pierre. Le crâne rasé, la face tuméfiée, les prunelles injectées de sang, les lèvres craquelées, il est la caricature du jeune homme qu'il était quelques mois auparavant. Devant cet épouvantail ricanant, la tsarine est tentée d'excuser par avance la réaction de Catherine. Pour améliorer le physique du «revenant», elle le coiffe d'une abondante perruque. Affublé de ces fausses boucles poudrées, il est encore plus hideux que sous son aspect naturel. Mais les dés sont jetés. Il faut braver le mauvais sort. Dès l'arrivée des voyageurs et leur installation au palais d'Hiver, Catherine accourt pour voir son fiancé miraculeusement rétabli. Élisabeth assiste, le cœur serré, à la rencontre. En apercevant le grand-duc Pierre, Catherine semble paralysée par l'horreur. La bouche entrouverte, les yeux écarquillés, elle bégaie un compliment pour féliciter son fiancé de sa guérison, fait une courte révérence et s'enfuit, comme si elle venait de se heurter à un spectre.

Le 10 février, jour anniversaire de la naissance

du grand-duc, l'impératrice, consternée, lui déconseille même de se montrer en public. Cependant, elle espère encore qu'avec le temps les défauts physiques de son neveu s'atténueront. Ce qui lui paraît plus grave, pour l'heure, c'est le peu d'intérêt qu'il témoigne à sa fiancée. D'après les on-dit de l'entourage de Catherine, Pierre se serait vanté devant elle d'avoir eu des maîtresses. Mais est-il seulement capable de satisfaire une femme dans les jeux de l'amour? Est-il normalement constitué, «de ce côté-là»? Et la charmante Catherine sera-t-elle assez coquette, assez inventive pour éveiller le désir d'un mari «soliveau»? Donnera-t-elle des enfants au pays qui les attend déjà? Peut-on vaincre par des remèdes la déficience sexuelle d'un homme pour qui la vue d'un régiment en ordre de marche est plus exaltante que celle d'une jeune femme allongée dans la pénombre de son alcôve? Dévorée de doutes, la tsarine consulte des médecins. Après de doctes conciliabules, ils décident que, si le grand-duc buvait moins, il serait davantage attiré par les dames. D'ailleurs, à leur avis, cette inhibition n'est que passagère et un «mieux» se dessinera bientôt. C'est également l'opinion de Lestocq. Mais ces paroles lénifiantes ne suffisent pas à calmer les appréhensions de l'impératrice. Elle s'étonne que Catherine et Pierre ne soient pas plus pressés de se marier. Auraient-ils peur des merveilleux plaisirs de la nuit? S'ils s'accommodent de tous les retards qui séparent les rêves pudiques de la réalité charnelle, Élisabeth, elle, est impatiente pour deux. Au bout de longues discussions, la date de la cérémonie est fixée irrévocablement. Sa Majesté décide que les noces les plus superbes du siècle auront lieu le 21 août 1745.

## IX

## LA RUSSIE ÉLISABÉTHAINE

Quand il s'agit d'organiser une fête de première importance, Élisabeth ne laisse rien au hasard. Le matin de la cérémonie nuptiale, elle a assisté à la toilette de Catherine, l'a examinée, nue, de la tête aux pieds, a dirigé son habillement en vêtements de dessous et de dessus par les femmes de chambre, a discuté avec le coiffeur la meilleure façon de boucler ses cheveux, a choisi, sans discussion possible, la robe en brocart d'argent, à jupe large et à manches courtes, avec une traîne brodée de motifs de roses, puis, vidant son coffre à bijoux, a complété la parure avec des colliers, des bracelets, des bagues, des broches et des pendants d'oreilles, dont le poids rend tout mouvement difficile et oblige la grande-duchesse à un maintien hiératique. Le grand-duc, lui aussi, est voué au tissu d'argent et à la joaillerie impériale. Mais, autant sa fiancée peut s'apparenter à une vision céleste, autant lui, avec son air de singe travesti en prince, donnerait envie de se taper les cuisses. Les bouffons habituels de Sa Majesté Anna Ivanovna étaient moins drôles dans leurs grimaces que lui quand il essaie de paraître sérieux.

Le cortège traverse Saint-Pétersbourg au milieu d'une multitude moutonnante, qui se prosterne au passage des voitures, se signe précipitamment et psalmodie des vœux de bonheur au jeune couple et à la tsarine. Jamais il n'y a eu autant de cierges allumés dans la cathédrale Notre-Dame-de-Kazan. Tout au long de la liturgie, Élisabeth est sur des charbons ardents. Elle s'attend à une de ces incongruités dont son neveu est coutumier dans les circonstances les plus graves. Mais l'office se déroule sans anicroche, y compris l'échange des anneaux. Aux dernières paroles du prêtre, la tsarine pousse un soupir de soulagement. Après avoir risqué l'ankylose en restant debout, durant des heures, à l'église, elle a hâte de se dégourdir les jambes au bal qui, comme il est d'usage, clôt les réjouissances. Cependant, malgré le plaisir qu'elle prend à la danse, elle n'oublie pas que l'essentiel de l'affaire, ce n'est pas la bénédiction, encore moins les menuets et les polonaises, mais l'accouplement qui aura lieu, en principe, bientôt. Dès neuf heures du soir, interrompant la fête, elle décide qu'il est temps pour les jeunes mariés de se retirer. En duègne consciencieuse, elle les conduit à l'appartement conjugal. Des dames et des demoiselles d'honneur, tout émoustillées, leur font escorte. Le grand-duc s'éclipse discrètement pour enfiler sa tenue de nuit et les soubrettes de la grande-duchesse profitent de l'absence provisoire de son mari pour passer à la jeune fille une chemise aux transparences suggestives, coiffer ses cheveux d'un léger bonnet de dentelle et la mettre au lit sous le regard vigilant de l'impératrice. Quand Sa Majesté juge que la « petite » est « prête », elle sort avec une lenteur théâtrale. Au vrai, elle déplore que la décence l'empêche d'assister à la suite. Des interrogations absurdes la tourmentent. Où en est son neveu, à quelques minutes de l'épreuve ? A-t-il en lui assez de ressort viril pour contenter cette enfant innocente ? Sauront-ils, l'un et l'autre, se passer de ses conseils pour s'aimer ? Elle a remarqué, avant de quitter la pièce, que Catherine avait une expression apeurée et un voile de larmes devant les yeux. Certes, elle n'ignore pas que ce genre d'appréhension virginale ne peut qu'exciter le désir d'un homme normalement constitué. Mais est-ce le cas du grand-duc ? N'y a-t-il pas, dans cet être au tempérament excentrique, une impuissance qu'aucune femme ne serait capable de guérir ? En retrouvant Alexis Razoumovski au terme d'une journée épuisante, Élisabeth se félicite de n'avoir pas à se poser la même question en ce qui les concerne tous deux.

Les jours suivants, elle essaie en vain de surprendre dans le regard de Catherine les signes de l'entente physique. La jeune mariée paraît de plus en plus songeuse et désabusée. En interrogeant ses cakéristes, Élisabeth apprend que, le soir, après avoir rejoint sa femme dans le lit, le grand-duc

Pierre, au lieu de la caresser, prend plaisir à jouer avec des figurines de bois peint sur sa table de chevet. Souvent aussi, disent-elles, abandonnant la grande-duchesse, il prétexte un mal de tête pour aller boire et rire avec quelques amis, dans la pièce voisine. Ou bien encore il s'amuse à faire manœuvrer des domestiques en les commandant comme si c'étaient des soldats à la parade. Ce ne sont certes que des enfantillages, mais ils ne laissent pas d'être offensants, et même inquiétants, pour une épouse qui ne demande qu'à être révélée.

Si Catherine reste sur sa faim aux côtés d'un mari défaillant, sa mère se dévergonde sans retenue. En quelques mois passés à Saint-Pétersbourg, elle a trouvé le moyen de devenir la maîtresse du comte Ivan Betski. On raconte qu'elle est enceinte des œuvres de ce gentilhomme et que, si la grande-duchesse tarde à donner un héritier à l'empire, sa chère maman lui offrira, elle, un petit frère ou une petite sœur dans un proche avenir. Indignée par l'inconduite de cette femme qui, par égard pour Catherine, aurait dû modérer ses ardeurs pendant son séjour en Russie, Élisabeth l'invite fermement à quitter le pays où elle n'a apporté que déshonneur et sottise. Après une scène pathétique d'excuses et de justifications, auxquelles la tsarine oppose un mépris glacial, Johanna boucle ses valises et retourne à Zerbst sans prendre congé de sa fille, dont elle redoute les reproches.

Bien qu'ayant été, tous ces temps-ci, consternée par les extravagances de sa mère, Catherine se sent si seule après le départ de Johanna que sa mélancolie se transforme en un désespoir silencieux. Témoin de cet abattement, Élisabeth veut croire encore qu'en voyant sa femme malheureuse Pierre se rapprochera d'elle et que les larmes de Catherine obtiendront ce qu'elle n'a su éveiller en lui par la coquetterie. Mais, de jour en jour, le malentendu entre les époux s'accentue. Vexé de ne pouvoir remplir son devoir conjugal comme Catherine l'y invite chaque nuit par ses mines gentiment provocantes, il se venge en affirmant, avec un cynisme soldatesque, qu'il aime ailleurs et qu'il a même une liaison dont il ne saurait se passer. Il lui parle de certaines de ses demoiselles d'honneur qui auraient pour lui de grandes bontés. Dans son désir de l'humilier, il pousse l'outrecuidance jusqu'à railler sa soumission envers la religion orthodoxe et son respect pour l'impératrice, cette dévergondée qui affiche ses relations avec l'ancien moujik Razoumovski : les turpitudes de Sa Majesté sont, dit-il, la fable de tous les salons de la capitale.

Élisabeth serait plutôt amusée par les démêlés du ménage grand-ducal si sa bru avait la bonne idée de tomber enceinte entre deux bouderies. Mais, au bout de neuf mois de cohabitation, la jeune femme a le ventre aussi plat que le jour de ses noces. Peut-être est-elle encore vierge ? Cette stérilité prolongée apparaît à Élisabeth comme une atteinte à son prestige personnel. Dans un mouvement de colère, elle convoque sa belle-fille improductive, la rend seule responsable de la non-consommation du mariage, l'accuse de frigidité, de maladresse et, reprenant les griefs du chancelier Alexis Bestoujev, va jusqu'à prétendre que Catherine partage les idées politiques de sa mère et qu'elle travaille en secret pour le roi de Prusse.

La grande-duchesse a beau protester et pleurer devant sa belle-mère brusquement changée en furie, Élisabeth, plus souveraine que jamais, lui annonce que, désormais, le grand-duc et elle devront marcher droit, que leur vie, tant intime que publique, sera soumise à des règles strictes, rédigées sous forme d'«instructions» par le chancelier Bestoujev, et que l'exécution de ce programme sera assurée par «deux personnes de distinction» : «un maître et une maîtresse de cour», nommés par Sa Majesté. Le maître de cour sera chargé d'apprendre à Pierre la bienséance, le langage correct et les idées saines qui conviennent à son état ; la maîtresse de cour incitera Catherine à se plier, en toute circonstance, aux dogmes de la religion orthodoxe ; elle lui interdira la moindre intrusion dans le domaine de la politique, éloignera d'elle les jeunes gens susceptibles de la détourner de l'amour conjugal et lui enseignera certaines habiletés féminines propres à éveiller le désir de son époux, afin que, «par là, lit-on dans le document, un rejeton de notre très haute maison puisse être produit[1]».

En application de ces directives draconiennes,

---

1. Cf. Henri Troyat : *Catherine la Grande*, et Bilbassov : *Catherine II.*

défense est faite à Catherine d'écrire directement à qui que ce soit. Toutes ses lettres, y compris celles destinées à ses parents, sont préalablement soumises à l'examen du Collège des Affaires étrangères. En même temps, on écarte de la cour les quelques gentilshommes dont la compagnie la distrait parfois dans sa solitude et son chagrin. Ainsi, par ordre de Sa Majesté, trois Tchernychev, deux frères et un cousin, de belle tournure et de commerce agréable, sont envoyés comme lieutenants dans des régiments cantonnés à Orenbourg. La maîtresse de cour, à qui incombe la mise au pas de Catherine, est une cousine germaine de l'impératrice, Marie Tchoglokov, et le maître de cour n'est autre que son mari, un homme d'influence actuellement en mission à Vienne. Ce ménage modèle est destiné à servir d'exemple au couple grand-ducal. Marie Tchoglokov est un parangon de vertu, puisqu'elle est dévouée à son époux, qu'elle passe pour être pieuse, qu'elle voit tout par les yeux de Bestoujev et qu'à vingt-quatre ans elle a déjà eu quatre enfants ! Au besoin, on adjoindra aux Tchoglokov un mentor supplémentaire, le prince Repnine. Lui aussi devra initier Leurs Altesses à la sagesse, à la dévotion et à la préférence russe.

Avec de tels atouts en mains, Élisabeth est sûre d'arriver à dompter et à assortir ce ménage désuni. Mais, très vite, elle s'aperçoit qu'il est aussi malaisé d'éveiller l'amour réciproque dans un couple disparate que d'instituer la paix entre deux pays aux intérêts opposés. Dans le monde comme dans sa maison règnent les incompréhensions, les rivalités, les exigences, les affrontements et les ruptures. De menaces de guerre en escarmouches locales, de traités bâclés en concentrations de troupes aux frontières, on en arrive, après quelques victoires des armées françaises dans les Provinces-Unies, à ce qu'Élisabeth accepte d'envoyer un corps expédi-tionnaire aux confins de l'Alsace. Sans ouvrir les hostilités contre la France, elle incite celle-ci à se montrer moins intransigeante dans ses pourparlers avec ses adversaires. Le 30 octobre 1748, par le traité de paix d'Aix-la-Chapelle, Louis XV renonce à la conquête des Pays-Bas et Frédéric II conserve la Silésie. La tsarine, elle, tire son épingle du jeu, n'ayant rien gagné, rien perdu, et ayant déçu tout le monde. Le seul souverain à se féliciter de cet arrangement, c'est le roi de Prusse.

Mais Élisabeth a maintenant la conviction que Frédéric II entretient à Saint-Pétersbourg, dans les murs mêmes du palais, un de ses partisans les plus efficaces et les plus dangereux : le grand-duc Pierre. Son neveu, qu'elle n'a jamais pu souffrir, lui devient de jour en jour plus étranger et plus odieux. Elle confie à Razoumovski : « Mon neveu m'a dépi-tée au plus haut point !... C'est un monstre, que le diable l'emporte !... » Pour assainir l'atmosphère de germanophilie dont s'entoure le grand-duc, elle s'acharne à éliminer de sa suite les gentilshommes holsteinois et à éloigner ceux qui tentent de les remplacer. Il n'est pas jusqu'au valet de chambre de Pierre, un certain Rombach, qui ne soit jeté en prison sous un prétexte futile. Pierre se console de ces avanies en se livrant à des lubies extravagantes. Il ne se sépare plus de son violon, sur lequel il racle des heures durant à en écorcher les oreilles de sa femme. Ses discours sont tellement décousus que parfois Catherine le croit frappé de folie et a envie de fuir. S'il la voit occupée à lire, il lui arrache le livre des mains et lui ordonne de jouer avec lui à une bataille entre les soldats de bois dont il fait collection. S'étant pris, depuis peu, d'une vraie passion pour les chiens, il installe une dizaine de barbets dans la chambre conjugale, malgré les protestations de Catherine. Comme elle se plaint de leurs aboiements et de leur odeur, il l'insulte et refuse de lui sacrifier sa meute. Dans son isolement, Catherine cherche en vain un ami ou, du moins, un confident. Elle finit par se rabattre sur le médecin de l'impératrice, l'inamovible Lestocq, qui lui marque de l'intérêt et même de la sympathie. Elle espère s'en être fait un allié, aussi bien contre la «clique des Prussiens» que contre Sa Majesté, qui lui reproche toujours son infécondité alors qu'elle n'y est pour rien. Empêchée de correspondre librement avec sa mère, elle a recours au médecin pour acheminer ses lettres, par des voies sûres, à leur destinataire. Or, Bestoujev, détestant Lestocq, en qui il voit un rival potentiel, est ravi d'apprendre par ses espions que le «médicastre» rend service à la grande-duchesse en transgressant les instructions impériales. Fort de ces révélations, il intervient auprès de Razoumovski et incrimine Lestocq d'être un agent à la solde des chancelleries étrangères et de travailler à desservir le « grand favori » dans l'opinion de Sa Majesté. Cette délation concorde avec les dénonciations d'un secrétaire du médecin de cour, un certain Chapuzot, qui, sous la torture, avoue tout ce qu'on lui demande. Devant ce faisceau d'indications plus ou moins probantes, Élisabeth se met sur ses gardes. Depuis plusieurs mois déjà, elle évite de se faire soigner par Lestocq. S'il n'est plus fiable, il doit payer.

Dans la nuit du 11 au 12 novembre 1748, Lestocq est brusquement tiré de son sommeil et conduit à la forteresse Saint-Pierre-et-Saint-Paul. Une commission spéciale présidée par Bestoujev en personne, avec comme assesseurs le général Apraxine et le comte Alexandre Chouvalov, accuse Lestocq d'être vendu à la Suède et à la Prusse, de correspondre clandestinement avec Johanna d'Anhalt-Zerbst, mère de la grande-duchesse Catherine, et de comploter contre l'impératrice de Russie. Soumis à la torture, et malgré ses serments d'innocence, il sera déporté à Ouglitch et privé de tous ses biens. Cependant, dans un réflexe de tolérance, Élisabeth consent à ce que la femme du condamné le rejoigne dans sa cellule et, plus tard, dans son exil. Peut-être même s'apitoie-t-elle sur le sort de cet homme qu'elle a *dû* châtier, par principe régalien, alors qu'elle garde un excellent souvenir de l'empressement dont il a toujours fait preuve à son service. Sans être bonne, elle est sensible, et même sentimentale. Incapable d'indulgence, elle est toute disposée à verser des larmes sur les victimes d'une épidémie dans un pays lointain ou sur les malheureux soldats qui risquent leur vie aux frontières de l'empire. Comme elle se montre, la plupart du temps, familière et souriante, ses sujets, oubliant les supplices, les spoliations, les exécutions ordonnés sous son règne, l'appellent volontiers, entre eux, «la Clémente». Même ses dames et ses demoiselles d'honneur, qu'elle gratifie parfois d'une gifle ou d'une insulte à faire rougir un grenadier, sont attendries quand elle leur dit, après les avoir injustement punies : *Vinovata, matouchka!* («Je suis coupable, ma petite mère!») Mais c'est encore avec son mari morganatique, Razoumovski, qu'elle se révèle la plus affectueuse et la plus attentionnée. Quand il fait froid, elle lui boutonne sa pelisse, en ayant soin que ce geste de sollicitude conjugale soit vu par tout leur entourage. Est-il cloué dans son fauteuil par une crise de goutte — ce qui lui arrive souvent — et elle sacrifie des rendez-vous importants pour lui tenir compagnie. La vie normale ne reprend au palais qu'après la guérison du malade.

Pourtant, elle se permet de le tromper avec des hommes jeunes et vigoureux, tels les comtes Nikita Panine ou Serge Saltykov. Mais, de tous ses amants adventices, c'est encore le neveu des Chouvalov, Ivan Ivanovitch, qui a sa préférence. Ce qui la séduit dans ce nouvel élu, c'est, certes, l'appétissante fraîcheur de sa personne, sa beauté, mais aussi son instruction et sa connaissance de la

France. Elle qui ne lit jamais est émerveillée de le voir si impatient de recevoir les derniers livres qu'on lui expédie de Paris. Il a vingt-trois ans et il correspond avec Voltaire! Deux qualités qui, aux yeux de Sa Majesté, le distinguent du commun des mortels. Auprès de lui, elle a l'impression de sacrifier tout ensemble à l'amour et à la culture. Et cela sans se fatiguer les yeux ni le cerveau! S'initier aux splendeurs de l'art, de la littérature, de la science dans les bras d'un homme qui est une encyclopédie vivante, c'est, pense-t-elle, la meilleure façon d'apprendre en jouissant. Elle paraît si satisfaite de cette pédagogie voluptueuse que Razoumovski ne songe pas à lui reprocher sa trahison. Il trouve même Ivan Chouvalov tout à fait digne d'estime et encourage Sa Majesté à joindre les plaisirs de l'alcôve à ceux de l'étude. C'est Ivan Chouvalov qui incitera Élisabeth à fonder l'université de Moscou et l'Académie des beaux-arts de Saint-Pétersbourg. Ce faisant, elle éprouvera un sentiment de revanche qui ressemble à un vertige. Consciente de son ignorance, elle n'en est que plus fière de présider à l'éveil du mouvement intellectuel en Russie. Il est grisant pour elle de se dire que les écrivains et les artistes de demain lui devront tout, à elle qui ne sait rien.

Toutefois, si Razoumovski accepte sagement d'être supplanté par Ivan Chouvalov dans les bonnes grâces de Sa Majesté, le chancelier Bestoujev, lui, devine avec angoisse que sa prééminence est menacée par l'élévation de ce jeune favori à la parentaille nombreuse et avide. Il essaie bien de l'évincer en présentant à la tsarine le charmant Nikita Beketov. Mais, après avoir ébloui Sa Majesté au cours d'un spectacle donné par les élèves de l'École des cadets, cet Adonis a été appelé à servir dans l'armée. En vain tentera-t-on de le ramener à Saint-Pétersbourg pour le replacer sous les yeux de Sa Majesté. Le clan des Chouvalov veille à sa perte. Ils lui recommandent, par amitié pure, une pommade adoucissante pour le visage et, sitôt que Nikita Beketov l'a appliquée, il voit ses joues se couvrir de taches rouges. Une fièvre horrible le saisit. Dans son délire, il profère des jugements indécents sur Sa Majesté. Chassé du palais, il n'y remettra plus les pieds, laissant la place à Ivan Chouvalov et à Alexis Razoumovski, lesquels s'acceptent et s'estiment l'un l'autre, à la façon d'un mari et d'un amant qui « savent vivre » !

Sans doute est-ce sous leur double influence que la tsarine se livre à sa passion de bâtir. Elle voudrait embellir le Saint-Pétersbourg de Pierre le Grand afin que la postérité la jugeât digne de son ancêtre. Tout règne important — elle le sait par atavisme — doit s'inscrire dans la pierre. Indifférente à la dépense, elle fait restaurer le palais d'Hiver et élever en trois ans, à Tsarskoïe Selo, le palais d'Été, qui deviendra sa résidence préférée. Chargé de ces énormes travaux, l'Italien Bartolomeo Francesco Rastrelli s'occupe également d'ériger une église à Péterhof et d'aménager le parc du château ainsi que les jardins de Tsarskoïe Selo. Mais, pour rivaliser avec un Louis XV, qui demeure son modèle dans l'art du faste et de la réclame royales, Élisabeth va s'adresser à des peintres en renom dont la mission sera de léguer à la curiosité des générations futures les portraits de Sa Majesté et de ses intimes. Ainsi, après avoir «utilisé» le peintre de cour Caravaque, souhaiterait-elle faire venir de France le très célèbre Jean-Marc Nattier. Mais celui-ci s'étant décommandé à la dernière minute, elle doit se contenter de son gendre, Louis Tocqué, qu'Ivan Chouvalov séduit en lui offrant vingt-six mille roubles argent. En deux ans, Tocqué peindra sur place une dizaine de toiles et, au terme de son contrat, passera le pinceau à Louis-Joseph Le Lorrain et à Louis-Jean-François Lagrenée[1]. Tous ces artistes sont choisis, conseillés et appointés par Ivan Chouvalov : il n'a jamais aussi bien servi la gloire de son impériale maîtresse qu'en attirant à Saint-Pétersbourg des peintres et des architectes étrangers.

Si Élisabeth estime qu'il est de son devoir d'enrichir sa capitale de beaux édifices et ses appartements de tableaux dignes des galeries de Versailles, elle a l'ambition, bien qu'elle ouvre rarement un livre, d'initier ses compatriotes aux délices de l'esprit. Parlant assez bien le français, elle tente même d'écrire des vers dans cette langue, dont toutes les cours européennes raffolent, mais l'exercice lui paraît vite au-dessus de ses forces. En revanche, elle multiplie les spectacles de ballet qui sont, juge-

---

1. Cf. Daria Olivier, *op. cit.*

t-elle, une façon amusante de participer à la culture générale. La plupart sont réglés par son maître à danser, Landet. Les bals, innombrables, sont, plus encore que les soirées théâtrales, l'occasion pour les femmes d'exhiber leurs plus élégants atours. Mais, lors de ces réunions, elles ne parlent guère, ni entre elles ni avec les invités masculins. Muettes et raides, rangées d'un côté de la salle, elles évitent de lever les yeux sur les cavaliers alignés de l'autre côté. Plus tard, les évolutions des couples sont également d'une décence et d'une lenteur engourdissantes. «La récidive fréquente et toujours uniforme de ces plaisirs devient aisément fastidieuse», écrira cette méchante langue de chevalier d'Éon. Quant au marquis de L'Hôpital, il mandera à son ministre, le duc de Choiseul : «Je ne vous parle pas de l'ennui; il est inexprimable!»

Cet ennui, Élisabeth tente de le secouer en encourageant les premières représentations théâtrales en Russie. Elle autorise l'installation, à Saint-Pétersbourg, d'une compagnie de comédiens français, cependant que le Sénat accorde à l'Allemand Hilferding le privilège de monter des comédies et des opéras dans les deux capitales. En outre, des spectacles populaires russes sont offerts au public, les jours de fête, à Saint-Pétersbourg et à Moscou. On y donne, entre autres, *Le Mystère de la Nativité*. Toutefois, par respect des dogmes orthodoxes, Élisabeth interdit que la Sainte Vierge paraisse, sous les traits d'une actrice, devant les spectateurs. C'est une icône qui est apportée sur la scène chaque fois

231

que la mère de Dieu prend la parole. D'ailleurs, par
mesure de police, il est défendu de présenter des
pièces, fussent-elles d'inspiration religieuse, dans
les demeures particulières. Vers la même époque,
un jeune auteur, Alexandre Soumarokov, obtient
un grand succès avec une tragédie en langue russe,
*Khorev*. On parle aussi, comme d'une nouveauté
incroyable, de la création en province, à Iaroslavl,
d'un théâtre de mille places, fondé par un certain
Fédor Grigorievitch Volkov, qui y fait jouer des
pièces de sa composition en vers et en prose. Souvent, il les interprète lui-même. Étonnée par le
brusque engouement de l'élite russe pour l'art théâ-
tral, Élisabeth pousse la bienveillance jusqu'à auto-
riser les comédiens à porter l'épée, honneur réservé
jusque-là à la seule noblesse. Au vrai, la plupart du
temps, les pièces représentées à Saint-Pétersbourg
et à Moscou sont de pâles adaptations en russe des
pièces françaises les plus célèbres. *L'Avare* y alterne
avec *Tartufe* et *Polyeucte* avec *Andromaque*. Soudain, pris d'une audace confondante, Soumarokov
imagine d'écrire un drame historique russe, *Sinav
et Trouvor*, inspiré par le passé de la république de
Novgorod. Cet essai de littérature nationale trouve
un écho jusqu'à Paris, où l'événement est signalé
comme une curiosité dans *Le Mercure de France*.
Peu à peu, le public russe, entraîné par Élisabeth et
Ivan Chouvalov, s'intéresse à la naissance d'un
moyen d'expression qui n'est encore qu'une imita-
tion des grandes œuvres de la littérature occidentale, mais auquel l'usage de la langue maternelle

confère un semblant d'originalité. Soumarokov, sur sa lancée, rédige une revue littéraire, *L'Abeille laborieuse*, qui deviendra, au bout d'un an, un recueil hebdomadaire, *Le Loisir*, publié par le corps des Cadets. Il pimente même ses textes d'un peu d'ironie dans le style voltairien, mais sans la moindre provocation philosophique. Bref, il s'agite comme un beau diable dans un domaine où tout est neuf, que ce soit la pensée ou l'écriture. Et pourtant, au milieu des pionniers où il se range avec un Trediakov et un Kantémir, c'est un autre auteur qui déjà se pousse à la première place.

Là encore, c'est Ivan Chouvalov qui est le «découvreur». Celui dont il vient de pressentir le génie est un étrange personnage, qui tient de l'illuminé, du touche-à-tout et du vagabond : un nommé Serge Lomonossov. Fils d'un humble pêcheur des environs d'Arkhangelsk, Lomonossov a passé la majeure partie de son enfance sur la barque paternelle, dans le froid et la tempête, entre la mer Blanche et l'océan Atlantique. Il a appris à lire chez un prêtre de sa paroisse, puis, saisi d'une brusque passion pour les études et l'errance, s'est enfui de la maison familiale et a marché droit devant lui, déguenillé et affamé, dormant n'importe où, mangeant n'importe quoi, vivant d'aumônes et de rapines, mais sans jamais dévier du but qu'il s'est fixé : Moscou. Quand il arrive, d'étape en étape, au bout de son long voyage, il a dix-sept ans, le ventre creux et la tête pleine de projets mirifiques. Recueilli par un moine, il se fait passer pour le fils d'un prêtre venu s'instruire auprès des grands esprits de la ville et le voici admis, par protection, à l'Académie slavo-gréco-latine, seul établissement d'enseignement existant alors dans l'empire. Il y est vite remarqué pour son intelligence et sa mémoire exceptionnelles, ce qui lui vaut d'être dirigé sur Saint-Pétersbourg, d'où on l'expédie en Allemagne. Selon les prescriptions de ses commettants, il doit y parfaire ses connaissances dans toutes les matières. A Marburg, le philosophe et mathématicien Christian von Wolff le prend en amitié, l'encourage dans ses lectures, lui fait découvrir l'œuvre de Descartes et l'initie aux débats d'idées. Mais, si Lomonossov est attiré par la spéculation intellectuelle, il l'est également par la poésie, cela d'autant plus qu'en Allemagne, sous l'égide de Frédéric II, qui se pique de culture, la versification est un passe-temps à la mode. Exalté par des exemples venus de haut, Lomonossov écrit lui aussi, beaucoup et vite. Les exercices littéraires ne le retiennent d'ailleurs pas longtemps devant sa table de travail. Sur un coup de tête, il délaisse la plume pour courir les tripots et lutiner les filles. Ses désordres sont si scandaleux que, menacé d'arrestation, il doit fuir pour n'être pas enrôlé de force dans l'armée prussienne. Capturé et emprisonné, il parvient à s'évader et retourne, à bout de forces et à court d'argent, à Saint-Pétersbourg.

Ces aventures successives, loin de l'assagir, lui ont donné l'envie de lutter, de toute son énergie, contre le mauvais sort et les faux amis. Néanmoins, cette fois, s'il veut se distinguer, ce n'est plus dans la beuverie mais dans la poésie. Son admiration pour la tsarine l'inspire. Il voit en elle plus que l'héritière de Pierre le Grand : le symbole de la Russie en marche vers un avenir glorieux. Dans un bel élan de sincérité, il lui dédie des poèmes d'une adoration quasi religieuse. Certes, il n'ignore pas qu'il a été précédé dans le genre par Basile Trediakovski et Alexandre Soumarokov, mais ces deux confrères, qui lui font grise mine quand il surgit dans le petit cercle intellectuel de la capitale, ne l'intimident nullement. D'emblée, il se sent supérieur à eux. Ils ne tardent d'ailleurs pas à deviner le danger que représente pour leur notoriété ce nouveau venu qui les dépasse par l'ampleur de ses desseins et la richesse de son vocabulaire. Son terrain de chasse est le même que le leur. Suivant leur exemple, il s'attaque lui aussi à des panégyriques de Sa Majesté et à des hymnes aux vertus guerrières de la Russie. Mais, si le prétexte des poèmes de Lomonossov reste conventionnel, le style et la prosodie en sont d'une vigueur inédite. La langue de ses prédécesseurs, recherchée et pompeuse, était encore imprégnée de slavon. La sienne, pour la première fois dans une œuvre imprimée, se rapproche — timidement, il est vrai — de celle que parlent entre eux les gens nourris d'autre chose que des Écritures saintes et des bréviaires. Sans descendre de l'Olympe, il fait quelques pas vers la rumeur de la rue. Qui ne lui en saurait gré, parmi ses contemporains ? Les récompenses pleuvent sur sa tête. Mais son appétit de connaissances est tel qu'il ne peut se satisfaire d'un succès littéraire. Reculant les limites des ambitions raisonnables, il entend parcourir tout le cycle de la réflexion humaine, tout apprendre, tout engranger, tout essayer, tout réussir en même temps.

Soutenu par Ivan Chouvalov, qui l'a fait nommer — pourquoi pas ? — président de l'Académie, il inaugure ses fonctions par un cours de physique expérimentale. Sa curiosité le promenant d'une discipline à l'autre, il publie coup sur coup une *Introduction à la vraie chimie physique*, une *Dissertation sur les devoirs des journalistes dans les exposés qu'ils donnent sur la liberté de philosopher* (en français) et, sans doute pour se laver devant le clergé orthodoxe des soupçons d'athéisme occidental, une *Réflexion sur l'utilité des livres d'Église dans la langue russe*. D'autres ouvrages de la même encre coulent de sa plume prolifique. Ils alternent avec des odes, des épîtres, des tragédies. En 1748, il compose un traité de rhétorique en russe. L'année suivante, pour se changer les idées, il se lance dans des études approfondies sur la coloration industrielle du verre. Avec un égal enthousiasme, il entreprend la rédaction du premier lexique de la langue russe. Tour à tour poète, chimiste, minéralogiste, linguiste, grammairien, il passe des semaines entières cloîtré dans son bureau à Saint-Pétersbourg ou dans le laboratoire qu'il a installé à Moscou, dans la tour Soukharev, construite jadis par Pierre le Grand. Refusant de perdre son temps à manger alors que des problèmes si importants le requièrent, il se contente de croquer parfois un morceau de pain beurré, d'avaler trois rasades de bière et continue sa tâche jusqu'à tomber d'inanition, le nez sur ses papiers. Le soir venu, les passants regardent avec inquiétude la lumière qui brille derrière les fenêtres de cet antre du travail, dont on ne sait s'il a l'agrément de Dieu ou du diable. Monstre d'érudition et d'avidité intellectuelle, en lutte contre l'ignorance et le fanatisme du peuple, Lomonossov ira même jusqu'à revendiquer, en 1753, contre Benjamin Franklin, la priorité de la découverte de la force électrique. Mais il se préoccupe également des applications pratiques de la science. C'est dans cette perspective que, toujours avec le soutien d'Ivan Chouvalov, il réorganisera la première université, animera une fabrique impériale de porcelaine, implantera en Russie l'art de la verrerie et de la mosaïque.

Ayant très vite reconnu les mérites de Lomonossov, Élisabeth lui rend en admiration et en protection les nombreux hommages qu'il lui dédie dans ses poèmes. A demi illettrée, elle remplace avec bonheur la culture par l'instinct. C'est l'instinct qui l'a conduite à choisir comme favori, puis comme époux inavoué, un simple paysan, ancien chantre d'église, et à confier l'instruction de son empire à un autre paysan, fils de pêcheur et polygraphe de génie. Dans les deux cas, elle s'est adressée à un enfant du peuple pour l'aider à élever le peuple. Comme si elle savait que c'est dans les couches profondes du terreau humain que réside la sagesse. Il a suffi qu'elle prenne connaissance des premiers travaux de Lomonossov pour comprendre que, ce qu'il y aura de plus important dans son règne, ce ne seront ni les monuments, ni les lois, ni les nominations de ministres, ni les conquêtes militaires, ni les fêtes avec leurs feux d'artifice, mais la naissance de la vraie langue russe. Personne encore autour d'elle ne devine que, sous une apparence quotidienne, le pays est en train de vivre une révolution. Ce qui change imperceptiblement, ce ne sont pas les esprits ou les mœurs, c'est la manière de choisir et d'agencer les mots, d'exprimer sa pensée. Délivrée de la gangue ancestrale du slavon d'église, la parole russe de l'avenir prend son essor. Et c'est le fils d'un pêcheur du Grand Nord qui, par ses écrits, lui donne ses lettres de noblesse.

Si la chance de Lomonossov est d'avoir eu Élisabeth pour l'aider dans sa prodigieuse carrière, la chance d'Élisabeth est d'avoir eu Lomonossov pour créer, dans son ombre, la langue russe de demain.

# X

## SA MAJESTÉ ET LEURS ALTESSES

Tour à tour sollicitée, en cette année 1750, par les événements du monde extérieur et par ceux de sa famille, Élisabeth ne sait plus où donner de la tête. A l'instar de l'Europe livrée aux rivalités et aux convulsions, le couple grand-ducal vit cahin-caha, sans directive ferme et, semble-t-il, sans projet d'avenir. La grossièreté de Pierre éclate à la moindre occasion. L'âge, qui devrait assagir sa gaminerie et sa maniaquerie, ne fait que les exacerber. A vingt-deux ans, il en est encore à s'amuser avec des marionnettes, à diriger, revêtu de l'uniforme prussien, la parade de la petite troupe holsteinoise réunie à Oranienbaum et à organiser un conseil de guerre pour condamner, dans les formes, un rat à la pendaison. Quant aux jeux de l'amour, il y pense de moins en moins. S'il continue de se vanter, devant Catherine, de ses prétendues liaisons galantes, il se garde bien de la toucher, fût-ce du bout des doigts. On dirait qu'elle lui fait peur, ou qu'elle lui répugne, justement parce qu'elle est une femme et qu'il ignore tout de ce genre de créature. Frustrée et humiliée, nuit après nuit, elle s'étourdit en lisant les romans français de Mlle de Scudéry, *L'Astrée* d'Honoré d'Urfé, le *Clovis* de Desmarets, les *Lettres* de Mme de Sévigné ou — suprême audace ! — les *Vies des dames galantes* de Brantôme. Quand elle est lasse de tourner les pages d'un livre, elle s'habille en homme, à l'exemple de l'impératrice, va chasser le canard au bord des étangs ou fait seller un cheval et galope sans but, le visage au vent, pour se détendre les nerfs. Par un reste de décence, elle feint de monter en amazone, mais, à peine se croit-elle hors de vue qu'elle se campe à califourchon. Dûment avertie, l'impératrice déplore cette habitude cavalière qui, selon elle, pourrait être cause de la stérilité de sa bru. Catherine ne sait si elle doit rire ou s'agacer d'une telle curiosité autour de son ventre.

Si le grand-duc la dédaigne, d'autres hommes lui font la cour, assez ouvertement. Même son mentor attitré, le très vertueux Tchoglokov, s'est radouci et lui glisse de temps à autre un compliment salace. Sensible autrefois au charme des Tchernychev, elle subit à présent avec plaisir les assiduités d'un nouveau membre de la famille, prénommé Zahar, qui vaut bien les précédents. A chaque bal, Zahar est là, qui la dévore des yeux et attend le moment de danser avec elle. Ils échangent même, dit-on, des billets doux. Élisabeth veille au grain. Au beau milieu de l'amourette, Zahar Tchernychev reçoit l'ordre impérial de rejoindre immédiatement son régiment, cantonné loin de la capitale. Mais Catherine n'a guère le temps de regretter son départ, car presque aussitôt il est avantageusement remplacé à ses côtés par le séduisant comte Serge Saltykov. Descendant d'une des plus anciennes familles de l'empire, admis parmi les chambellans de la petite cour grand-ducale, il a épousé une demoiselle d'honneur de l'impératrice et en a eu deux enfants. Il est donc de la race des «vrais mâles» et brûle de le prouver à la grande-duchesse, mais la prudence le retient encore sur la pente. La nouvelle surveillante et camériste du couple, Mlle Vladislavov, adjointe aux Tchoglokov, informe Bestoujev et l'impératrice des progrès de cette idylle doublement adultérine. Un jour, alors que Mme Tchoglokov expose, pour la dixième fois, à Sa Majesté les soucis que lui cause le grand-duc en négligeant son épouse, Élisabeth, saisie d'une illumination, retourne à une idée qui la hante depuis les fiançailles de son neveu. Comme vient de le dire son interlocutrice, pour qu'il y ait naissance d'enfant, il faut impérativement que le mari «y ait mis du sien». C'est donc sur Pierre qu'il faut agir, et non sur Catherine, pour assurer une procréation correcte. Ayant convoqué Alexis Bestoujev, Élisabeth examine avec lui la meilleure façon de résoudre le problème. Les faits sont là : après cinq ans de mariage, la grande-duchesse n'a pas encore été déflorée par son époux. Or, selon les dernières nouvelles, elle a un amant normalement constitué, Serge Saltykov. En consé-

241

quence, il importe, pour éviter un fâcheux micmac, de prendre Serge Saltykov de vitesse et d'offrir à Pierre la possibilité de féconder sa femme. Selon le médecin de cour Boerhaave, il suffirait d'une légère intervention chirurgicale pour libérer Son Altesse du phimosis qui le rend impropre à satisfaire son auguste moitié. Bien entendu, si l'opération ne réussit pas, Serge Saltykov sera là pour remplir, incognito, le rôle de géniteur. On aura ainsi une double garantie d'insémination. Autrement dit, pour que la descendance de Pierre le Grand soit assurée, il est préférable de miser sur les deux tableaux : laisser Catherine prendre du bon temps avec son amant et préparer son mari à avoir avec elle des rapports efficaces. Le souci dynastique et le sens de la famille se conjuguent pour conseiller à la tsarine d'avoir, en stratège avisé, plusieurs cordes à son arc. Du reste, n'ayant jamais eu d'enfant elle-même, en dépit de ses nombreuses aventures sentimentales, elle ne comprend pas qu'une femme, à qui sa constitution physique n'interdit pas la maternité, hésite à chercher auprès d'un autre homme le bonheur que son époux lui refuse. Peu à peu, dans sa tête, l'adultère de la grande-duchesse, qui n'était au début qu'une idée à la fois futile et aberrante, devient une idée fixe à caractère sacré, l'équivalent d'un devoir patriotique.

A son instigation, Mme Tchoglokov, transformée en confidente très intime, va expliquer à Catherine qu'il est des situations où l'honneur d'une femme est de consentir à perdre cet honneur

pour le bien du pays. Elle lui jure que personne —
pas même l'impératrice — ne lui tiendra rigueur de
cette dérogation aux règles de la fidélité conjugale.
C'est donc avec la bénédiction de Sa Majesté, de
Bestoujev et des Tchoglokov qu'elle retrouve maintenant Serge Saltykov pour des rencontres qui ne
sont plus uniquement des parties de plaisir. Cependant, la petite intervention chirurgicale décidée en
haut lieu est pratiquée de façon tout à fait indolore
par le docteur Boerhaave sur la personne du grand-
duc. Pour avoir la preuve qu'un coup de bistouri a
rendu son neveu «opérationnel», Sa Majesté lui
envoie la jeune et jolie veuve du peintre Groot, que
l'on dit apte à se faire une opinion sur ce point. Le
rapport de la dame est concluant : tout est en ordre !
La grande-duchesse pourra juger par elle-même
des capacités enfin normales de son époux. En
apprenant la nouvelle, Serge Saltykov est soulagé.
Et Catherine l'est encore plus. En effet, il est temps
que Pierre se manifeste, une fois du moins, au lit
pour qu'elle puisse lui faire endosser la paternité de
l'enfant qu'elle porte depuis quelques semaines
dans son ventre.

Hélas ! au mois de décembre 1750, au cours
d'une partie de chasse, Catherine est prise de vio-
lentes douleurs. Une fausse couche. Malgré leur
déception, la tsarine et les Tchoglokov redoublent
d'attention envers elle. Une façon comme une autre
de l'inviter à recommencer. Avec Saltykov ou avec
n'importe quelle «doublure». Le vrai père importe
peu. C'est le père putatif qui compte ! En mars

1753, Catherine éprouve derechef des symptômes de grossesse. Une seconde fausse couche survient, au retour d'un bal. Heureusement, la tsarine a de l'opiniâtreté à revendre : au lieu de désespérer, elle encourage Saltykov dans son rôle d'étalon, cela tant et si bien qu'en février 1754, sept mois après sa dernière fausse couche, Catherine constate qu'elle est de nouveau enceinte. Aussitôt prévenue, la tsarine pavoise. Cette fois, pense-t-elle, sera la bonne. La grossesse paraissant se dérouler correctement, elle estime qu'il serait sage d'éloigner Serge Saltykov, dont les services ne sont plus nécessaires. Toutefois, par égard pour le moral de sa bru, l'impératrice consent à garder l'amant en réserve, du moins jusqu'à l'accouchement.

Certes, en songeant à cette naissance prochaine, Élisabeth regrette qu'il s'agisse d'un bâtard, lequel, bien qu'héritier en titre de la couronne, n'aura plus dans les veines une seule goutte du sang des Romanov. Mais cette tromperie généalogique, dont nul, bien entendu, ne sera informé, vaut mieux, juge-t-elle, que l'installation sur le trône du pauvre tsarévitch Ivan, aujourd'hui âgé de douze ans et prisonnier à Riazan, d'où l'on doit le transférer, comme prévu, à Schlüsselburg. Feignant de croire que l'enfant à venir est le légitime rejeton de Pierre, elle entoure de soins cette mère adultère dont elle ne peut plus se passer. Partagée entre le remords d'une gigantesque supercherie et la fierté d'avoir ainsi préservé la pérennité de la dynastie, elle voudrait crier son indignation à cette fieffée roublarde, qui cependant témoigne d'une sensualité, d'une amoralité et d'une audace si proches des siennes ! Mais il lui faut se contenir à cause des historiens de demain, qui jugeront son règne. Aux yeux de la cour, Sa Majesté attend, avec un pieux espoir, que sa bru très affectionnée mette au monde le premier fils du grand-duc Pierre, fruit providentiel d'un amour béni par l'Église. Ce n'est pas une femme qui va accoucher, mais la Russie entière qui se pré-pare à donner le jour à son futur empereur.

Durant des semaines, Élisabeth loge dans l'ap-partement voisin de la pièce où la grande-duchesse attend la délivrance. Au vrai, si elle veut se tenir tout près de sa belle-fille, c'est surtout pour empê-cher que l'entreprenant Serge Saltykov ne lui rende de trop fréquentes visites, ce qui ferait jaser. Dès à présent, elle envisage l'envoi dans quelque poste éloigné de ce géniteur devenu indésirable. Quant à l'avenir sentimental de sa bru, Élisabeth n'y songe pas encore. Que Catherine se contente d'accou-cher ! Et qu'elle donne un garçon au pays ! Une fille compliquerait tout ! Plus tard, on avisera ! Jour après jour, la tsarine fait des calculs, interroge les méde-cins, consulte les voyantes et prie devant les icônes.

Dans la nuit du 19 au 20 septembre 1754, après neuf ans de mariage, Catherine ressent enfin les premières douleurs. Immédiatement, l'impératrice, le comte Alexandre Chouvalov et le grand-duc Pierre se précipitent pour assister au travail. Le 20 septembre 1754, à midi, en voyant apparaître, dans les mains de la sage-femme, le bébé encore

245

gluant et maculé de sang, Élisabeth exulte : Dieu soit loué, c'est un mâle ! Elle a déjà choisi son prénom : ce sera Paul Petrovitch (Paul, fils de Pierre). Lavé, emmailloté, ondoyé par le confesseur de Sa Majesté, le nouveau-né ne reste qu'une minute dans les bras de sa mère. C'est à peine si elle a le temps de l'embrasser, de le palper, de le humer. Il ne lui appartient déjà plus : il appartient à la Russie, ou plutôt à l'impératrice ! Laissant derrière elle la grande-duchesse exténuée et gémissante, Élisabeth emporte le petit Paul, en le serrant dans ses bras, comme un butin chèrement acquis. Désormais, elle le gardera dans ses appartements privés, sous sa seule surveillance. Elle n'a plus besoin de Catherine. Ayant accompli son office de pondeuse, la grande-duchesse a perdu tout intérêt. Elle pourrait retourner en Allemagne que nul ne s'en soucierait au palais.

Penchée sur le berceau, Élisabeth scrute avec angoisse le visage chiffonné du nourrisson. Aucun « air de famille » n'est décelable à cet âge-là. Et c'est tant mieux ! D'ailleurs, qu'il ressemble à l'amant de Catherine ou à son mari, le résultat est le même. A dater d'aujourd'hui, il est indifférent que le grand-duc Pierre, ce macaque prétentieux, continue à encombrer le palais. Qu'il vive ou qu'il disparaisse : la succession est assurée !

Au-dessus de la ville, les canons tonnent, les cloches carillonnent allégrement ; dans sa chambre, encore toute chaude du remue-ménage de l'accouchement, Catherine pleure d'être une fois de plus abandonnée ; et non loin d'elle, derrière la porte, le grand-duc, entouré des officiers de son régiment holsteinois, vide verre sur verre à la santé de « son fils Paul ». Quant aux diplomates, Élisabeth se doute qu'avec leur causticité habituelle ils s'amuseront, chacun dans leur coin, à commenter l'étrange filiation de l'héritier du trône. Mais elle sait aussi que, même si on n'est pas dupe dans les chancelleries de ce tour de passe-passe, personne n'osera dire tout haut que le petit Paul Petrovitch est un bâtard et que le grand-duc Pierre est le plus glorieux cocu de Russie. Or, c'est cette adhésion tacite des contemporains à une contre-vérité qui peut la transformer en certitude pour les générations futures. Et Élisabeth tient par-dessus tout au jugement de la postérité.

A l'occasion du baptême, Élisabeth décide de témoigner sa satisfaction à la mère en lui faisant présenter sur un plateau quelques bijoux et un ordre de payer à son nom la somme de cent mille roubles : le prix d'achat d'un héritier authentique. Puis, estimant qu'elle lui a suffisamment marqué sa sollicitude, elle ordonne, par mesure de décence, d'expédier Serge Saltykov en mission à Stockholm. Il est chargé de porter au roi de Suède l'annonce officielle de la naissance, à Saint-Pétersbourg, de Son Altesse Paul Petrovitch. Pas une seconde elle ne tique sur l'étrange démarche de ce père illégitime allant quêter les congratulations destinées au père légitime de l'enfant. Combien de temps durera le voyage ? Élisabeth ne le précise pas et Catherine en est désespérée. Pures simagrées de petite femme en mal d'affection! tranche la tsarine. Elle a connu trop d'aventures sentimentales ou sensuelles dans sa vie pour s'attendrir sur celles des autres.

Tandis que Catherine se lamente dans son lit en attendant le signal des «relevailles», Élisabeth multiplie les réceptions, les bals et les banquets. On n'en finit pas de célébrer, au palais, un événement qu'on espérait depuis bientôt dix ans. Enfin, le 1er novembre 1754, quarante jours après les couches, le protocole exige que la grande-duchesse reçoive les félicitations du corps diplomatique et de la cour. Catherine accueille les invités à demi allongée sur un lit d'apparat en velours rose à broderies argent. La chambre a été richement meublée et illuminée pour l'occasion. La tsarine elle-même est venue inspecter les lieux avant la cérémonie pour voir si rien ne clochait. Mais, aussitôt après la séance des hommages, elle fait remporter les meubles et les candélabres superflus; selon ses instructions, le couple grand-ducal retrouve ses appartements habituels au palais d'Hiver. Une manière déguisée de signifier à Catherine que son rôle est terminé et que, dorénavant, la réalité va remplacer le rêve.

Inconscient de ce branle-bas familial, Pierre retourne à ses jeux puérils et à ses beuveries, tandis que la grande-duchesse affronte le remplaçant de son ancien mentor, Tchoglokov, décédé entre-temps. Le nouveau «maître de la petite cour», dont elle pressent le caractère fouineur et tatillon, est le comte Alexandre Chouvalov, le frère d'Ivan. Dès son entrée en fonctions, il cherche à gagner la sympathie des habitués du ménage princier, cultive l'amitié de Pierre et applaudit à sa passion inconsidérée pour la Prusse. Épaulé par lui, le grand-duc ne connaît plus de limites à sa germanophilie, fait venir de nouvelles recrues du Holstein et organise, dans le parc du château d'Oranienbaum, un camp retranché qu'il nomme Peterstadt. Pendant qu'il s'amuse ainsi à se prendre pour un officier allemand, commandant à des troupes allemandes sur une terre qu'il voudrait allemande, Catherine, plus esseulée que jamais, sombre dans la neurasthénie. Comme elle le redoutait au lendemain de son accouchement, Serge Saltykov, après une brève mission en Suède, est envoyé, en qualité de ministre résident de Russie, à Hambourg. Bien que détestant son fils adoptif, la tsarine tient à couper les ponts entre les deux amants. En outre, c'est tout à fait exceptionnellement qu'elle autorise Catherine à voir son bébé. Belle-mère possessive, elle monte la garde à côté du berceau et ne tolère aucune réflexion de la grande-duchesse sur la façon d'élever l'enfant. A croire que la vraie mère du petit Paul n'est pas Catherine mais Élisabeth, que c'est elle qui l'a porté neuf mois dans son ventre et qui a souffert pour le mettre au monde.

Dépossédée, découragée, Catherine cherche à oublier sa disgrâce en lisant avec passion les *Annales* de Tacite, l'*Esprit des lois* de Montesquieu ou certains essais de Voltaire. Sevrée d'amour, elle tente de pallier ce manque de chaleur humaine en s'intéressant à la philosophie et même à la politique. A force de fréquenter les salons de la capitale, elle écoute avec plus d'attention que naguère les conversations, souvent brillantes, des diplomates. Aux côtés d'un mari entièrement absorbé par des balivernes militaires, elle prend ainsi une assurance, une maturité d'esprit qui n'échappent pas à son entourage. Élisabeth, dont la santé décline à mesure que celle de Catherine s'épanouit, ne tarde pas à remarquer la métamorphose progressive de sa bru. Mais elle ne sait pas encore si elle doit s'en réjouir ou s'en inquiéter. Souffrant d'asthme et d'hydropisie, la tsarine se raccroche, en vieillissant, au toujours jeune et bel Ivan Chouvalov. Il est devenu sa principale raison de vivre et son meilleur conseiller. Elle se demande si, pour sa tranquillité personnelle, il ne vaudrait pas mieux que Catherine eût, comme elle, un amant attitré qui la comblerait à tous égards et l'empêcherait de se mêler des affaires publiques.

Or, voici que vers la mi-1755, à la Pentecôte, un nouveau plénipotentiaire anglais arrive à Saint-Pétersbourg. Il se nomme Charles Hambury Williams et compte dans sa suite un jeune et sémillant aristocrate polonais, Stanislas-Auguste Poniatowski. Âgé de vingt-trois ans, Stanislas est féru de culture occidentale, a fréquenté tous les salons européens, connaît personnellement, à Paris, la fameuse Mme Geoffrin, qu'il appelle «maman», et jouit à Londres de l'amitié du ministre Horace

Walpole. On dit qu'il parle toutes les langues, qu'il est à l'aise sous tous les climats et qu'il plaît à toutes les femmes. A peine débarqué en Russie, Williams songe à utiliser «le Polonais» pour séduire la grande-duchesse et en faire son alliée dans la lutte qu'il entend mener contre la prussophilie du grand-duc. Le chancelier Alexis Bestoujev, appuyé par tout le «parti russe», est d'ailleurs prêt à seconder l'ambassadeur britannique dans ses desseins. Ayant pris le vent, il souhaiterait voir la Russie se ranger ouvertement du côté des Anglais en cas de conflit avec Frédéric II. Selon les rumeurs qui courent les chancelleries, Louis XV lui-même, flairant le danger d'une guerre, serait impatient de renouer des contacts avec la Russie. Du jour au lendemain, grâce à ses conversations de salon avec Stanislas Poniatowski, Catherine est plongée en plein chaos européen. A son insu, les questions internationales prennent pour elle le beau visage du Polonais. Mais Stanislas, en dépit de ses nombreux succès mondains, est un fichu timide. Très alerte en paroles, il est paralysé de respect devant la grâce, l'élégance et le don de repartie de la grande-duchesse. Brûlant de désir, il n'ose se déclarer. C'est Léon Narychkine, le joyeux compagnon d'aventures de Serge Saltykov, qui pousse Stanislas Poniatowski à sauter le pas. La camériste confidente de Catherine, Mlle Vladislavov, facilite leurs premières rencontres à Oranienbaum. Toujours à l'affût des intrigues qui se trament, la tsarine est bientôt informée que sa belle-fille a trouvé un remplaçant à

251

Serge Saltykov, que son dernier amant se nomme Stanislas Poniatowski et que les tourtereaux roucoulent infatigablement tandis que le mari, indifférent, ferme les yeux et se bouche les oreilles.

Élisabeth ne prend pas ombrage des nouvelles incartades de sa belle-fille, mais se demande s'il n'existe pas une arrière-pensée politique derrière cette liaison amoureuse. Il lui semble soudain qu'il y a deux cours rivales en Russie, la «grande cour» de Sa Majesté et la «petite cour» grand-ducale, et que les intérêts de ces deux émanations du pouvoir sont contradictoires. Pour s'assurer les sympathies de la «grande cour», traditionnellement francophile, Louis XV envoie à Saint-Pétersbourg un émissaire de choix, le sieur Mackenzie Douglas. Écossais d'origine, ce partisan des Stuarts, réfugié en France, appartient au cabinet «parallèle» de Louis le Bien-Aimé, appelé «le Secret du roi». Il se rend en Russie soi-disant pour acheter des fourrures, en fait pour communiquer à la tsarine un code confidentiel qui lui permettra de correspondre directement avec Louis XV. Avant de se mettre en route, Douglas a été informé que sa mission sera plus délicate que prévu, car Bestoujev est maintenant subventionné par Londres pour servir la cause britannique. Même la grande-duchesse, appuyée par son amant du jour, Stanislas Poniatowski, s'est, dit-on, rangée du côté des Anglais. Éloigné provisoirement de la cour, le prince vient d'y reparaître nanti d'une affectation officielle : il a été nommé, entre-temps, ministre du roi de Pologne en Russie.

252

Sa présence est ainsi régularisée et Catherine y voit la promesse d'un avenir paisible pour leur liaison. Elle est du reste réconfortée par les récentes dispositions d'Alexis Bestoujev à son égard. Ayant rejoint le chancelier dans le clan des amis de l'Angleterre, elle se sent hors d'atteinte. Déjà il a supprimé l'odieux espionnage dont elle était l'objet de la part de l'impératrice. Celle-ci ne reçoit plus d'Oranienbaum que des rapports relatifs aux extravagances prussiennes de son neveu.

Dans cette atmosphère de surveillance réciproque, de marchandages prudents et de tromperies courtoises, un premier traité a été concocté à Saint-Pétersbourg afin de régler l'attitude des différentes puissances dans l'éventualité d'un conflit franco-anglais. Mais soudain, à la suite de tractations secrètes, un nouvel accord est signé à Westminster, le 16 janvier 1756. Il stipule que la Russie, dans le cas d'une guerre généralisée, rejoindra la France dans sa lutte contre l'Angleterre et la Prusse. Ce brusque renversement des alliances stupéfie les non-initiés et révolte Élisabeth. Sans nul doute, Bestoujev, mieux payé ailleurs, a sacrifié les engagements d'honneur pris naguère par la Russie envers la Prusse. Et Catherine, la cervelle traversée de courants d'air, a été tout heureuse de le suivre dans une volte-face aussi scandaleuse. D'ailleurs, elle s'est de tout temps laissé embobiner par l'esprit français! Dans la fureur de Sa Majesté, la contrariété politique a autant de part que l'amour-propre blessé. Elle regrette d'avoir fait

confiance au chancelier Alexis Bestoujev pour
conduire les pourparlers internationaux, alors
que le vice-chancelier Vorontzov et les frères
Chouvalov lui conseillaient de temporiser. Afin
d'essayer de limiter les dégâts, elle crée en hâte, dès
février 1756, une «conférence» qui, sous sa prési-
dence effective, réunit Bestoujev, Vorontzov, les
frères Chouvalov, le prince Troubetzkoï, le général
Alexandre Boutourline, le général Apraxine et
l'amiral Galitzine. C'est bien le diable si toutes ces
têtes pensantes n'arrivent pas à se dépêtrer de l'imbroglio! En somme, pour éviter le pire, il s'agit de
savoir si, dans l'hypothèse d'un affrontement, la
Russie peut accepter des subsides en échange de
sa neutralité. Drapée dans l'honneur impérial,
Élisabeth dit non. Mais, là-dessus, on apprend que
Louis XV s'apprête à signer un accord d'aide militaire réciproque avec Marie-Thérèse. Tenue par
ses engagements antérieurs envers l'Autriche, la
Russie devient, du même coup, l'alliée de la France.
Encadrée, malgré elle, par Louis XV et par Marie-
Thérèse, voici Élisabeth obligée de se mesurer à
Frédéric II et à George II. Doit-elle s'en réjouir ou
s'en effrayer? Autour d'elle, les courtisans sont
partagés entre l'orgueil national, la honte d'avoir
trahi leurs amis d'hier et la crainte de payer très
cher un changement de cap qui ne s'imposait pas.
On raconte, toutes portes closes, que la grande-
duchesse Catherine, Bestoujev et peut-être même
l'impératrice ont touché de l'argent pour lancer le
pays dans une guerre inutile.

Indifférente à ces rumeurs, Élisabeth se retrouve, tout étonnée, dans la position d'une amie indéfectible de la France. Faisant contre mauvaise fortune bon cœur, elle offre, le 7 mai, à Mackenzie Douglas, de retour à Saint-Pétersbourg après une brève éclipse diplomatique, un accueil plein d'attention, d'estime et de promesses. Il est suivi, à quelques jours d'intervalle, par l'étrange Charles de Beaumont, dit le chevalier d'Éon de Beaumont. Ce personnage équivoque et séduisant avait déjà fait naguère une première apparition en Russie. Il portait alors des vêtements féminins. L'élégance de ses robes et le brio de sa conversation avaient séduit l'impératrice au point qu'elle lui avait demandé d'être occasionnellement sa «lectrice». Or, voici que le chevalier d'Éon revient parader devant elle, mais en habits d'homme. Qu'il s'exhibe en jupe ou en haut-de-chausses, elle lui trouve toujours autant de grâce et d'esprit. Quel est donc son sexe? Elle ne s'en soucie pas. Elle en a changé elle-même si souvent, au gré des mascarades de cour! L'essentiel n'est-il pas que ce gentilhomme ait l'intelligence et le goût français? Il lui apporte une lettre personnelle du prince de Conti. Les termes chaleureux de ce message la touchent plus sûrement que les amabilités habituelles des ambassadeurs. Sans hésiter, elle lui déclare: «Je ne veux ni tiers, ni médiateurs dans une réunion avec le roi [Louis XV]. Je ne lui demande que vérité, droiture et une parfaite réciprocité dans ce qui se concertera entre nous.» La formule ne souffre aucune ambiguïté: c'est, plus qu'un témoignage de confiance, une déclaration d'amour par-dessus les frontières.

Élisabeth voudrait savourer à loisir cette lune de miel avec la France. Mais l'aggravation de ses insomnies et de ses malaises ne lui laisse plus de répit. Sous le choc répété des souffrances, elle craint même de perdre la raison avant d'avoir eu le temps de remporter une victoire décisive dans cette guerre où elle a été entraînée malgré elle par le jeu des alliances. Or, voici que Frédéric II, voulant profiter de l'effet de surprise, déclenche les hostilités en procédant, sans préavis, à l'invasion de la Saxe[1]. Les premiers engagements sont à son avantage. Dresde est prise d'assaut, les Autrichiens sont battus à Prague, les Saxons à Pirna. Forcée de se porter au secours de son alliée l'Autriche, Élisabeth se résigne à intervenir. Sur son ordre, le général Apraxine, nommé feld-maréchal, quitte Saint-Pétersbourg et concentre le gros de ses troupes à Riga. Alors que Louis XV dépêche le marquis de L'Hôpital auprès de la tsarine pour l'exhorter à l'action, elle confie à Michel Bestoujev, qui, à l'opposé de son frère Alexis, le chancelier, est francophile dans l'âme, le soin de signer l'adhésion de la Russie au traité de Versailles. Le 31 décembre 1756, c'est chose faite.

Secrètement embarrassée par cette prise de position ostentatoire, Élisabeth espère encore que le conflit actuel n'embrasera pas toute l'Europe. Elle

---

1. C'est le début de la guerre dite de Sept Ans.

redoute, par ailleurs, que Louis XV ne se serve d'elle pour sceller un rapprochement, non plus occasionnel, mais permanent, avec l'Autriche. Comme pour donner raison à ses appréhensions, en mai 1757, Louis XV manifeste le besoin de confirmer son engagement aux côtés de Marie-Thérèse par une nouvelle alliance destinée à ôter à la Prusse toute possibilité de compromettre la paix en Europe. Sous ce prétexte généreux, Élisabeth devine que le roi dissimule une intention plus subtile. Tout en se proclamant solidaire de la Russie, il ne veut surtout pas qu'elle cherche à s'agrandir aux dépens de ses deux voisins, la Pologne et la Suède, qui sont les alliés traditionnels de la France. Tant que Louis XV aura ce double fil à la patte, il ne pourra jouer franc jeu avec Élisabeth. De nouveau, elle doit louvoyer avec les envoyés de Versailles. Elle se demande si Alexis Bestoujev, empêtré dans ses sympathies britanniques, est encore qualifié pour défendre les intérêts du pays. Alors que le chancelier, tout en protestant de son patriotisme et de son intégrité, ne verrait pas d'un mauvais œil le triomphe de la coalition anglo-prussienne sur la coalition austro-française, grâce notamment à l'inaction de la Russie, l'amant de l'impératrice, Ivan Chouvalov, ne cache pas qu'il est acquis à la France, à sa littérature, à ses modes et, ce qui est plus grave, à sa politique. Jamais Élisabeth n'a été l'objet d'un combat aussi acharné entre son favori et son chancelier, entre les élans de son cœur qui la rapprochent de Versailles et les remontrances de sa raison qui lui rappellent ses attaches avec Berlin.

Elle aimerait avoir la tête parfaitement claire pour prendre ses décisions. Mais les soucis quotidiens et la recrudescence de ses malaises minent chaque jour un peu plus sa résistance physique. Elle a parfois des hallucinations, exige de changer de chambre parce qu'elle se sent menacée par un ennemi sans visage, implore les icônes de lui venir en aide, tombe en syncope et, l'évanouissement dissipé, éprouve du mal à renouer ses pensées. Sa fatigue est telle qu'elle voudrait déposer les armes. Seules les circonstances l'obligent à rester debout. Cependant, elle sait que, dans son dos, on évoque déjà le problème qui surgira après sa disparition. Si elle meurt demain, inopinément, à qui ira la couronne ? D'après la tradition, son successeur ne peut être que son neveu, Pierre. Mais elle se cabre à l'idée que la Russie échoue entre les mains de ce demi-fou, maniaque et méchant, qui se pavane du matin au soir en uniforme holsteinois. Il faudrait, pour bien faire, qu'elle le déclarât, dès à présent, incapable d'occuper le trône et qu'elle désignât le fils du grand-duc, le petit Paul Petrovitch, âgé de deux ans, pour unique héritier. Or, ce serait offrir du même coup le rôle de régente à Catherine, qu'Élisabeth déteste autant pour sa beauté que pour sa jeunesse, son intelligence et ses nombreuses intrigues. En outre, la grande-duchesse s'est dernièrement acoquinée avec Alexis Bestoujev. A eux deux, ils auront tôt fait de brouiller les cartes qu'elle

a savamment disposées. Cette perspective agace
la tsarine, puis soudain elle s'en désintéresse. A
quoi bon se préoccuper des péripéties de l'avenir
puisque, vraisemblablement, elle ne sera plus là
pour en souffrir ? Incapable de choisir quoi que ce
soit dans l'immédiat, elle prend le parti de l'expec-
tative et remet à plus tard le soin fastidieux de décider si elle destitue son neveu pour léguer le pouvoir à son petit-fils et à sa bru ou si elle laisse Pierre
accéder légalement à la dignité impériale, au risque
de consterner la Russie. Sans se l'avouer, elle
espère que la solution lui sera dictée par les événements.

Justement, par bonheur, le feld-maréchal Apraxine, qu'elle a, à dix reprises, supplié vainement
d'agir, s'est enfin résolu à déclencher une vaste
offensive contre les Prussiens. En juillet 1757, les
troupes russes prennent Memel et Tilsitt ; en août
de la même année, elles écrasent l'ennemi à Gross
Jaegersdorff. Élisabeth en éprouve un regain de
vitalité et fait célébrer les victoires par un Te
Deum, tandis que Catherine, pour lui complaire,
organise des fêtes dans les jardins d'Oranienbaum.
Au milieu du pays en liesse, seul le grand-duc
Pierre promène un visage désolé. Oubliant qu'il est
l'héritier du trône de Russie et que cette série de
succès russes devrait lui réjouir le cœur, il ne digère
pas la défaite de son idole, Frédéric II. Le diable a
dû entendre ses récriminations : au moment où, à
Saint-Pétersbourg, la foule surexcitée crie «A Berlin ! A Berlin !» et exige qu'Apraxine poursuive sa

conquête jusqu'à l'anéantissement de la Prusse, une nouvelle transforme l'enthousiasme unanime en stupéfaction. Des estafettes, expédiées par le commandement, affirment qu'après un début de campagne étincelant le feld-maréchal est en train de battre en retraite et que ses régiments abandonnent le terrain occupé en laissant sur place des équipements, des munitions et des armes. Cette dérobade semble tellement inexplicable qu'Élisabeth subodore un complot. Le marquis de L'Hôpital, qui, à la demande de Louis XV, assiste la tsarine de ses avis dans ces moments difficiles, n'est pas loin de penser qu'Alexis Bestoujev et la grande-duchesse Catherine, tous deux soudoyés par l'Angleterre et favorables à la Prusse, ne sont pas étrangers à la surprenante défection du feld-maréchal. L'ambassadeur le dit autour de lui et ses propos sont aussitôt rapportés à la tsarine. Dans un sursaut d'énergie, elle ne songe d'abord qu'à châtier les coupables. Pour commencer, elle révoque Apraxine, l'assigne à résidence dans ses terres et nomme à la tête de l'armée son lieutenant en second, le comte Fermor. Cependant, son principal ressentiment, elle en réserve la manifestation à Catherine. Elle voudrait sévir, une fois pour toutes, contre cette femme dont elle admettait jadis les infidélités conjugales mais dont elle ne peut tolérer les manigances politiques. Il faudrait lui clouer le bec, à elle et à toute la clique des Prussiens de comédie qui grenouillent autour du couple grand-ducal, à Oranienbaum.

Hélas ! le moment est mal choisi pour un coup

de balai. En effet, voici que Catherine est derechef enceinte. Redevenue «sacrée» aux yeux de la nation, elle bénéficie d'une impunité provisoire. Quels que soient ses torts, il vaut mieux la laisser en paix jusqu'à l'accouchement. Une fois de plus, qui est le père ? Sûrement pas le grand-duc, lequel, depuis sa petite opération, réserve toutes ses attentions à Élisabeth Vorontzov, la nièce du vice-chancelier. Cette maîtresse qui n'est ni belle, ni spirituelle, mais dont la vulgarité le rassure, achève de le détourner de son épouse. Du reste, il se moque bien que Catherine ait un amant et que ce soit Stanislas Poniatowski qui l'ait engrossée. Il en plaisante même lourdement en public. Catherine n'est plus pour lui qu'une femme encombrante et déshonorante, avec laquelle on l'a marié dans sa jeunesse sans lui demander son avis. Il la supporte et tâche de l'oublier dans la journée, mais surtout la nuit. Elle, de son côté, redoute que Stanislas Poniatowski, le père naturel de l'enfant, ne soit expédié au bout du monde par la tsarine. A sa demande, Alexis Bestoujev intervient auprès de Sa Majesté pour que la nouvelle «affectation» de Stanislas, en Pologne, soit retardée, du moins jusqu'à la naissance du bébé. Il obtient gain de cause et Catherine, détendue, se prépare à l'événement.

Des contractions significatives la saisissent dans la nuit du 18 au 19 décembre 1758. Alerté par ses gémissements, le grand-duc se présente le premier à son chevet. Il est vêtu de l'uniforme prussien. Botté, la taille sanglée, l'épée au côté, des éperons aux talons et une écharpe de commandement autour de la poitrine, il titube et marmonne, d'une voix avinée, qu'il vient, avec son régiment, défendre son épouse légitime contre les ennemis de la patrie. Craignant que l'impératrice ne le découvre dans cet état, elle le renvoie se coucher et cuver son alcool. Sa Majesté arrive après lui, juste à temps pour voir sa bru délivrée par la sage-femme. Prenant le bébé dans ses bras, elle l'examine en connaisseuse. C'est une fille. Tant pis! On s'en contentera. D'autant que, dans la lignée mâle, la succession est assurée par le petit Paul. Pour s'attirer la bienveillance de sa belle-mère, Catherine propose de donner à sa fille le prénom d'Élisabeth. Mais Sa Majesté n'est pas d'humeur à se laisser attendrir. Elle déclare préférer pour l'enfant le prénom d'Anna que portait jadis sa sœur aînée, la mère du grand-duc. Puis, ayant fait ondoyer le bébé, elle l'emporte farouchement dans ses bras, comme elle en a usé, quatre ans plus tôt, avec le frère de cette nouveau-née inutile.

Cet épisode familial une fois dépassé, Élisabeth se consacre au règlement de l'affaire Apraxine. Le feld-maréchal, discrédité, destitué après son incompréhensible reculade face à l'armée prussienne qu'il venait de vaincre, a été frappé, fort à propos, d'un «coup d'apoplexie» à l'issue de son premier interrogatoire. Mais, avant de mourir, et tout en niant sa culpabilité, il a reconnu avoir correspondu avec la grande-duchesse Catherine. Or, Élisabeth ayant formellement interdit à sa bru d'écrire à qui que ce soit sans en informer les personnes chargées de sa surveillance, il y a là un crime impardonnable de rébellion. Les proches de la tsarine attisent ses soupçons à l'encontre de la grande-duchesse, du chancelier Alexis Bestoujev et même de Stanislas Poniatowski, tous suspectés d'intelligence avec la Prusse. Le vice-chancelier Vorontzov, dont la nièce est la maîtresse du grand-duc et qui, depuis longtemps, rêve de remplacer le chancelier Bestoujev à son poste, accable Catherine, qu'il rend responsable de tous les malheurs diplomatiques et militaires de la Russie. Il est soutenu dans ses attaques par les frères Chouvalov, oncles d'Ivan, le favori d'Élisabeth. Même l'ambassadeur d'Autriche, le comte Esterhazy, et l'ambassadeur de France, le marquis de L'Hôpital, appuient la campagne de dénigrement déclenchée contre Alexis Bestoujev. Comment ne pas se laisser impressionner par un tel acharnement dans la dénonciation? Après avoir écouté ce concert de reproches, Élisabeth prend sa décision dans le secret de sa conscience.

Un jour de février 1759, alors qu'Alexis Bestoujev assiste à une conférence ministérielle, il est interpellé et arrêté sans explication. Au cours d'une perquisition à son domicile, les enquêteurs découvrent quelques lettres de la grande-duchesse et de Stanislas Poniatowski. Rien de compromettant, certes; pourtant, dans ce climat d'obscure vengeance, les moindres motifs sont bons pour régler leur compte aux gêneurs. Bien sûr, dans tous les pays, quiconque touche à la haute politique court le danger d'être jeté bas aussi rapidement qu'il est monté au pinacle. Mais, parmi les nations dites civilisées, les risques se limitent à un blâme, à une destitution ou à une mise à la retraite d'office; en Russie, patrie de la démesure, les coupables peuvent être condamnés à la ruine, à l'exil, à la torture, voire à la mort. Dès qu'elle a senti sur sa nuque le vent de la répression, Catherine a brûlé ses vieilles lettres, ses brouillons, ses notes personnelles, ses livres de comptes. Elle espère qu'Alexis Bestoujev a pris la même précaution.

En vérité, l'impératrice, tout en condamnant son ancien chancelier, souhaite elle aussi qu'il en soit quitte pour une grande frayeur et pour la perte de quelques privilèges. Est-ce à la fatigue de l'âge ou aux souvenirs d'une vie de combat et de débauche qu'elle doit cet accès d'indulgence? Réflexion faite, pour cet homme qui a si longtemps travaillé à ses côtés, elle préférerait un châtiment en demi-teinte plutôt qu'un verdict sans appel. Une fois de plus, on la louera d'être «la Clémente». Elle a d'autant plus de mérite à modérer sa rancune contre Alexis Bestoujev que d'autres membres du «complot anglo-prussien» lui paraissent, eux, inexcusables. Ainsi demeure-t-elle de marbre devant le grand-duc Pierre qui se jette à ses pieds, jure qu'il n'est pour rien dans ces maladresses politiques et que seuls Bestoujev et Catherine sont coupables de concussion et de trahison. Écœurée par la bassesse de son neveu, Élisabeth le renvoie dans ses appartements, sans un mot de pardon ni un éclat de colère. Pour elle, il a cessé de compter. Et même d'exister.

Tout autre est son attitude devant la conduite «inqualifiable» de sa bru. Pour se disculper, Catherine lui a envoyé une longue lettre, rédigée en russe, dans laquelle elle lui confie son désarroi, proteste de son innocence et l'implore de la laisser repartir pour l'Allemagne, afin d'y retrouver sa mère et de s'incliner sur la tombe de son père, mort entretemps. L'idée d'un exil volontaire de la grande-duchesse paraît à Élisabeth si absurde et si déplacée dans les circonstances actuelles qu'elle ne répond pas à cet appel au secours. Allant plus loin, elle choisit même de punir Catherine en la privant de sa meilleure camériste, Mlle Vladislavov. Ce nouveau coup achève d'abattre la jeune femme. Dévorée de chagrin et de crainte, elle se met au lit, refuse toute nourriture, se prétend malade d'âme et de corps et, au bord de l'inanition, ne veut surtout pas être examinée par un médecin. En revanche, elle supplie l'obligeant Alexandre Chouvalov d'appeler un prêtre pour l'entendre en confession. On prévient le père Doubianski, aumônier personnel de la tsarine. Ayant reçu les aveux et les marques de contrition de la grande-duchesse, il lui promet de plaider sa cause auprès de Sa Majesté. Au cours d'un entretien avec son «auguste pénitente», le prêtre lui peint si bien la douleur de sa belle-fille, laquelle, après tout, n'a à se reprocher qu'un dévouement maladroit à la cause de la monarchie, qu'Élisabeth promet de méditer sur le cas de cette

265

étrange paroissienne. Catherine n'ose encore espérer un retour en grâce. Cependant, l'intervention du père Doubianski a dû être convaincante car, le 13 avril 1759, Alexandre Chouvalov retourne voir Catherine dans la chambre où elle dépérit d'angoisse et lui annonce que Sa Majesté la recevra «aujourd'hui même, à dix heures du soir».

## XI

## ENCORE UNE CATHERINE!

Avant d'aborder cette fameuse rencontre du 13 avril, l'impératrice et la grande-duchesse savent l'une et l'autre qu'elle déterminera pour toujours le ton de leurs relations. Chacune de son côté a fourbi ses arguments, ses griefs, ses ripostes et ses excuses. Imbue de son pouvoir discrétionnaire, Élisabeth n'ignore pourtant pas que sa bru, avec ses trente ans, sa peau lisse et sa denture intacte, a sur elle l'avantage de la jeunesse et de la grâce. Elle enrage d'avoir passé la cinquantaine, d'être envahie de graisse et de ne plus séduire les hommes que par son titre et son autorité. Tout à coup, la rivalité de deux personnages politiques devient une rivalité de femmes. Le bénéfice de l'âge joue pour Catherine, celui de la position hiérarchique pour Élisabeth. Afin de bien marquer sa supériorité sur la qué-mandeuse, la tsarine décide de la faire attendre dans l'antichambre assez longtemps pour qu'elle use ses nerfs et perde ses moyens de séduction.

Alors que l'audience a été fixée à dix heures du soir, Élisabeth ne donne l'ordre d'introduire Son Altesse dans le salon qu'à une heure et demie du matin. Pour avoir des témoins de la leçon qu'elle se propose d'infliger à sa belle-fille, elle a demandé à Alexandre Chouvalov, à son favori Ivan Chouvalov et même au grand-duc Pierre, le mari de la coupable, de se dissimuler derrière de grands paravents et de n'en bouger sous aucun prétexte. Si elle n'a pas convié Alexis Razoumovski à l'organisation de cet étrange affût familial, c'est que, tout en demeurant son confident attitré, la «mémoire sentimentale de Sa Majesté», il a vu, depuis peu, son étoile pâlir et a dû céder la place, «pour l'essentiel», à de nouveaux venus plus ingambes. Aussi l'«affaire Catherine-Pierre» échappe-t-elle à sa compétence. Cette entrevue devant être déterminante aux yeux d'Élisabeth, elle en a réglé les moindres détails avec une minutie d'entrepreneur de spectacles. Seuls de rares lumignons brillent dans la pénombre pour accentuer le caractère inquiétant du face à face. Dans un plat en or, l'impératrice a déposé les pièces à conviction : quelques lettres de la grande-duchesse saisies chez Apraxine et chez Bestoujev. Ainsi, dès le premier regard, l'intrigante sera confondue[1].

Or, tout se passe autrement que l'impératrice ne

---

1. Les détails de cette entrevue et les propos échangés ont été consignés par Catherine II dans ses *Mémoires*. Cf. Henri Troyat, *op. cit.*

l'avait prévu. Le seuil à peine franchi, Catherine tombe à genoux, se tord les mains et clame son chagrin devant Élisabeth. Entre deux sanglots, elle se dit mal aimée dans cette cour où personne ne la comprend et où son mari ne sait qu'inventer pour l'humilier en public. Elle adjure Sa Majesté de la laisser repartir pour son pays d'origine. Comme la tsarine lui rappelle que le devoir d'une mère est de rester, quoi qu'il arrive, aux côtés de ses enfants, elle réplique, toujours pleurant et soupirant : «Mes enfants sont entre vos mains et ne sauraient être mieux!» Touchée à un point sensible par cette reconnaissance de ses talents d'éducatrice et de protectrice, Élisabeth aide Catherine à se relever et lui reproche doucement d'avoir oublié toutes les marques d'intérêt et même d'affection qu'elle lui a jadis prodiguées. «Dieu m'est témoin combien j'ai pleuré quand vous étiez malade à mort, dit-elle. Si je ne vous avais pas aimée, je ne vous aurais pas gardée ici [...]! Mais vous êtes d'une fierté extrême! Vous vous imaginez que personne n'a plus d'esprit que vous!» A ces mots, bravant la consigne qu'il a reçue, Pierre sort de sa cachette et s'écrie :

«Elle est d'une méchanceté terrible et fort entêtée!

— C'est de vous que vous parlez! rétorque Catherine. Je suis bien aise de vous dire devant Sa Majesté que réellement je suis méchante vis-à-vis de vous qui me conseillez de faire des injustices et que je suis devenue entêtée depuis que je vois que mes complaisances ne me mènent à rien qu'à votre inimitié ! »

La discussion menaçant de tourner à une banale scène de ménage, Élisabeth se ressaisit. Pour un peu, devant cette épouse en larmes, elle oublierait que la prétendue victime de la société est une femme infidèle et une intrigante. Essayant de se modérer sans abdiquer sa grandeur, elle passe à l'attaque et profère en désignant les lettres qui reposent dans le plat en or :

« Comment avez-vous osé envoyer des ordres au feld-maréchal Apraxine ?

— Je le priais simplement de suivre vos ordres, à vous ! murmure Catherine.

— Bestoujev dit qu'il y en a beaucoup d'autres !

— Si Bestoujev dit cela, il ment !

— Eh bien, puisqu'il ment, je le ferai mettre à la torture ! » s'écrie Élisabeth en enveloppant sa belle-fille d'un regard meurtrier.

Mais Catherine ne bronche pas, comme si la première passe d'armes lui avait rendu toute son assurance. Et c'est Élisabeth qui, soudain, se sent mal à l'aise dans cet interrogatoire. Pour calmer ses nerfs, elle se met à marcher de long en large à travers la pièce. Pierre profite du répit de la conversation pour se lancer dans l'énumération des méfaits de son épouse. Exaspérée par les invectives de son avorton de neveu, la tsarine est tentée de donner raison à sa bru qu'elle condamnait quelques minutes auparavant Sa jalousie du début contre une créature trop jeune et trop séduisante a fait place à une sorte de complicité féminine, par-dessus la barrière des générations. Au bout d'un moment, coupant court aux criailleries de Pierre, elle lui intime sèchement l'ordre de se taire. Puis, se rapprochant de Catherine, elle lui chuchote à l'oreille :

« J'avais bien des choses encore à vous dire, mais je ne veux pas vous brouiller [avec votre mari] plus que vous ne l'êtes !

— Moi aussi, répond Catherine, je ne veux pas vous parler, quelque pressant désir que j'aurais de vous ouvrir mon cœur et mon âme[1] ! »

Cette fois, ce sont les yeux de l'impératrice qui sont embués d'émotion. Ayant congédié Catherine et le grand-duc, elle reste longtemps silencieuse devant Alexandre Chouvalov, qui à son tour est sorti de derrière le paravent et la dévisage en tâchant de lire dans ses pensées. Après un moment, elle l'envoie auprès de la grande-duchesse, chargé d'une commission ultra-secrète : il doit la prier de ne plus s'affliger sans raison, car Sa Majesté compte la recevoir, sous peu, pour « un véritable tête-à-tête ».

Ce tête-à-tête a lieu en effet, dans le plus grand secret, et permet aux deux femmes d'avoir enfin une explication loyale. Peut-être l'impératrice a-t-elle exigé, à cette occasion, que Catherine lui livre des détails sur sa liaison avec Serge Saltykov et avec Stanislas Poniatowski, sur l'exacte ascen-

---

1. *Ibid.*

dance de Paul et d'Anna, sur le faux ménage de Pierre et de l'affreuse Vorontzov, sur la trahison de Bestoujev, sur l'incompétence d'Apraxine ?... Toujours est-il que les réponses ont dû apaiser la colère d'Élisabeth, car, du jour au lendemain, elle autorise sa bru à venir voir ses enfants dans l'aile impériale du palais. Au cours de ces visites sagement espacées, Catherine pourra constater à quel point les chérubins sont bien élevés et bien instruits, loin de leurs parents.

Moyennant ces accommodements, la grande-duchesse renonce à son projet désespéré de quitter Saint-Pétersbourg pour retourner à Zerbst, dans sa famille. Le procès de Bestoujev se termine en queue de poisson, à cause du manque de preuves matérielles et de la mort du principal témoin, le feld-maréchal Apraxine. Comme il faut, malgré tout, un châtiment après la dénonciation de tant de crimes abominables, on exile Alexis Bestoujev non en Sibérie, mais dans ses terres, où il ne manquera de rien. Au terme de cette empoignade judiciaire, le principal vainqueur, c'est Michel Vorontzov, qui se voit offrir sur un plateau le titre de chancelier en remplacement d'Alexis Bestoujev, disgracié. Derrière le dos du nouveau haut dignitaire, le duc de Choiseul, secrétaire d'État aux Affaires étrangères en France, savoure son succès personnel. Il sait que les tendances francophiles de Vorontzov l'amèneront tout naturellement à gagner Catherine, et sans doute même Élisabeth, aux vues de Louis XV. En ce qui concerne Catherine, il ne se trompe pas :

tout ce qui va à l'encontre des goûts de son mari lui paraît salutaire ; en ce qui concerne Élisabeth, la chose est moins sûre. Elle veut farouchement garder son libre arbitre, n'obéir qu'à son propre instinct. D'ailleurs, le succès des armes répond à ses premières espérances. Plus résolu qu'Apraxine, le général Fermor s'est emparé de Königsberg, assiège Kustrin, progresse en Poméranie. Toutefois, il est stoppé devant Zorndorf, lors d'une bataille tellement indécise que chacun des deux camps se proclame vainqueur. Certes, la défaite française subie sur le Rhin, à Crefeld, par le comte de Clermont tempère, sur le moment, l'optimisme de l'impératrice. Mais son expérience lui a enseigné que ce genre d'aléas est inséparable de toute guerre et qu'il serait grave pour la Russie de baisser les bras au moindre échec sur le terrain. Soupçonnant ses alliés d'être moins fermes qu'elle dans leurs intentions belliqueuses, elle déclare même à l'ambassadeur d'Autriche, le comte Esterhazy, qu'elle luttera jusqu'au bout, dût-elle, pour cela, «vendre tous ses diamants et la moitié de ses robes».

Selon les rapports qu'Élisabeth reçoit du théâtre des opérations, cette disposition patriotique est commune à tous les militaires, qu'ils soient de haut grade ou de grade moyen. Au palais en revanche, les avis sont moins tranchés. Il est de bon ton, dans certains milieux russes proches des ambassades, d'afficher à cet égard une certaine indépendance d'esprit, qualifiée d'«européenne». Les échos venus des capitales étrangères, les alliances internationales

entre grandes familles, une façon élégante et tolé-
rante de vivre à cheval sur plusieurs frontières
poussent certains courtisans à railler ceux qui
condamnent toute solution qui ne serait pas fon-
cièrement russe. Au premier rang des partisans de
Frédéric II, il y a toujours le grand-duc Pierre, qui
ne cache plus son jeu. On prétend qu'il fait communiquer au roi de Prusse, par l'intermédiaire du
nouvel ambassadeur d'Angleterre à Saint-Pétersbourg, George Keith, successeur de Williams, tout
ce qui se dit, en secret, au conseil de guerre de la
tsarine. Élisabeth ne veut pas croire que son neveu
touche de l'argent pour prix de ses trahisons. Mais
elle a été informée, en sous-main, que Keith a reçu
de son ministre, Pitt, lui aussi idolâtre du roi de
Prusse, la consigne d'inciter le grand-duc à user de
toute son influence auprès de l'impératrice pour
sauver Frédéric II du désastre. Autrefois, les germanophiles pouvaient également compter sur
Catherine et sur Poniatowski pour les soutenir.
Mais, après la conversation à cœur ouvert qu'elle a
eue avec sa belle-fille, Élisabeth estime qu'elle l'a
définitivement domptée. Repliée sur elle-même et
confite dans ses peines sentimentales, la jeune
femme ne vit plus que pour pleurer et pour rêver.
Depuis qu'elle s'est mise volontairement au ran-
cart, elle a perdu toute importance sur le plan international. Pour achever de la rendre inoffensive,
Élisabeth charge Stanislas Poniatowski d'une mission hors des frontières, qui aura l'avantage de
l'écarter à jamais de son ancienne maîtresse. En lui

faisant remettre ses passeports, Sa Majesté lui signifie que dorénavant sa réapparition à Saint-Pétersbourg serait jugée indésirable.

Après avoir désarmé sa belle-fille, l'impératrice songe qu'il lui reste à désarmer un adversaire autrement détestable : Frédéric II. Elle en veut au roi de Prusse non seulement parce qu'il s'oppose à sa politique personnelle, mais encore parce qu'il a conquis le cœur d'un trop grand nombre de Russes, aveuglés par son insolence et son clinquant. Heureusement, Marie-Thérèse semble aussi résolue qu'elle à détruire l'hégémonie germanique et Louis XV, chapitré, dit-on, par la Pompadour, s'engage maintenant à renforcer les effectifs de l'armée qu'il a lancée contre les troupes de Frédéric II. Le 30 décembre 1759, un troisième traité de Versailles renouvelle le deuxième et garantit à l'Autriche la restitution de tous les territoires occupés au cours des précédentes campagnes. Il y a là, pense Élisabeth, de quoi ranimer les énergies défaillantes dans les rangs des alliés. Parallèlement à ces travaux de chancelleries, elle poursuit, avec une délectation quasi juvénile malgré ses cinquante ans, une correspondance amicale avec le roi de France. Les lettres des deux monarques sont rédigées par leurs secrétaires respectifs, mais la tsarine se plaît à croire que celles de Louis XV sont réellement dictées par lui et que la sollicitude qu'elles expriment est la marque d'une belle galanterie d'arrière-saison. Comme elle souffre de plaies ouvertes aux jambes, il pousse la compassion jusqu'à lui

275

envoyer son chirurgien personnel, le docteur Poissonier. En vérité, ce n'est pas à son art de manier
le bistouri et de prescrire des drogues que le docteur Poissonier doit l'estime du roi, mais à sa capacité de capter des informations et de tricoter des
intrigues. Investi de cette mission secrète, il est
accueilli comme un spécialiste du renseignement
par le marquis de L'Hôpital. L'ambassadeur compte
sur lui pour soulager la tsarine de ses scrupules
après l'avoir soulagée de ses ulcères. Un médecin
en valant un autre, pourquoi ne serait-il pas, pour
Sa Majesté, un second Lestocq?

Cependant, toute confiante qu'elle soit en la
science curative du docteur Poissonier, Élisabeth
hésite à se laisser guider par lui dans ses décisions
politiques. Apprenant le nouveau projet français,
qui consisterait à faire débarquer un corps expédi-
tionnaire russe en Écosse afin qu'il attaquât les
Anglais sur leur sol pendant que la flotte française
réglerait son compte à l'ennemi dans un combat
naval, elle juge le plan trop hasardeux et préfère se
cantonner dans des actions terrestres contre la
Prusse. Par malheur, le général Fermor a encore
moins d'allant que feu le feld-maréchal Apraxine.
Au lieu de foncer, il piétine, attendant, aux confins
de la Bohême, l'arrivée d'hypothétiques renforts
autrichiens. Excédée par ces attermoiements, l'impératrice destitue Fermor et le remplace par Pierre
Saltykov, vieux général qui a accompli toute sa carrière dans la milice de Petite-Russie. Connu pour
sa timidité, son apparence chétive et son uniforme

blanc de milicien, dont il est très fier, Pierre Saltykov n'est guère apprécié de la troupe, qui se moque
de lui quand il a le dos tourné et l'appelle *Kourot-
chka* (la Poulette). Or, dès les premiers engagements, «la poulette» se révèle plus combative qu'un
coq. Profitant d'une erreur tactique de Frédéric II,
Pierre Saltykov se dirige hardiment vers Francfort.
Il a donné rendez-vous sur l'Oder au régiment
autrichien du général Gédéon de Laudon. Sitôt
qu'ils auront fait leur jonction, la route de Berlin
sera ouverte. Alerté par cette menace contre sa
capitale, Frédéric II revient en hâte du fond de la
Saxe. En apprenant par ses espions que, du côté de
l'adversaire, des querelles de commandement ont
éclaté entre le Russe Saltykov et l'Autrichien Laudon, il décide de mettre à profit cette dissension
pour déclencher une attaque définitive. Le 10 août,
dans la nuit, il franchit l'Oder et s'élance vers les
Russes, retranchés dans Kunersdorf. La lenteur
d'exécution des Prussiens ayant permis aux troupes
de Laudon et de Saltykov de se réorganiser, l'effet
de surprise est nul. Cependant, la bataille est si violente, si confuse que Saltykov, dans un élan théâ-
tral, se jette à genoux devant ses soldats et implore
le «dieu des Armées» de leur donner la victoire. En
fait, la décision est dictée par l'artillerie russe,
demeurée intacte malgré les assauts répétés de l'ennemi. Le 13 août, l'infanterie, puis la cavalerie
prussiennes sont écrasées par le tir des canons. La
panique s'empare des survivants. Bientôt, sur les
quarante-huit mille hommes commandés à l'origine

par Frédéric II, il n'en reste plus que trois mille. Encore cette horde, épuisée et démoralisée, n'est-elle bonne qu'a reculer en protégeant ses arrières. Accablé par cette défaite, Frédéric II écrit à son frère : «Les suites de l'affaire sont pires que l'affaire elle-même. Je n'ai plus de ressources. Tout est perdu. Je ne survivrai pas à la perte de la patrie!»

En rendant compte de cette victoire à la tsarine, Pierre Saltykov se montre plus circonspect dans ses conclusions : «Votre Majesté Impériale ne doit point se montrer surprise de nos pertes, lui écrit-il, car elle n'ignore pas que le roi de Prusse vend chèrement ses défaites. Une autre victoire comme celle-là, Majesté, et je me verrais contraint à cheminer jusqu'à Saint-Pétersbourg, un bâton à la main, pour en apporter moi-même la nouvelle faute d'estafette[1].» Pleinement rassurée sur l'issue de la guerre, Élisabeth fait célébrer, cette fois-ci, un «vrai Te Deum» et déclare au marquis de L'Hôpital : «Tout bon Russe doit être bon Français, et tout bon Français doit être bon Russe[2].» En récompense de ce haut fait d'armes, le vieux Saltykov, «la Poulette», reçoit le titre de feld-maréchal. Est-ce cette faveur qui l'engourdit soudain? Au lieu de poursuivre l'ennemi en retraite, il s'endort sur ses lauriers. La Russie entière semble d'ailleurs saisie d'une torpeur heureuse à

1. Cf. K. Waliszewski, *op. cit.*
2. Cf. Daria Olivier, *op. cit.*

l'idée d'avoir défait un chef aussi prestigieux que Frédéric II.

Après un bref mouvement de désespoir, le grand-duc Pierre se remet à croire au miracle germanique. Quant à Élisabeth, tout étourdie par les chants d'église, les salves d'artillerie, les carillons de cloches et les congratulations diplomatiques, elle se réjouit de pouvoir enfin observer une pause de réflexion. Son accès d'humeur combative s'achève par un retour progressif à la raison : où est le mal si Frédéric II, ayant reçu une magistrale raclée, se maintient quelque temps encore sur son trône ? L'essentiel ne serait-il pas de conclure un arrangement acceptable pour toutes les parties ? Hélas ! il semble que la France, naguère disposée à écouter les doléances de la tsarine, revienne à ses anciennes idées protectionnistes et répugne à lui laisser les mains libres en Prusse orientale et en Pologne. On dirait que Louis XV et ses conseillers, qui ont longtemps sollicité son aide contre la Prusse et l'Angleterre, craignent maintenant qu'elle ne prenne trop d'importance dans le jeu européen, en cas de victoire. Désigné par Versailles pour seconder le marquis de L'Hôpital, usé et dolent, le jeune baron de Breteuil débarque, tout fringant et tout inspiré, à Saint-Pétersbourg. Il est chargé par le duc de Choiseul de convaincre l'impératrice qu'elle devrait retarder les opérations militaires afin de ne pas « augmenter les embarras du roi de Prusse », la signature de la paix pouvant en être compromise.

Du moins sont-ce là les intentions qu'on prête à l'envoyé français dans l'entourage d'Élisabeth. Elle s'étonne de ces conseils de modération à l'heure du partage des profits. Devant l'ambassadeur Esterhazy, qui, au nom de l'alliance austrorusse, accuse le général Pierre Saltykov de traîner les pieds et de faire ainsi le jeu de l'Angleterre, qui le paie peut-être pour ses lenteurs, elle s'écrie, rouge d'indignation : «Nous n'avons jamais rien promis que nous ne nous soyons efforcée de tenir ! [...] Jamais je ne permettrai que la gloire achetée au prix du sang précieux de nos sujets soit ternie par quelque soupçon de mauvaise foi !» Et, de fait, au terme de cette troisième année d'une guerre incohérente, elle peut se dire que la Russie est la seule puissance de la coalition qui soit prête à tous les sacrifices pour obtenir la capitulation de la Prusse. Alexis Razoumovski la soutient dans son intransigeance. Lui non plus n'a jamais cessé de croire en la suprématie militaire et morale de la patrie. Pourtant, au moment de prendre les décisions qui engagent ses troupes dans des combats sans merci, ce n'est ni son vieil amant, Alexis Razoumovski, ni son favori actuel, Ivan Chouvalov, si cultivé et si avisé, ni son trop prudent et trop astucieux chancelier Michel Vorontzov qu'elle consulte, mais le souvenir écrasant de son aïeul Pierre le Grand. C'est à lui qu'elle pense quand, le 1er janvier 1760, à l'occasion des vœux de Nouvel An, elle souhaite publiquement que son armée se montre «plus agressive et plus aventureuse» afin d'obliger Frédéric II à plier le genou. Comme récompense de ce suprême effort, elle ne demandera, lors des pourparlers de paix, que la possession de la Prusse orientale, sous réserve d'un échange territorial avec la Pologne, celle-ci conservant, au besoin, un semblant d'autonomie. Cette dernière clause devrait suffire, juge-t-elle, à apaiser les scrupules de Louis XV.

Pour préparer des négociations aussi délicates, le roi de France compte sur l'aide que le baron de Breteuil apportera au marquis de L'Hôpital vieillissant. Au vrai, ce n'est pas à l'expérience diplomatique du baron qu'il fait confiance pour circonvenir la tsarine, mais à la séduction qu'exerce sur toutes les femmes ce bellâtre de vingt-sept ans. Fine mouche, Élisabeth a tôt fait de percer le jeu de ce faux admirateur de sa gloire. D'ailleurs, en observant la manœuvre de Breteuil, elle comprend que ce n'est pas elle qu'il cherche à enjôler pour l'associer aux intérêts de la France, mais la grande-duchesse. Afin de gagner les faveurs de Catherine, il lui propose, au choix, soit de se laisser aimer par lui comme seul un Français sait le faire, soit d'obtenir de la tsarine qu'elle rappelle Stanislas Poniatowski, en pénitence dans sa morne Pologne. Qu'elle opte pour l'une de ces solutions ou qu'elle les conjugue toutes deux pour son plaisir, elle en aura une telle gratitude envers la France qu'elle ne pourra rien lui refuser. Le moment est d'autant plus indiqué pour cette offensive de charme que la jeune femme a subi, coup sur coup, deux graves chagrins : la mort de sa fille, la petite Anna [1], et celle de sa mère, qui s'est éteinte récemment à Paris. Or, il se trouve que, malgré ce double deuil, Catherine a enfin surmonté la morosité qui la rongeait depuis des années. Mieux, elle n'éprouve plus le besoin de renouer avec un de ses anciens amants ni d'en accueillir un autre, fût-il français.

En vérité, elle n'a pas attendu le baron de Breteuil pour découvrir un successeur aux hommes qui l'ont jadis comblée. Ce nouvel élu a la singularité d'être un Russe pur sang, un superbe gaillard, athlétique, déluré, audacieux, couvert de dettes, réputé pour ses frasques et prêt à toutes les folies pour protéger sa maîtresse. Il se nomme Grégoire Orlov. Ses quatre frères et lui servent tous dans la garde impériale. Le culte qu'il voue aux traditions de son régiment renforce sa haine envers le grand-duc Pierre, connu pour son mépris de l'armée russe et de ses chefs. A l'idée que cet histrion plastronne en uniforme holsteinois et se proclame l'émule de Frédéric II alors qu'il est l'héritier du trône de Russie, il se sent moralement appelé à défendre la grande-duchesse contre les entreprises démentielles de son mari. Bien qu'épuisée par la maladie, l'âge, les soucis politiques et les excès de nourriture et de boisson, la tsarine se tient au courant, avec une réprobation mêlée d'envie, des nouvelles incartades de sa bru. Elle l'approuve, car, à son avis, le grand-duc Pierre mérite cent fois d'être trompé par

1. Anna est décédée à l'âge de trois mois, le 19 mars 1759.

sa femme, lui qui trompe la Russie avec la Prusse. Mais elle redoute qu'en brusquant le cours des événements Catherine n'empêche la réalisation de son vœu le plus cher : le transfert pacifique du pouvoir, par-dessus la tête de Pierre, à son fils, le petit Paul, assisté d'un conseil de régence. Certes, Élisabeth pourrait, dès à présent, proclamer ce changement dans l'ordre dynastique. Cependant, une telle initiative se traduirait immanquablement par un règlement de comptes entre factions rivales, par des révoltes à l'intérieur de la famille et peut-être dans la rue. Ne vaut-il pas mieux laisser les choses en l'état, provisoirement ? Rien ne presse ; Sa Majesté a la tête solide ; elle peut vivre quelques années encore ; le pays a besoin d'elle ; ses sujets ne comprendraient pas qu'elle se désintéressât soudain des affaires courantes pour s'occuper de sa succession.

Comme pour l'encourager dans le maintien du statu quo, la «Conférence», ce conseil politique suprême créé à son initiative, envisage une marche combinée des armées alliées sur Berlin. Cependant, le feld-maréchal Pierre Saltykov étant malade, le général Fermor hésite devant une action de cette envergure. Alors, payant d'audace, le général russe Totleben lance un corps expéditionnaire en direction de la capitale prussienne, surprend l'ennemi, pénètre dans la ville et en obtient la reddition. Bien que ce «raid» ait été trop rapide et trop mal exploité pour entraîner la capitulation de Frédéric II sur l'ensemble du territoire, le roi est suffisamment ébranlé pour qu'on puisse envisager l'ouverture de fructueuses négociations. Dans cette conjoncture, la France devrait, selon Élisabeth, donner l'exemple de la fermeté. Ivan Chouvalov en est tellement persuadé que sa maîtresse dit de lui, en riant, qu'il est plus français qu'un Français de souche : «Français à brûler!» Par ailleurs, elle croit savoir que Catherine ne se montre aimable avec le baron de Breteuil que dans la mesure où la politique de la France ne contredit pas trop celle de la Russie. Or Breteuil, obéissant à son commettant, le duc de Choiseul, a prévenu la tsarine que Louis XV lui serait reconnaissant si, exceptionnellement, elle consentait à sacrifier «ses intérêts particuliers à la cause commune». Bref, il lui demande de se résigner à un compromis. Mais, malgré la maladie qui la confine dans sa chambre, Élisabeth refuse de lâcher prise avant d'être assurée qu'elle touchera son dû. Pour elle, en prolongeant la trêve, on fera le jeu de Frédéric II. Tel qu'elle le connaît, il profitera de la suspension des hostilités pour reconstituer son armée et repartir au combat avec une nouvelle chance de succès. La méfiance et la vindicte de l'impératrice s'étant brusquement réveillées, elle prend le mors aux dents. A demi mourante, elle veut que la Russie vive après elle et grâce à elle. Alors que, dans son ombre, renaissent en sourdine les rumeurs sur l'avenir de la monarchie, elle prépare, avec ses conseillers de la Conférence, un plan d'attaque en Silésie et en Saxe. Sur un dernier coup de tête, elle nomme commandant en chef Alexandre Boutourline, dont le principal titre à ce poste est d'avoir été jadis son amant.

Au vrai, si le généralissime, désigné in extremis, est plein de bonnes intentions, il n'a ni l'autorité, ni la science militaire requises. Personne, parmi les proches d'Élisabeth, ne l'a pourtant mise en garde contre les risques d'un tel choix. Pour un Ivan Chouvalov, qui prêche toujours la guerre à outrance, combien de dignes conseillers de Sa Majesté manifestent d'étranges hésitations, d'inexplicables dérobades! Peu à peu, Élisabeth constate qu'au palais même il y a deux politiques inconciliables, deux groupes de partisans qui s'affrontent à coups d'arguments, de ruses et de cachotteries. Les uns, se réclamant de Sa Majesté, poussent à la conquête par amour de la patrie; les autres, fatigués d'une lutte coûteuse en vies et en argent, souhaitent en finir au plus vite, fût-ce au prix de quelques concessions. Tiraillée entre les deux camps, Élisabeth serait prête à abandonner ses prétentions sur la Prusse orientale à condition que la France appuyât ses revendications sur l'Ukraine polonaise. A Saint-Pétersbourg, à Londres, à Vienne, à Versailles, les diplomates marchandent avec acharnement. C'est leur plaisir et leur métier. Mais Élisabeth se méfie de leurs arguties. Même entourée de racontars sur son état de santé, elle a l'intention de garder la haute main sur le destin de son empire aussi longtemps qu'elle aura la force de lire son courrier et de réciter ses prières. Par moments, elle regrette d'être une vieille femme et de ne pouvoir, dans cet état, commander en personne ses régiments.

En vérité, malgré les soubresauts de la guerre et de la politique, tout ne va pas si mal en Russie. Les événements ont beau troubler la surface des eaux, en profondeur un fort courant circule, entretenu par la paperasse habituelle des chancelleries, les récoltes des domaines agricoles, les travaux des fabriques, des ateliers artisanaux et des chantiers publics, avec en prime le va-et-vient des bateaux dans les ports et des caravanes dans les steppes, apportant leurs chargements de marchandises exotiques. Cette agitation silencieuse de fourmilière, en dépit du tohu-bohu extérieur, Élisabeth l'interprète comme le signe de la prodigieuse vitalité de son peuple. Quoi qu'il advienne, pense-t-elle, la Russie est si vaste, si riche en bonne terre et en hommes courageux qu'elle ne périra jamais. Si on arrive à la guérir de sa soumission aux modes prussiennes, la partie sera déjà à demi gagnée. Pour sa part, elle peut se prévaloir d'avoir, en quelques années, débarrassé l'Administration de la plupart des Allemands qui la coiffaient. Quand ses conseillers lui proposaient un étranger à un poste important, sa réponse était invariablement : « N'avons-nous pas un Russe à y mettre ? » Cette préférence systématique, vite portée à la connaissance de ses sujets, a suscité l'arrivée d'hommes d'État et d'hommes de guerre neufs, désireux de se consacrer au service de l'empire. Tout en dépoussiérant la hiérarchie des fonctionnaires, l'impératrice s'est employée à relever l'économie du pays en supprimant les douanes intérieures, à instituer des banques de crédit selon l'exemple des autres États européens, à encourager la colonisation des plaines incultes du Sud-Ouest, à créer çà et là les premiers établissements d'enseignement secondaire, à fonder l'université de Moscou, succédant à l'Académie slavo-gréco-latine dans la même ville et à l'Académie des sciences de Saint-Pétersbourg. Ainsi a-t-elle maintenu, contre vents et marées, l'ouverture à la culture occidentale voulue par Pierre le Grand, sans trop sacrifier la tradition du terroir chère à la vieille noblesse. Si elle reconnaît les défauts du servage, elle n'envisage nullement de renoncer à cette pratique séculaire. Que des utopistes impénitents rêvent d'un paradis où riches et pauvres, moujiks et propriétaires fonciers, illettrés et savants, aveugles et voyants, jeunes et vieux, jongleurs et manchots auraient la même chance dans la vie, elle est trop consciente de la lourde réalité russe pour souscrire à un tel mirage. En revanche, lorsqu'elle découvre, à portée de sa main, une possibilité de reculer les limites géographiques de la Russie, elle est prise d'une frénésie possessive, comparable à celle d'un parieur devant la promesse d'un gain.

A la fin de 1761, alors qu'elle commence à douter de la capacité de ses chefs militaires, la place forte de Kolberg, en Poméranie, tombe aux mains des Russes. L'assaut a été dirigé par Roumiantsev, avec à ses côtés un nouveau général qui promet : un certain Alexandre Souvorov. Cette victoire ines-

287

pérée donne raison à l'impératrice contre les sceptiques et les défaitistes. Pourtant, elle a à peine la force de s'en réjouir. Les quelques semaines de repos qu'elle vient de prendre à Peterhof ne lui ont apporté aucun soulagement. A son retour dans la capitale, la satisfaction du sursaut guerrier de son pays s'efface pour elle derrière la hantise de la mort, les intrigues autour de l'héritage dynastique, les esclandres amoureux de la grande-duchesse et le stupide entêtement du grand-duc à parier sur le triomphe de la Prusse. Clouée dans sa chambre, elle souffre de ses jambes, dont les plaies suppurent en dépit de tous les remèdes. Elle est, de plus, sujette à des hémorragies et à des crises d'hystérie, qui la laissent hébétée et sourde pendant des heures. Désormais, elle reçoit les ministres assise dans son lit et la tête coiffée d'un bonnet de dentelle. Parfois, pour s'égayer, elle convoque les mimes d'une troupe italienne qu'elle a fait venir à Saint-Pétersbourg et observe leurs grimaces en songeant avec nostalgie au temps où les bouffons la faisaient rire. Dès qu'elle se sent un peu vaillante, elle demande qu'on lui apporte ses plus belles robes, en choisit une après mûre réflexion, l'enfile au risque d'en craquer les coutures, confie sa tête au coiffeur pour qu'il lui boucle les cheveux selon la dernière mode parisienne, annonce son intention de paraître au prochain bal de la cour, puis, plantée devant une glace, s'attriste à la vue de ses rides, de ses paupières fanées, de son triple menton et de la couperose de ses joues, ordonne à ses caméristes

288

de la déshabiller, se remet au lit et se résigne à finir sa vie dans la solitude, la lassitude et le souvenir. En accueillant les rares courtisans qui lui rendent visite, elle lit dans leurs yeux une curiosité suspecte, la froide impatience du guetteur à l'affût. Malgré leurs mines affectueuses, ils ne viennent pas ici pour la plaindre mais pour savoir si elle en a encore pour longtemps. Seul Alexis Razoumovski lui paraît sincèrement ému. Mais à quoi pense-t-il en la regardant? A la femme amoureuse et exigeante qu'il a si souvent tenue dans ses bras ou à celle dont demain il fleurira le cercueil?

A cette obsession funeste, Élisabeth en ajoute bientôt une autre : la peur d'un incendie. Le vieux palais d'Hiver où la tsarine habite à Saint-Pétersbourg depuis le début de son règne est une immense bâtisse en bois, qui, à la moindre étincelle, flamberait comme une torche. Si le feu prenait dans quelque recoin de ses appartements, elle perdrait tous ses meubles, toutes ses images saintes, toutes ses robes. Sans doute n'aurait-elle pas le temps de fuir et périrait-elle elle-même dans le brasier. De tels sinistres sont fréquents dans la capitale. Il faudrait avoir le courage de déménager. Mais pour aller où? La construction du nouveau palais qu'Élisabeth a confiée à Rastrelli a pris un retard tel qu'on ne peut espérer voir la fin des travaux avant deux ou trois ans. L'architecte italien réclame trois cent quatre-vingt mille roubles pour terminer les seuls appartements privés de Sa Majesté. Or, cet argent, elle ne l'a pas et ne sait où le prendre. L'entretien de son armée en campagne lui coûte les yeux de la tête. En outre, au mois de juin 1761, un incendie a ravagé les dépôts de chanvre et de lin, marchandises précieuses dont la vente aurait aidé à remplir les caisses de l'État.

Pour se consoler de cette pénurie et de ce désordre typiquement russes, la tsarine s'est remise à boire de grandes quantités d'alcool. Quand elle a avalé un nombre suffisant de verres, elle s'écroule sur son lit, terrassée par un sommeil de brute. Ses camaristes veillent à son repos. Elle a de plus auprès d'elle un gardien de nuit, le *spalnik*, chargé de prêter l'oreille à sa respiration, d'écouter ses doléances et de calmer ses angoisses dès qu'elle reprend conscience entre deux plongées dans le noir. Sans doute confie-t-elle à ce bonhomme inculte, naïf et humble comme un animal domestique, les inquiétudes qui l'assaillent dès qu'elle ferme les yeux. A force de mijoter dans sa tête, les histoires de la famille et les subtilités de la politique forment un brouet indigeste. Remâchant de vieilles rancunes et de vaines illusions, elle espère que la mort attendra du moins qu'elle ait signé un accord définitif avec le roi de France avant de la frapper. Que Louis XV n'ait pas voulu d'elle comme fiancée quand elle n'avait que quatorze ans et que lui n'en avait que quinze, cela peut, à la rigueur, se comprendre. Mais qu'il hésite à la reconnaître aujourd'hui comme unique et fidèle alliée, alors qu'ils sont tous deux au sommet de la gloire, voilà, juge-t-elle, qui dépasse l'entendement. Ce n'est pas ce gredin de Frédéric II qui refuserait une pareille aubaine! Il est vrai que le roi de Prusse compte sur le grand-duc Pierre pour amener la Russie à résipiscence. Élisabeth préférerait être maudite par l'Église plutôt que d'accepter une telle humiliation! Pour prouver qu'elle est encore de taille à s'occuper des affaires, elle prend, le 17 novembre, des mesures destinées à alléger l'impôt, très impopulaire, sur le sel et publie, dans un souci d'indulgence tardive, une liste de prisonniers à vie qu'il serait temps de libérer. Peu après, une hémorragie plus violente que d'habitude l'oblige à interrompre toute activité. A chaque quinte de toux, elle vomit des flots de sang. Les médecins ne quittent plus son chevet. Ils avouent qu'à leur avis tout espoir est perdu.

Le 24 décembre 1761, Élisabeth reçoit l'extrême-onction et trouve assez de force pour répéter, après le prêtre, les paroles de la prière des agonisants. Dans ce monde qui peu à peu se détache d'elle, comme aspiré vers le néant, elle devine la pitoyable agitation de ceux qui, demain, la porteront en terre. Ce n'est pas elle qui est en train de mourir, c'est l'univers des autres. N'ayant pris aucune décision au sujet de sa succession, elle s'en remet à Dieu pour régler le sort de la Russie après son dernier soupir. Ne sait-on pas mieux là-haut qu'ici-bas ce qui convient au peuple russe? Jusqu'au lendemain, 25 décembre, jour de la naissance du Christ, la tsarine lutte contre la nuit qui envahit son cerveau. Vers trois heures de l'après-midi, elle cesse de respirer et un grand calme se répand sur son visage, où restent encore quelques traces de fard. Elle vient d'entrer dans sa cinquante-troisième année.

Quand les portes de la chambre mortuaire s'ouvrent à deux battants, tous les courtisans assemblés dans le salon d'attente s'agenouillent, se signent et baissent la tête pour entendre l'annonce fatidique prononcée par le vieux prince Nikita Troubetzkoï, procureur général du Sénat : «Sa Majesté Impériale Élisabeth Petrovna s'est endormie dans la paix du Seigneur.» Le prince ajoute la formule consacrée : «Elle nous a ordonné de vivre longtemps.» Enfin, il précise d'une voix forte, afin d'abolir toute équivoque : «Dieu garde notre Très Gracieux Souverain, l'empereur Pierre III.»

Après le décès d'Élisabeth, «la Clémente», ses proches font le pieux inventaire de ses armoires et de ses coffres. Ils y découvrent quinze mille robes, dont certaines n'ont jamais été portées par Sa Majesté, sauf peut-être certains soirs de solitude pour se contempler dans une glace.

Les premiers à s'incliner devant le corps maquillé et paré de la défunte sont, comme il se doit, son neveu Pierre III, qui a du mal à dissimuler sa joie, et sa belle-fille Catherine, déjà préoccupée de la façon dont elle utilisera cette nouvelle donne dans la distribution des cartes. Le cadavre, embaumé, parfumé, mains jointes et couronne en tête, reste exposé pendant six semaines dans une salle du palais d'Hiver. Parmi la foule qui défile devant le cercueil ouvert, nombre d'inconnus pleurent Sa

Majesté qui aimait tant les petites gens et n'hésitait pas à punir les fautes des grands. Mais les regards des visiteurs vont irrésistiblement du masque impassible de la tsarine au visage pâle et grave de la grande-duchesse, agenouillée près du catafalque Catherine semble abîmée dans une prière sans fin. En réalité, si elle murmure d'interminables oraisons, elle n'en réfléchit pas moins à la conduite qu'elle devra adopter dans l'avenir pour déjouer l'hostilité de son mari.

A la présentation de feu l'impératrice au peuple dans le palais succède le transfert de la dépouille à la cathédrale Notre-Dame-de-Kazan. Là encore, pendant les cérémonies religieuses, qui dureront dix jours, Catherine étonne l'assistance par les manifestations de son chagrin et de sa piété. Veut-elle prouver ainsi à quel point elle est russe, alors que son époux, le grand-duc Pierre, ne manque jamais une occasion de montrer qu'il ne l'est pas? Pendant le transport solennel du cercueil de la cathédrale Notre-Dame-de-Kazan à celle de la forteresse Saint-Pierre-et-Saint-Paul pour l'inhumation dans la crypte réservée aux souverains de Russie, le nouveau tsar scandalise les esprits les plus évolués en ricanant et en se contorsionnant derrière le char funèbre. Sans doute se venge-t-il de toutes les humiliations passées en faisant un pied-de-nez à la morte. Mais nul ne rit de ses pitreries un jour de deuil national. En observant son mari à la dérobée, Catherine se dit qu'il travaille inconsciemment à sa perte. D'ailleurs, il annonce très vite la couleur de ses intentions. Au cours de la nuit qui suit son avènement, il donne l'ordre aux troupes russes d'évacuer immédiatement les territoires qu'elles occupent en Prusse et en Poméranie. Dans le même temps, il offre à Frédéric II, le vaincu d'hier, de signer avec lui un « accord de paix et d'amitié éternelles ». Aveuglé par son admiration pour un ennemi si prestigieux, il menace d'imposer à la garde impériale russe l'uniforme holsteinois, de dissoudre d'un trait de plume quelques régiments jugés trop dévoués à la défunte, de mettre au pas l'Église orthodoxe et d'obliger les prêtres à se raser la barbe et à porter la redingote, à l'exemple des pasteurs protestants.

Sa germanophilie prend des proportions telles que Catherine craint d'être bientôt répudiée et enfermée dans un couvent. Cependant, ses partisans lui répètent qu'elle a toute la Russie derrière elle et que les unités de la garde impériale ne toléreront pas qu'on touche à un cheveu de sa tête. Les cinq frères Orlov, conduits par son amant Grégoire, la persuadent que, loin de désespérer, elle devrait se réjouir de la tournure prise par les événements. L'heure est venue, disent-ils, de jouer le tout pour le tout. N'est-ce pas par un coup d'audace inouï que Catherine I$^{re}$, Anna Ivanovna, Élisabeth I$^{re}$ ont conquis le trône ? Les trois premières impératrices de Russie lui montrent le chemin. Elle n'a qu'à mettre ses pas dans les leurs.

Le 28 juin 1762, le jour même où le baron de Breteuil écrit dans une dépêche à son gouvernement que, dans le pays, monte «un cri public de mécontentement», Catherine, conduite par Alexis Orlov, se rend auprès des régiments de la Garde, passe d'une caserne à l'autre et se voit partout acclamée. La consécration suprême lui est donnée aussitôt à Notre-Dame-de-Kazan, où les prêtres, qui lui savent gré de sa piété si souvent affichée, la bénissent pour son destin impérial. Le lendemain, chevauchant, en uniforme d'officier, à la tête de plusieurs régiments ralliés à sa cause, elle se dirige vers Oranienbaum où son mari, qui ne se doute de rien, se prélasse dans les bras de sa maîtresse, Élisabeth Vorontzov. C'est avec stupeur qu'il reçoit les émissaires de sa femme et entend de leur bouche qu'un soulèvement militaire vient de le chasser du trône. Ses troupes holsteinoises n'ayant pu opposer aucune résistance aux insurgés, il signe, en sanglotant et en tremblant de peur, l'acte d'abdication qu'on lui présente. Sur quoi, les partisans de Catherine le font monter dans une voiture fermée et le conduisent au château de Ropcha, à quelque trente verstes de Saint-Pétersbourg, où il est placé en résidence surveillée.

Le dimanche 30 juin 1762, Catherine revient à Saint-Pétersbourg, saluée par des carillons, des salves d'artillerie et des hurlements d'allégresse[1]. On dirait que la Russie se réjouit d'être redevenue russe grâce à elle. Est-ce le fait d'avoir de nouveau

---

1. Pour le récit détaillé de ces journées, cf., entre autres, Henri Troyat, *op. cit.*

une femme aux commandes de l'empire qui rassure le peuple ? Dans l'ordre de la succession dynastique, elle sera la cinquième après Catherine I<sup>re</sup>, Anna Ivanovna, Anna Léopoldovna et Élisabeth I<sup>re</sup> (Petrovna) à gravir les marches du trône. Qui donc a prétendu que la jupe entrave les mouvements naturels de la femme ? Jamais Catherine ne s'est sentie plus à l'aise ni plus sûre d'elle Celles qui l'ont précédée dans cette charge majeure lui donnent du courage et une sorte de légitimité. C'est la tête et non le sexe qui est dorénavant le meilleur atout pour la prise du pouvoir.

Or, voici que, six jours après son entrée en apothéose dans Saint-Pétersbourg, Catherine apprend, par une lettre fort embarrassée d'Alexis Orlov, que Pierre III a été mortellement blessé au cours d'une rixe avec ses gardiens, à Ropcha. Elle est atterrée. Ne va-t-on pas lui imputer, dans le peuple, cette fin brutale et suspecte ? Tous ces gens qui l'ont ovationnée hier dans les rues ne s'aviseront-ils pas de la haïr à cause d'un crime qu'elle n'a pas commis, mais qui l'arrange grandement ? Dès le lendemain, elle est soulagée. Nul ne s'afflige du décès de Pierre III, et nul ne songe à la soupçonner d'avoir été à l'origine d'une disparition si nécessaire. Elle a même l'impression que ce meurtre qu'elle réprouve correspond au vœu secret de la nation.

Dans son entourage, certains ont assisté à l'avènement, en 1725, d'une autre Catherine, la première du nom. Ceux-là ne peuvent s'empêcher de penser que trente-sept ans se sont écoulés depuis et qu'au cours de cette période quatre femmes ont occupé tour à tour le trône de Russie : les impératrices Catherine I$^{re}$, Anna Ivanovna et Élisabeth I$^{re}$, avec le bref intermède d'une régence assurée par Anna Léopoldovna. Comment éviter que les survivants ne comparent entre elles les différentes souveraines qui ont successivement, et en si peu de temps, incarné le pouvoir suprême ? Les plus vieux, rappelant leurs souvenirs, relèvent de bizarres similitudes entre ces autocrates en robe. Chez Catherine I$^{re}$, Anna Ivanovna et Anna Léopoldovna, ils décèlent la même lubricité, les mêmes débordements dans le plaisir et la cruauté, le même goût pour la bouffonnerie et la laideur, alliés à la même recherche du luxe et au même besoin de jeter de la poudre aux yeux. Cette frénésie primitive et cet égoïsme foncier se sont retrouvés chez Élisabeth, mais tempérés par le souci de paraître «clémente», conformément au surnom qu'on lui avait donné dans le peuple. Certes, pour des familiers de la cour, cent autres particularités distinguent la façon d'être de chacune de ces personnalités excessives. Mais, pour quiconque n'a pas vécu dans leur sillage, il semble par moments que la confusion soit totale. Est-ce Catherine I$^{re}$, ou Anna Léopoldovna, ou Anna Ivanovna, ou Élisabeth I$^{re}$ qui a imaginé cette nuit de noces des deux bouffons enfermés dans un palais de glace ? Laquelle de ces ogresses omnipotentes a eu pour amant un cosaque, chantre de la chapelle impériale ? Laquelle des quatre s'est divertie autant des grimaces de ses nains que des gémissements des prisonniers mis à la torture? Laquelle a conjugué, avec une avidité dévorante, les plaisirs de la chair et ceux de l'action politique? Laquelle a été bonne pâte tout en assouvissant ses instincts les plus vils, pieuse tout en insultant Dieu à chaque pas? Laquelle, bien que sachant à peine lire et écrire, a ouvert une université à Moscou et a permis à un Lomonossov de jeter les fondements de la langue russe moderne? Pour les contemporains éberlués, il n'y a pas eu, durant ce laps de temps, trois tsarines et une régente, mais une seule femme, tyrannique et jouisseuse, qui, sous des visages et des noms différents, a inauguré l'ère du matriarcat en Russie.

C'est peut-être parce qu'elle a beaucoup aimé les hommes qu'Élisabeth a tant aimé les dominer. Et eux, ces éternels fiers-à-bras, ont été heureux de sentir son talon sur leur nuque, et même ils en ont redemandé! En réfléchissant au destin de ses illustres devancières, Catherine se dit que cette faculté d'être tour à tour moralement masculine dans les décisions politiques et physiquement féminine au lit doit être la caractéristique de toutes ses congénères, dès qu'elles se piquent d'avoir une opinion sur les affaires de l'État. Au lieu d'émousser leur sensualité, l'exercice de l'autocratie l'exacerbe. Plus elles assument de responsabilités dans la conduite de la nation et plus elles éprouvent le besoin d'assouvir leur instinct génésique, refoulé pendant les ennuyeuses discussions ministérielles. Ne serait-ce pas la preuve de l'ambivalence originelle de la femme qui, loin d'avoir pour seules vocations le plaisir et la procréation, est autant dans son rôle quand elle dirige le destin d'un peuple ?

Subitement, Catherine est éblouie par une évidence historique : plus qu'aucune autre terre, la Russie est l'empire des femmes. Elle rêve de la modeler à son idée, de la polir sans la dénaturer. De la première Catherine à la seconde, les mœurs ont évolué imperceptiblement. La robuste barbarie orientale se donne déjà, dans les salons, de faux airs de culture européenne. La nouvelle tsarine est résolue à encourager la métamorphose. Mais sa prochaine ambition est de faire oublier ses origines germaniques, son accent allemand, son ancien nom de Sophie d'Anhalt-Zerbst et d'apparaître à tous les Russes comme la plus russe des souveraines, l'impératrice Catherine II de Russie. Elle a trente-trois ans et toute la vie devant elle pour attester sa valeur. C'est plus qu'il n'en faut quand on a, comme elle, foi en son étoile et en son pays. Peu lui importe d'ailleurs que ce pays ne soit pas celui de sa naissance, puisque c'est celui de son choix. Rien n'est plus noble, pense-t-elle, que de construire son avenir en dehors des notions de nationalité et de généalogie. N'est-ce pas pour cela qu'on l'appellera un jour Catherine la Grande ?

# GÉNÉALOGIE

# LA DYNASTIE DES ROMANOV

**Michel** (1596-1645)
*Tsar de 1613 à 1645*
Épouse en 1624 la princesse Maria Dolgoroukov († 1625),
puis en 1626 Eudoxie Streschev (1608-1645)

**Alexis** dit le Tsar très paisible (1629-1676)
*Tsar de 1645 à 1676*
Épouse en 1648 Maria Miloslawskievna (1629-1669),
puis en 1671 Nathalie Narychkine (1651-1694)

Du 1er mariage :
**Fédor III** (1661-1682)
*Tsar de 1676 à 1682*
Épouse en 1680
Agrafia Grouchevski
(1665-1681),
puis en 1682 Marfa
Apraxine (1664-1716)
—
**Ilia**, né et mort en 1681
(issu du 1er mariage)

**Sophie** (1657-1704)
*Régente de 1682 à 1689,*
puis religieuse

**Ivan V** dit le Simple
(1666-1696)
*Tsar de 1682 à 1696*
avec Pierre le Grand
Épouse en 1684
Prascovie Soltikov
(1664-1723)

Du 2e mariage :
**Pierre Ier** dit le Grand
(1672-1725)
*Tsar de 1682 à 1725*
Épouse en 1689
Eudoxie Lapoukine
(1672-1731),
puis en 1707
Catherine Skavronska
(1682-1727),
future **Catherine Ire**,
*impératrice de 1725 à 1727*

**Catherine** (1691-1733)
Épouse en 1716
Charles-Léopold
de Meklembourg
(1678-1747)

**Anna Ivanovna**
(1693-1740)
*Tsarine de 1730 à 1740*
Épouse en 1710
le duc Frédéric-Guillaume
de Courlande (1692-1711)

**Prascovie** (1694-1731)
Épouse Ivan Mamonov

**Élisabeth Petrovna**
(1709-1762)
*Impératrice
de 1741 à 1762*
Épouse en secret
(en 1742)
Alexis Razoumovski
(1709-1771)

**Anna Léopoldovna**
(1718-1746)
Épouse en 1739
Antoine-Ulrich
de Brunswick (1714-1774)
*Régente en 1740-1741*

Du 1er mariage :
**Alexis** (1690-1718)
*Tsarévitch,*
épouse Charlotte
de Brunswick
(1694-1715)

Du 2e mariage :
**Anna Petrovna**
(1708-1728)
Épouse en 1725
le duc Charles-Frédéric
de Holstein-Gottorp
(1700-1739)

**Ivan VI** (1740-1764)
*Tsar en 1740-1741*

**Pierre II** (1715-1730)
*Tsar de 1727 à 1730*

**Pierre III** (1728-1762),
né Charles-Pierre-Ulrich
de Holstein-Gottorp
*Tsar en 1762*
Épouse en 1745
Sophie d'Anhalt-Zerbst (1729-1796),
future **Catherine II** dite la Grande,
*impératrice de 1762 à 1796*

# BIBLIOGRAPHIE

ALEXANDROV, Victor : *Les Mystères du Kremlin*, Fayard, 1960.

BRIAN-CHANINOV, Nicolas : *Histoire de Russie*, Paris, Fayard, 1929.

BRUCKNER, A. : *Histoire de Catherine II*, 3 vol., Saint-Pétersbourg (en russe).

CARRÈRE D'ENCAUSSE, Hélène : *Le Malheur russe*, Paris, Fayard, 1988.

GAXOTTE, Pierre : *Frédéric II*, Paris, Fayard, 1938.

GREY, Marina : *Les Romanov*, Paris, Critérion, 1991.

GRUNWALD, Constantin de : *Trois siècles de diplomatie russe*, Paris, Calmann-Lévy, 1945.

LEROY-BEAULIEU, Anatole : *L'Empire des tsars et les Russes*, Paris, 1883-1889.

MILIOUKOV, SEIGNOBOS et EISENMANN : *Histoire de Russie*, 3 vol., Paris, Leroux, 1932-1933.

MOUSSET, Paul : *Histoire de la Russie*, II, Paris, S.E.F., 1943.

OLIVIER, Daria : *Élisabeth I<sup>re</sup>, impératrice de Russie*, Paris, Perrin, 1962.

PASCAL, Pierre : *Histoire de Russie*, Paris, Presses universitaires de France, 1957.

PINGAUD, Léonce : *Les Français en Russie et les Russes en France*, Paris, 1889.

PLATONOV, S.F. : *Histoire de Russie*, Paris, Payot, 1929.

RIAZANOVSKI, Nicolas : *Histoire de Russie*, Paris, Robert Laffont, 1987.

SAINT-PIERRE, Michel de : *Le Drame des Romanov*, I, *L'Ascension*, Paris, Robert Laffont, 1987.

SOLOVIOV : *Histoire de la Russie* (en russe).

TCHOULKOV, G. : *Les Derniers Tsars autocrates*, Paris, Payot, 1928.

TROYAT, Henri : *Catherine la Grande*, Paris, Flammarion, 1977.

WALISZEWSKI, K. : *L'Héritage de Pierre le Grand*, Paris, Plon, 1900 ; *La Dernière des Romanov, Élisabeth I$^{re}$*, Paris, Plon, 1902.

### Autres documents consultés

*Archives du prince M. L. VORONTZOV*, Moscou, 1870-1895 (en russe).

CATHERINE II : *Mémoires*, Paris, Hachette, 1953.

ALLONVILLE, comte d' : *Mémoires secrets*, Paris, 1838.

CHOISEUL, duc de : *Mémoires*, Paris, Buisson, 1790.

*Archives du ministère des Affaires étrangères*, Paris, « Correspondance politique de Russie. »

# INDEX

Les noms des quatre héroïnes de cet ouvrage (Catherine I$^{re}$, Anna Ivanovna, Anna Léopoldovna et Élisabeth I$^{re}$) ne sont pas répertoriés dans l'index.

## A

ADADOUROV (Basile), 203.

AKSAKOV, 183-184.

ALEXANDRE II, 105 (n. 1).

ALEXIS PETROVITCH (tsarévitch), 9, 10, 11, 13, 34, 43, 53.

ALLION (M. d'), voir USSON D'AL-LION (M. d').

AMBROISE (révérend père), 169, 209.

AMELOT DE CHAILLOUX, 140 (n. 1), 155, 165-166, 171.

ANHALT-ZERBST (Christian-Auguste d'), 197, 199, 265.

ANHALT-ZERBST (Johanna d', née Holstein-Gottorp), 197, 199-212, 220-221, 226, 265, 282.

ANHALT-ZERBST (Sophie d', puis grande-duchesse Catherine Alexeïev-na, future Catherine II), 197-215, 217-223, 239-253, 254, 258-266, 267-273, 274-275, 281-283, 284, 288, 292-296, 298-299.

ANNA PETROVNA (grande-duchesse, fille de Pierre I$^{er}$ et de Catherine I$^{re}$), 11, 19, 25, 26, 36, 37, 39, 40, 41, 44, 46, 47, 48, 50, 51-52, 66, 67, 70, 87.

ANNA PETROVNA (grande-duchesse, fille de Pierre III et de Catherine II), 262, 272, 282.

APRAXINE (Alexis Petrovitch), 105.

APRAXINE (feld-maréchal Étienne), 226, 254, 256, 259-260, 262, 268, 270, 272, 273, 276.

APRAXINE (grand amiral Fédor), 10, 14, 18, 24.

AUGUSTE III (roi de Pologne), 112

## B

BALAKIREV, 105, 106.
BARIATINSKI (prince Ivan), 101.
BEHRING (Vitus), 24.
BEKETOV (Nikita), 229.
BESTOUJEV (Alexis Petrovitch), 158, 162, 164, 171, 174, 176, 190, 191, 192, 195, 198, 200, 205, 207, 208, 210, 222, 225-226, 228-229, 241, 243, 251-254, 256, 257, 258, 260, 262, 263-264, 268, 270, 272.
BESTOUJEV (Michel Petrovitch), 158, 194, 195, 256.
BESTOUJEV (Mme Michel, née Golovkine), 192-195.
BESTOUJEV (Pierre), 97, 121, 122.
BETSKI (comte Ivan), 220.
BIRON, voir BÜHREN (Johann-Ernest).
BISMARCK (chancelier Otto von), 103 (n. 2).
BISMARCK (général Rodolphe von), 101, 103.
BOERHAAVE (docteur), 242, 243.
BORIS GODOUNOV, 16.
BOTTA D'ADORNO (marquis de), 131, 191, 192, 193, 195, 206.
BOURBON (duc de, régent), 29, 30.
BOUTOURLINE (général Alexandre), 61, 65, 170, 254, 284-285.
BOUTOURLINE (lieutenant-colonel Ivan), 10, 14, 15, 39.
BRANTÔME (Pierre de Bourdeilles, abbé et seigneur de), 240.
BRETEUIL (baron de), 279-280, 281, 282, 284, 294-295.
BREVERN (baron von), 101, 161.
BRUMMER, 201, 205.
BRUNSWICK (famille), 158, 191.

BRUNSWICK-BEVERN (prince Antoine-Ulrich de), 115, 117-120, 123, 124, 129, 130, 132-133, 139, 141, 150, 192.
BRUNSWICK-WOLFENBÜTTEL (Charlotte de), 43.
BÜHREN (Johann-Ernest), 84, 88, 89, 95, 97-98, 100, 101-104, 109, 110-113, 115, 119, 120-126, 133, 173, 185
BÜHREN (Pierre), 120

## C

CAMPREDON (Jacques de), 22, 23, 27-28, 29, 31-32.
CARAVAQUE, 28, 230.
CATHERINE ALEXEÏEVNA (grande-duchesse, future Catherine II), voir ANHALT-ZERBST (Sophie d').
CATHERINE IVANOVNA (grande-duchesse), 83-84, 114.
CHAILLOUX (Amelot de), voir AMELOT DE CHAILLOUX.
CHAPUZOT, 226.
CHARLES VI (empereur d'Allemagne), 104.
CHARLES VII (empereur d'Allemagne), 189.
CHARLES XI (roi de Suède), 25.
CHARLES XII (roi de Suède), 42.
CHARLES DE PRUSSE (margrave), 115.
CHAROLAIS (duc de), 31.
CHÉRÉMÉTIEV (prince Boris), 10.
CHÉRÉMÉTIEV (Nathalie), 75, 78
CHOISEUL (duc Étienne-François de), 231, 272, 279, 284.
CHOUBINE, 187.

# Index

CHOUVALOV (comte Alexandre), 138, 147, 159, 226, 245, 249, 254, 263, 265, 266, 268, 271.

CHOUVALOV (Élisabeth), 187.

CHOUVALOV (Ivan), 138, 147, 187, 263.

CHOUVALOV (Ivan Ivanovitch), 227-229, 230, 232, 233, 236, 237, 249, 250, 254, 257, 263, 269, 280, 284, 285.

CLERMONT (comte de), 273.

CONSTANTIN IX MONOMAQUE, 9 (n. 1).

CONTI (prince de), 255.

COURLANDE (duc Ferdinand de), 103.

COURLANDE (duc Fréféric-Guillaume de), 84, 97.

COURLANDE (duc Jacques de), 98.

COURLANDE (duchesse de), 46.

## D

D'ACOSTA, 106.

DESCARTES (René), 234.

DESMARETS DE SAINT-SORLIN (Jean), 240.

DEVIER, 22, 39, 46, 161.

DIMITRI (les faux princes), 16, 113.

DOLGOROUKI (famille), 53, 57, 60-61, 62-63, 65, 68-69, 71-74, 76-78, 81, 82, 94, 158.

DOLGOROUKI (prince Alexis Grigorie-vitch), 50, 51, 57, 68-69, 70, 77.

DOLGOROUKI (prince Ivan), 10, 50-51, 54, 57, 60, 65-67, 69, 71-72, 73, 75, 76, 78-79, 82, 103.

DOLGOROUKI (prince Serge), 77-78, 103.

DOLGOROUKI (prince Vassili Lou-kitch), 78, 87, 93, 103, 157.

DOLGOROUKI (prince Vassili Vladimi-rovitch), 74-75, 77-78, 81-82.

DOLGOROUKI (princesse Catherine, dite Katia), 69, 70, 71, 72-75, 76-79, 81-82, 89, 103, 211.

DOUBIANSKI (père), 189, 265-266.

DOUGLAS (Mackenzie), 252, 255.

DUBOIS (cardinal Guillaume), 27.

## E

EFIMOVSKI (famille), 170.

ÉON (Charles de Beaumont, chevalier d'), 231, 255.

ESTERHAZY (comte), 263, 273, 280.

EUDOXIE (tsarine), 53-54, 62-63, 73.

## F

FÉDOR II, 16.

FERMOR (comte et général), 260, 273, 276, 283.

FINCH (Edward), 116, 124, 137, 138-139, 160-161.

FLÜCK, 161.

FORNAY, 186.

FRANKLIN (Benjamin), 237.

FRÉDÉRIC II (roi de Prusse), 124, 158-159, 160, 172, 196-197, 198, 199, 206, 224, 234, 251, 254, 256, 259, 274, 275, 277-279, 281, 282, 283-284, 290-291, 294.

FRÉDÉRIC IV (roi du Danemark), 33.

FUCHS, 186.

## G

GALITZINE (famille), 60, 63, 65, 81, 94.

GALITZINE (amiral Alexis Dimitrievitch), 254.

GALITZINE (prince Dimitri), 10, 13, 61, 82-85, 86, 87, 93, 94.

GALITZINE (Michel Alexeïevitch), 105, 107-110.

GEOFFRIN (Mme), 250.

GEORGE II (roi d'Angleterre), 254.

GLÜCK (pasteur), 16.

GOLOVINE (comte Nicolas), 59.

GOLOVKINE (famille), 81, 192.

GOLOVKINE (comte Gabriel), 10, 19, 24, 46, 84, 90, 101.

GOLOVKINE (comte Michel), 133, 144, 156, 158.

GROOT (Mme), 243.

GRUNSTEIN (sergent), 146, 147, 148.

## H

HASSE (Johann-Adolf), 170.

HEDWIGE (princesse de Suède), 25.

HENDRIKOV (famille), 170.

HESSE-HOMBOURG (prince de), 161, 165.

HILFERDING, 231.

HOLSTEIN (Adolphe-Fréderic de, évêque de Lübeck), 163.

HOLSTEIN (Charles-Adolphe de), 49.

HOLSTEIN (Charles-Auguste de, évêque de Lübeck), 47-48, 49, 137.

HOLSTEIN (duc Frédéric de), 25.

HOLSTEIN-GOTTORP (duc Charles-Frédéric de), 25-26, 33, 36, 37, 38, 40, 41, 46, 47-48, 51-52, 59, 66, 87, 163, 197.

HOLSTEIN-GOTTORP (Charles-Pierre-Ulrich de, puis grand-duc Pierre Féodorovitch), voir PIERRE III.

HOLSTEIN-GOTTORP (Johanna de), voir ANHALT-ZERBST (Johanna d').

## I

IAGOUJINSKI (Paul), 101, 192.

IVAN LE TERRIBLE (Ivan IV, dit), 16, 113.

IVAN V (Alexeïevitch, dit le Simple), 82, 83.

IVAN VI (Antonovitch), 119, 123-124, 144, 151, 163, 191, 192, 244.

## J

JOHANNA, 22.

## K

KANTÉMIR (prince Antioche Dimitrievitch), 181, 233.

KEITH (George), 274.

KEITH (général Jacques), 165, 190.

KORF (baron Nicolas), 164.

## L

LA CHÉTARDIE (marquis Jacques-Joachim Trotti de), 136, 139-143,

145, 146-148, 154-155, 162, 164, 165, 171-174, 175-176, 181-182, 195-196, 198, 199, 200, 205-206, 207-208.

LAGRENÉE (Louis-Jean-François), 230.

LANDET, 185, 231.

LASCY (général Peter de), 46, 152, 165, 190.

LATOUR (Mme), 175.

LAUDON (général Gédéon de), 277.

LEFORT (Johann), 37, 50-51, 59-60, 137.

LE LORRAIN (Louis-Joseph), 230.

LÉONTIEV (général), 87.

LESTOCQ (docteur Armand), 87, 136, 140, 142-143, 144, 145, 146, 147, 148, 149, 150, 158, 159, 171, 172, 198, 204, 205, 207, 214, 225-226, 276.

LESZCZYNSKI (Stanislas), voir STA-NISLAS Iᵉʳ.

L'HÔPITAL (marquis de), 231, 256, 260, 263, 276, 278, 279, 281.

LOEWENWOLDE (Charles-Gustave), 101, 111, 115.

LOEWENWOLDE (comte Reinhold), 22, 46, 101, 111, 121, 133, 144, 156, 158, 159, 191.

LOMONOSSOV (Serge), 233-238, 298.

LOPOUKHINE (Ivan), 192-193.

LOPOUKHINE (Nathalie), 183, 191, 192-195.

LOUIS XV, 28, 29-30, 31, 48, 137, 166, 175, 181, 195, 196, 206, 208, 224, 230, 251, 252, 254-257, 260, 272, 275-276, 279, 281, 284, 290.

LYNAR (comte Charles-Maurice de), 116, 129-133, 135, 141, 144-145.

## M

MAKAROV, 12, 14, 40.

MANSTEIN (général Christophe von), 101.

MARDEFELD (baron Axel de), 116, 123-124, 133, 158-159, 160, 162, 172, 198, 199, 200, 205.

MARIE-ANNE (infante d'Espagne), 28-29.

MARIE LESZCZYNSKA (reine de France), 30.

MARIE-THÉRÈSE (impératrice d'Autriche), 192, 206, 254, 257, 275.

MECKLEMBOURG (prince Charles-Léopold de), 84, 114.

MENCHIKOV (prince Alexandre), 10-11, 12, 14, 15, 16, 18, 22, 24, 30-31, 35-36, 38-42, 44-60, 63-65, 83, 102.

MENCHIKOV (Alexandra), 65 (n. 1).

MENCHIKOV (Alexandre), 65 (n. 1).

MENCHIKOV (Daria), 64.

MENCHIKOV (Marie Alexandrovna), 35, 36, 38, 39, 41, 44, 48, 56, 58, 65.

MENGDEN (baron), 143.

MENGDEN (baronne Julie), 116, 130, 131-132, 134, 135, 144, 151.

MICHEL FÉDOROVITCH, 17.

MILIOUTINE (Alexis), 104-105.

MILIOUTINE (Dimitri), 105 (n. 1).

MILLESIMO (comte), 72, 74.

MONTESQUIEU (baron Charles de), 249.

MORVILLE (comte de), 31.

MÜNNICH (général Burchard von), 46, 101, 112, 121, 123, 124-126, 133-134, 156, 157, 158, 161.

MÜNNICH (Ernest von), 143.
MÜNNICH (Gustave von), 125.

## N

NARYCHKINE (Alexandre), 29.
NARYCHKINE (Léon), 251.
NARYCHKINE (comte Simon), 70-72, 187.
NATHALIE ALEXEÏEVNA (grande-duchesse), 43-44, 46, 47, 57, 61, 67, 68, 76.
NATHALIE PETROVNA (grande-duchesse), 18-19.
NATTIER (Jean-Marc), 230.
NOLKEN (ministre de Suède), 140.

## O

ORLÉANS (duc Philippe d', régent), 27, 29 (n. 1).
ORLOV (frères), 282, 294.
ORLOV (Alexis), 295, 296.
ORLOV (Grégoire), 282, 294.
OSTERMANN (chancelier André Iva-novitch), 24, 34, 46, 47, 50, 53, 56, 60, 65, 68, 70, 93-94, 101, 112-113, 121, 133-134, 138-139, 140-141, 143, 156, 157, 158.

## P

PANINE (comte Nikita), 227.
PAUL PETROVITCH (grand-duc, futur Paul Iᵉʳ), 246-247, 249, 258-259, 262, 272, 283.
PEDRILLO (Pierre Mira), 106.
PHILIPPE V (roi d'Espagne), 28.
PIERRE ALEXEÏEVITCH (grand-duc), voir PIERRE II.
PIERRE FÉODOROVITCH (grand-duc), voir PIERRE III.
PIERRE LE GRAND (Pierre Iᵉʳ Alexeïe-vitch, dit), 7-20, 23, 24, 25, 26-27, 28, 40, 42, 45, 53, 72, 81, 82, 83, 85, 94, 97, 100, 106, 108, 113, 127, 135, 139, 141, 144, 155, 156, 161, 166, 169, 177, 184-185, 186, 192, 200, 212, 229, 236, 242, 280, 287.
PIERRE II (Pierre Alexeïevitch), 9-10, 11, 13, 34-36, 38-39, 40-42, 43-79, 81, 83, 85, 87, 89, 94, 103, 122, 137, 211.
PIERRE III (Charles-Pierre-Ulrich de Holstein-Gottorp, puis grand-duc Pierre Féodorovitch), 66 (n. 1), 67, 70, 87, 163, 164-165, 167, 177-179, 181, 197-215, 217-223, 224-225, 239-240, 241-243, 244-247, 248-249, 250, 258-259, 261-262, 264-265, 268, 269-271, 272, 274, 279, 282-283, 288, 291, 292-295, 296.
PITT (William), 274.
POISSONIER (docteur), 276.
POMPADOUR (marquise de), 275.
PONIATOWSKI (prince Stanislas-Auguste), 250-253, 261, 263, 271, 274-275, 281.
PRASCOVIE IVANOVNA (grande-duchesse), 84.
PROKOPOVITCH (archevêque Théo-phane), 19-20, 25, 73, 85-86, 87.

# Index

## R

RAMBOUR (M.), 175.
RASTRELLI (Bartolomeo Francesco), 229, 289.
RAZOUMOVSKI (Alexis), 137-138, 146, 147, 159-160, 187-190, 192, 202-203, 219, 221, 224, 226, 227, 228, 229, 268, 280, 289.
RAZOUMOVSKI (Nathalie Demianovna), 187-188.
REPNINE (prince Nikita), 10, 14, 19, 223.
ROCHAMBEAU, 169.
ROMBACH, 224-225.
ROUMIANTSEV (général), 287.
RURIK (prince), 16.

## S

SALTYKOV (général Pierre), 276-278, 280, 283.
SALTYKOV (comte Serge), 227, 241-244, 245, 247, 249, 251-252, 271.
SALTYKOV (comte Simon Andreïevitch), 58, 89, 92, 94, 147.
SAPIEHA (comte Pierre), 22, 35, 38.
SAXE (comte Maurice de), 49, 65, 84, 173-175.
SCHWARTZ (capitaine), 140.
SCUDÉRY (Madeleine de), 240.
SÉVIGNÉ (marquise de), 240.
SIEWERS, 161.
SKAVRONSKA (Sophie), 35.
SKAVRONSKI (famille), 170.
SOPHIE ALEXEÏEVNA (grande-duchesse, puis régente), 13, 82.

SOUMAROKOV (Alexandre), 232-233, 235.
SOUVOROV (général Alexandre), 287.
STANISLAS I$^{er}$ (roi de Pologne), 30. 112.
STÉPHANE (évêque), 169

## T

TACITE, 249
TCHERKASSKI (prince Alexis), 91, 101, 121.
TCHERNYCHEV (famille), 223, 240.
TCHERNYCHEV (Zahar), 240-241.
TCHOGLOKOV, 223, 240, 241, 243, 248.
TCHOGLOKOV (Marie), 223, 241, 242-243.
TCHOULKOV (Basile), 187.
TOCQUÉ (Louis), 230.
TODORSKI (père Simon), 165, 177, 203.
TOLSTOÏ (comte Pierre), 10, 14, 19, 24, 36, 38, 39, 46.
TOTLEBEN (général), 283.
TREDIAKOV, 233.
TREDIAKOVSKI (Basile), 106, 109, 235.
TROUBETZKOÏ (prince Nikita), 101, 154, 156, 254, 292.

## U

URFÉ (Honoré d'), 240.
USSON D'ALLION (M. d'), 182, 196.

313

### V

VILLEBOIS (capitaine), 11-12 (et n. 1)
VLADIMIR II MONOMAQUE, 9 (n. 1).
VLADISLAVOV (Mlle), 241, 251, 265.
VOLKONSKI (Nikita Fédorovitch), 105.
VOLKOV (Fédor Grigorievitch), 232.
VOLTAIRE, 228, 249.
VOLYNSKI (Arthème), 107.
VORONTZOV (Élisabeth), 261, 272, 295.

VORONTZOV (prince Michel), 138, 147, 152 (n. 1), 158, 159-160, 254, 263, 272, 280.

### W

WALPOLE (Horace), 250-251.
WILLIAMS (Charles Hambury), 250-251, 274.
WOLFF (Christian von), 234.

# TABLE

   I. Catherine ouvre la voie . . . . . . . .      7
  II. Le règne éclair de Catherine I^re . . . .     21
 III. Piétinements autour d'un trône . . . .     43
  IV. L'avènement-surprise d'Anna Iva-
      novna . . . . . . . . . . . . . . . . . . . . .     81
   V. Les extravagances d'Anna . . . . . . .     97
  VI. Une Anna chasse l'autre . . . . . . . .    129
 VII. Le triomphe d'Élisabeth . . . . . . . .    153
VIII. Travaux et plaisirs d'une autocrate .    181
  IX. La Russie élisabéthaine . . . . . . . .    217
   X. Sa Majesté et Leurs Altesses . . . . . .    239
  XI. Encore une Catherine ! . . . . . . . . . .    267

Arbre généalogique des Romanov . . . . . . . . . .    301
Bibliographie . . . . . . . . . . . . . . . . . . . . . . .    305
Index . . . . . . . . . . . . . . . . . . . . . . . . . . .    307

# DU MÊME AUTEUR

*Romans isolés*

FAUX JOUR (Plon)
LE VIVIER (Plon)
GRANDEUR NATURE (Plon)
L'ARAIGNE (Plon) — *Prix Goncourt 1938*
LE MORT SAISIT LE VIF (Plon)
LE SIGNE DU TAUREAU (Plon)
LA TÊTE SUR LES ÉPAULES (Plon)
UNE EXTRÊME AMITIÉ (La Table Ronde)
LA NEIGE EN DEUIL (Flammarion)
LA PIERRE, LA FEUILLE ET LES CISEAUX (Flammarion)
ANNE PRÉDAILLE (Flammarion)
GRIMBOSQ (Flammarion)
LE FRONT DANS LES NUAGES (Flammarion)
LE PRISONNIER Nº 1 (Flammarion)
LE PAIN DE L'ÉTRANGER (Flammarion)
LA DÉRISION (Flammarion)
MARIE KARPOVNA (Flammarion)
LE BRUIT SOLITAIRE DU CŒUR (Flammarion)
TOUTE MA VIE SERA MENSONGE (Flammarion)
LA GOUVERNANTE FRANÇAISE (Flammarion)
LA FEMME DE DAVID (Flammarion)
ALIOCHA (Flammarion)
YOURI (Flammarion)
LE CHANT DES INSENSÉS (Flammarion)
LE MARCHAND DE MASQUES (Flammarion)
LE DÉFI D'OLGA (Flammarion)
VOTRE TRÈS HUMBLE ET TRÈS OBÉISSANT SERVITEUR
  (Flammarion)
L'AFFAIRE CRÉMONNIÈRE (Flammarion)
LE FILS DU SATRAPE (Grasset)

*Cycles romanesques*

LES SEMAILLES ET LES MOISSONS (Plon)
  I — Les Semailles et les Moissons
  II — Amélie
  III — La Grive
  IV — Tendre et Violente Élisabeth
  V — La Rencontre

LES EYGLETIÈRE (Flammarion)
  I — Les Eygletière
  II — La Faim des lionceaux
  III — La Malandre

LA LUMIÈRE DES JUSTES (Flammarion)
I — Les Compagnons du Coquelicot
II — La Barynia
III — La Gloire des vaincus
IV — Les Dames de Sibérie
V — Sophie ou la Fin des combats

LES HÉRITIERS DE L'AVENIR (Flammarion)
I — Le Cahier
II — Cent Un Coups de canon
III — L'Éléphant blanc

TANT QUE LA TERRE DURERA... (La Table Ronde)
I — Tant que la terre durera...
II — Le Sac et la Cendre
III — Étrangers sur la terre

LE MOSCOVITE (Flammarion)
I — Le Moscovite
II — Les Désordres secrets
III — Les Feux du matin

VIOU (Flammarion)
I — Viou
II — À demain, Sylvie
III — Le Troisième Bonheur

*Nouvelles*

LA CLEF DE VOÛTE (Plon)
LA FOSSE COMMUNE (Plon)
LE JUGEMENT DE DIEU (Plon)
DU PHILANTHROPE À LA ROUQUINE (Flammarion)
LE GESTE D'ÈVE (Flammarion)
LES AILES DU DIABLE (Flammarion)

*Biographies*

DOSTOÏEVSKI (Fayard)
POUCHKINE (Perrin)
L'ÉTRANGE DESTIN DE LERMONTOV (Perrin)
TOLSTOÏ (Fayard)
GOGOL (Flammarion)
CATHERINE LA GRANDE (Flammarion)
PIERRE LE GRAND (Flammarion)
ALEXANDRE Ier (Flammarion)
IVAN LE TERRIBLE (Flammarion)

TCHEKHOV (Flammarion)
TOURGUENIEV (Flammarion)
GORKI (Flammarion)
FLAUBERT (Flammarion)
MAUPASSANT (Flammarion)
ALEXANDRE II (Flammarion)
NICOLAS II (Flammarion)
ZOLA (Flammarion)
VERLAINE (Flammarion)
BAUDELAIRE (Flammarion)
BALZAC (Flammarion)
RASPOUTINE (Flammarion)
JULIETTE DROUET (Flammarion)

*Essais, voyages, divers*

LA CASE DE L'ONCLE SAM (La Table Ronde)
DE GRATTE-CIEL EN COCOTIER (Plon)
SAINTE-RUSSIE, *réflexions et souvenirs* (Grasset)
LES PONTS DE PARIS, *illustré d'aquarelles* (Flammarion)
NAISSANCE D'UNE DAUPHINE (Gallimard)
LA VIE QUOTIDIENNE EN RUSSIE AU TEMPS DU DER-
  NIER TSAR (Hachette)
LES VIVANTS, *théâtre* (André Bonne)
UN SI LONG CHEMIN (Stock)

Cet ouvrage a été composé
par l'**Imprimerie Bussière**
et imprimé sur presse Cameron
dans les ateliers
de **Bussière Camedan Imprimeries**
à Saint-Amand-Montrond (Cher)
en décembre 1998
pour le compte des Éditions Grasset
61, rue des Saints-Pères, 75006 Paris

N° d'Édition : 11032. N° d'Impression : 986071/4.
Première édition : dépôt légal : septembre 1998.
Nouveau tirage : dépôt légal : décembre 1998.

*Imprimé en France*
ISBN broché : 2-246-57171-5
ISBN luxes : 2-246-57171-7